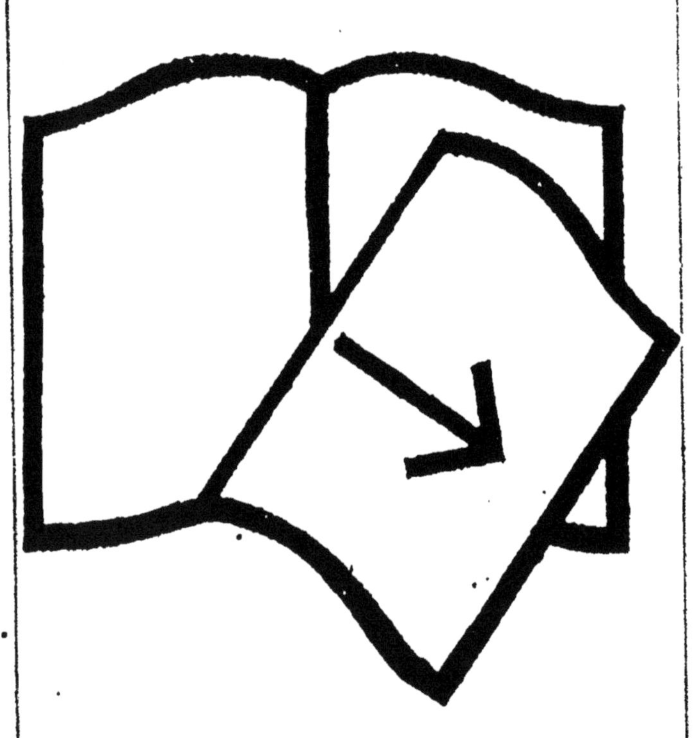

Couverture inférieure manquante

COUVERTURE INFERIEURE D'IMPRIMEUR

LES VIBRATIONS

DE

LA VITALITÉ HUMAINE

TRAVAUX DU MÊME AUTEUR

Sur le système nerveux :

Essai sur le traitement de l'attaque d'hémorragie cérébrale (1876).

Traitement des maladies de la moelle par les ventouses vésicantes (d'après le Dr Baraduc père), lu au Congrès international de Copenhague (1886).

Traitement de l'hystérie majeure par la disparition progressive des zones hystérogènes.

Aimantation dans l'émichorée, armature cranienne.

Dynamismes électrique et dosimétrique accumulés.

Douche cérébro-statique dans les céphalopathies (époques diverses).

Sur l'estomac :

Lavage électrique dans la dilatation stomacale (1889).

Faradisation sèche intra-stomacale.

Galvanisation stomacale dans les dyspepsies anachlolydriques.

Douche chaude statique stomacale dans l'atonie gastrique et la neurasthénie (époques diverses).

Sur la gynécologie générale :

Double prolapsus ovarien, compression ovarienne intra-vaginale, phénomènes d'ovulation tangible (1882).

Traitement de la métrite interne par la galvano-caustique intrautérine (1883).

Traitement électrique des tumeurs fibreuses interstitielles par le drainage lympho-galvanique.

Traitement de l'épanchement du synovie chronique par la galvano puncture du genou.

Précis des méthodes électrothérapiques spéciales aux affections du système nerveux de la matrice et de l'estomac (1889).

Sur la vitalité :

La Force courbe (pli déposé à l'Institut).

La Force vitale, notre corps fluidique, sa formule biométrique.

La Biométrie appliquée à l'Electrothérapie (1889).

Différence graphique des fluides électrique, vital, psychique (1895).

L'Iconographie de la force vitale en anses et en tourbillons.

L'Ame humaine, ses mouvements, ses lumières et l'iconographie de l'invisible fluidique (1896).

L'atmosphère fluidique de l'homme.

Démonstration photographique des tourbillons et anses ellipsoïdales de la force vitale cosmique du zoéter (Communications aux Congrès, 1896).

DIJO —

Dr Hippolyte BARADUC

LES VIBRATIONS

DE

LA VITALITÉ HUMAINE

MÉTHODE BIOMÉTRIQUE

APPLIQUÉE

AUX SENSITIFS ET AUX NÉVROSÉS

PARIS
LIBRAIRIE J.-B. BAILLIÈRE ET FILS
Rue Hautefeuille, 19, près le boulevard Saint-Germain.

1904

PRÉFACE

Ce livre est spécialement écrit pour les nerveux, les sensitifs et surtout les névrosés ; il expose en détail les données de la méthode biométrique que j'ai créée il y a treize ans.

La biométrie en deux mots est une méthode de mensuration de nos vibrations, basée sur le déplacement que le mouvement même de nos vibrations imprime à une aiguille non magnétique, mais isothermique placée au-dessus d'un cadran de 360 degrés dans l'appareil du biomètre.

On voit ainsi que telle de nos vibrations fait décrire à l'aiguille un nombre de degrés : 20 par exemple, en tant de minutes, que ce déplacement dure tant de minutes, et que le retour au point initial a lieu en tant de minutes. Cette vibration possède donc une allure bien spéciale qui caractérise la nature de notre tempérament. Chaque vibration s'exprime par la production d'un arc de cercle particulier, se chiffrant par un nombre de degrés, orienté vers un des 8 points cardinaux.

Si ce nombre de degrés est multiple pair de 5°, la vibration sera normale juste ; s'il est multiple impair de 5°, la vibration sera anormale fausse : L'éther est bon dans le premier cas, convient à l'organisme, il est mauvais et ne convient pas dans le second.

L'ensemble des vibrations droite et gauche s'exprime par une *formule biométrique*, qui est l'expression mathématique et chiffrée des vibrations droite antérieure inférieure, et gauche supérieure et postérieure du corps fluidique humain, dont les fluides intérieurs se meuvent dans un sens de polarisation, et possèdent une giration extérieure rattachable elle-même aux quatre phases solaires : de droite à gauche, au printemps avec le soleil ascendant et la sève qui monte : de gauche à droite à l'automne avec le soleil descendant, et la sève qui descend ; tandis qu'il se dilate et devient expansif en été, se resserre et devient attractif en hiver !

Dans le bloc humain le corps fluidique, par sa sensibilité et son élasticité, exerce des échanges avec les forces éthérées Z du cosmos périphérique dans lequel il puise et rejette ses fluides, ses vibrations, son propre éther.

Ce sont ces forces éthérées qui influencent la sensitivité du sensitif qui les perçoit et sait les utiliser, tandis que le névrosé reste sous le joug de vibrations pathogènes.

Assurément, ces influences laissent insensible la sensibilité physiologique de l'homme constituant son système d'existence avec les substances chimiques et les modes connus de l'énergie.

Tandis que le sensitif et le névrosé vivant de fluides éthérés, normaux le premier, anormaux le second, constituent leur existence avec des forces *extra physiologiques* peu connues encore, qui les soustraient apparemment aux conditions plus connues de la vie ordinaire.

La biométrie permet de plus d'établir la nature même de ces vibrations, et de fixer l'orientation des forces recitrices de notre double vitalité physique ou psychique; elle définit le rôle que ces forces Z exercent dans la constitution du composé combiné humain.

La vitalité humaine se trouve ainsi ramenée à une notion géométrique, un double arc de cercle orienté, et synthétisée en un nombre suivant l'expression de Pythagore.

Ces arcs de cercle périphérique délimitent les côtés d'une figure géométrique intérieure octo ou sexagonale suivant les arcs de cercle de 45 et 60°, figure dont les différents segments angulaires et orientés par rapport au cœur faisant centre, donnent les valeurs respectives en surface des huit potentialités ou facultés de ce que l'on a appelé l'Ame humaine, ou tempérament individuel.

La biométrie est donc une méthode anthropométrique de la vitalité humaine dont elle mensure, les radio-conductions, applicable aux sensitifs dont elle oriente l'existence, aux névrosés dont elle modifie la nervosité par l'élimination des vibrations pathogènes des mauvais fluides.

En un mot elle permet d'asseoir sur les mathématiques et la géométrie les données du mouvement vital humain.

Dr HIPP. BARADUC

LES

VIBRATIONS DE NOTRE VITALITÉ

DÉDICACE AUX SENSITIFS

A notre époque où la force du sang diminue, où les nerfs, suivant une expression courante, *prennent le dessus*, on est obligé de constater la formidable poussée de névroses qui se produit, à mesure que l'âme de la race s'affine, que nos sens acquièrent une sensibilité presque *ultra-sensible*, appelant une nouvelle physiologie.

Du fait même que nos facultés psychiques arrivent à un degré de perception aussi subtile qu'étendue et intime, extra-naturelle pour ainsi dire, il était réellement nécessaire, pour le spécialiste des maladies nerveuses comme pour le psychologue, d'avoir sous la main appareils et méthode leur permettant de pénétrer plus avant dans le mystère de la vie humaine, de pouvoir enregistrer les forces qui nous actionnent, et distinguer celles qui font vibrer et vivre, au physique comme au psychique, normalement les sensitifs, les psychiques, ou anormalement, les névrosés et les déséquilibrés.

On est ainsi conduit à étudier les curieux échanges *fluidiques* qui s'exercent entre les forces vives du cosmos périphérique et notre vitalité intérieure et personnelle dont la force sort des modes connus de l'énergie, pour entrer dans le domaine des vibrations de l'éther; l'étude de l'homme fluidique, succédant à celle de l'homme matériel, s'impose dès lors à nos recherches présentes ; ce livre n'est donc qu'un commencement, une voie nouvelle ouverte : *l'étude de nos vibrations.*

Avec la Méthode Biométrique que j'ai créée, nous pouvons constater de visu les mouvements que ces vibrations impriment à une aiguille qui décrit un arc de cercle correspondant à la valeur de chaque vibration ; le nombre de degrés devient ici fonction même de *la nature* de la vibration humaine qu'il dévoile. On voit de suite l'application pratique, qu'on peut tirer au point de vue des maladies nerveuses, en mensurant chez les névropathes les vibrations de leur vitalité chiffrée par des longueurs d'arcs de cercle différents et inégaux.

Biomètre en main, nous pourrons, dès lors, aborder les régions encore inexplorées de nos vitalités, dont le fonctionnement intime est influencé par les courants éthériques qui nous enveloppent et qui gravitent autour de nous.

Nous pourrons dès lors apprécier le degré de résistance d'une santé, par la persistance et la durée d'un arc de cercle normal chiffrant le nombre 40° par ex. : nous saurons aussi acquérir des notions précises sur les vibrations normales ou saines, et les distinguer de celles anormales ou *pathogènes*, qui nous touchent, nous contaminent et influencent si mystérieusement nos nerfs, après avoir laissé sur la peau l'impression de leur stigmate. J'ajoute que la cause périphérique des névroses étant connue, il sera plus facile d'en combattre l'effet intérieur, le nervosisme consécutif.

Je dédie donc ouvrage, et méthode *exclusivement* à cette classe toute spéciale de mes contemporains qui vibrent trop, mal, ou pas assez, aux nerveux, aux impressifs, aux sensitifs, aux incompris de la médecine matérialiste.

Ils trouveront dans la méthode biométrique l'expression de leurs propres vibrations interprétées par des règles précises, basées sur la géométrie et les mathématiques, assises irréductibles de la *Vie*.

Ainsi l'humanité pourra se mieux connaître elle-même

s'apprécier plus exactement dans ses rapports avec les forces de l'éther vivant qui l'enveloppe; l'homme saura s'orienter et hâter sa trop lente évolution, en bonne science et conscience, avec une précision scientifique fondée sur l'expérimentation.

Historique. — Après avoir fait quatre communications sur la *Biométrie, sur la mensuration des vibrations de la vitalité humaine* : la première à l'Académie des sciences en 1891 : la seconde au Congrès de Marseille pour l'avancement des sciences : la troisième aux Sociétés d'hypnologie et de médecine pratique : la quatrième à la Société d'électrothérapie : j'ai réuni en un livre paru en 1893 les différents chapitres communiqués, ainsi que les études et les expériences faites antérieurement ou postérieurement, de façon à donner un corps à ma méthode : « *La Force vitale, notre corps fluidique, sa formule biométrique.* »

Trois années plus tard, en 1896, j'ai fait paraître « *L'Ame humaine* », où j'expose la découverte des états vibratoires de l'âme vitale, impressionnant la plaque photographique à distance par la lumière intérieure du corps humain.

En 1897, dans « *La Biométrie et l'Électrothérapie* », j'ai montré tout le parti qu'on peut tirer de la biométrie pour le diagnostic, le traitement des affections de l'estomac et du système nerveux par l'électricité dont elle indique et règle l'emploi. Elle joue un rôle analogue à celui du thermomètre par rapport à la fièvre, en mesurant l'élasticité et la sensibilité de nos fluides.

En 1900, au Congrès international de médecine, j'ai exposé découvertes et méthode dans la section de pathologie générale ainsi qu'au Congrès de psychologie.

CHAPITRE PREMIER

APERÇU GÉNÉRAL

Mon entrée en matière est une conclusion; ce travail, en effet, commence par la fin. En procédant ainsi, je désire donner un aperçu synthétique de la Biométrie au triple point de vue *expérimental, théorique et pratique*.

Le lecteur pourra d'un coup d'œil comprendre l'ensemble de ma méthode, et mieux saisir l'exposé de ce travail dont les différentes données lui seront progressivement fournies, dans des chapitres spéciaux qui peuvent se résumer dans cet axiome : *Chacun de nous possède autour de lui son vortex propre et personnel de vibrations qui exprime sa vitalité, et définit son état d'âme dont la sensibilité et l'élasticité sont mesurées par un arc de cercle; sa longueur donne le sens idéographique de la vibration elle-même : elle est comparable à la hauteur pour le son, à l'éclat pour la couleur : la vibration qui nous anime est vivante; elle est l'expression momentanée de la vie universelle travaillant en nous et se manifestant autour de nous par un mouvement qui déplace l'aiguille biométrique d'un nombre de degrés proportionnel à ce travail.*

Je rapporte dans cet ouvrage les résultats de douze années d'étude et d'expériences, étayés sur plus de cinq mille observations, pouvant se définir ainsi :

1° *Un fait physique;*

2° *L'interprétation d'une loi de vie;*

3° *Une méthode* : ma méthode biométrique permettant de mensurer les mouvements du principe vie qui nous pénètre et nous anime, par les mouvements giratoires que la force de ce principe imprime elle-même, à l'aiguille de l'appareil enregistreur.

§ I. — LE FAIT PHYSIQUE

Il consiste dans des mouvements giratoires *d'attraction et de répulsion*, que subit, *sous nos yeux et sans contact*, une aiguille de cuivre recuit, suspendue par un fil de cocon, préalablement assoupli et spécialement disposé.

Cette aiguille est suspendue à 0 m. 01 cent. 1/2 au-dessus d'un cadran de 360°, qui recouvre une bobine composée de 145 mètres de fil de fer très fin.

Les mouvements de l'aiguille ont lieu à distance et sans contact, *à travers une paroi de verre* d'un millimètre environ d'épaisseur, à 0 m. 10 cent. du cœur humain, et à 0 m. 03 cent. de la main droite et de la main gauche placées perpendiculairement à sa pointe, *en dehors du cylindre de verre.*

Les mouvements circulaires de l'aiguille semblent être déterminés par un ébranlement de molécules, faisant vortex dans l'appareil ; quels que soient les noms donnés au tourbillon : *Zoéther, Ondes Hertziennes*, les forces éthériques de notre vitalité présentent des qualités qui la distinguent des modes connus de l'énergie.

Les expériences faites au point de vue de déterminer leur nature physique, avec MM. l'ingénieur Baclé, Majesvki et le Père R... chez M. le Professeur Branly, suivant lui excluent *radicalement* l'électricité, les épreuves photographiques le prouvent nettement; cette force agit encore, quoique plus faiblement, à travers une cuirasse de cuivre rouge isothermique, enveloppant tout le cylindre (expérience due au conseil du regretté M. Cornu).

Elle n'est donc ni l'électricité de nos machines, ni la chaleur proprement dite de nos foyers ; elle a un mode thermique particulier à établir, car on ne peut éliminer l'élément chaleur, mais elle n'est pas que thermique; certaines données photographiques me permettent de croire que nous sommes entourés par un *Vortex extérieur* d'une *Surforce invisible, mais sensible pour les sensitifs*, à définir, qui déplace, meut et fixe l'aiguille Biométrique, tout le temps que cette force persiste elle-même et nous actionne.

Sir William Crookes, dans une lettre qu'il autorise à publier, affirme avoir étudié avec soin le biomètre, et pouvoir interpréter tous les phénomènes observés par des rayons de *la Chaleur convertie radiante* (*Radiant or couverted Heat*) : Je remercie l'éminent membre de la Société Royale de l'intérêt pris par lui à cette question (*Bulletin de l'Institut général psychologique*, décembre 1902).

M Piddington, secrétaire de la *Société for psychicl Reachearch*, a repris les expériences déjà faites par Sir W. Crookes.

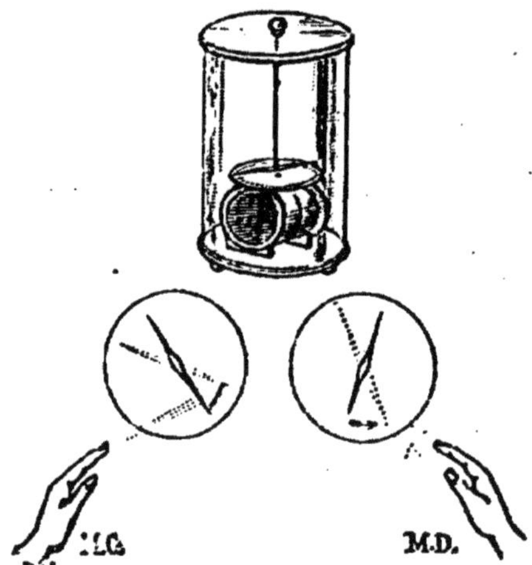

Fig. 1. — Appareils biométriques *droit* en face de la main droite qui attire l'aiguille droite, *gauche* en face de la main gauche qui repousse l'aiguille gauche.

Nous sommes en présence d'une force que je propose d'appeler Z. ou *zoéthérique* contenant une *caloricité spéciale non encore déterminée;* cette force pour moi est plus nettement caractérisée par l'élasticité de son mouvement polarisé en *contraction* et en *expansion alternatives* à ses deux extrémités; ces phénomènes sont rendus visibles par les mouvements d'*attraction* et de *répulsion* qu'exercent les mains sur l'appareil biométrique droit et gauche.

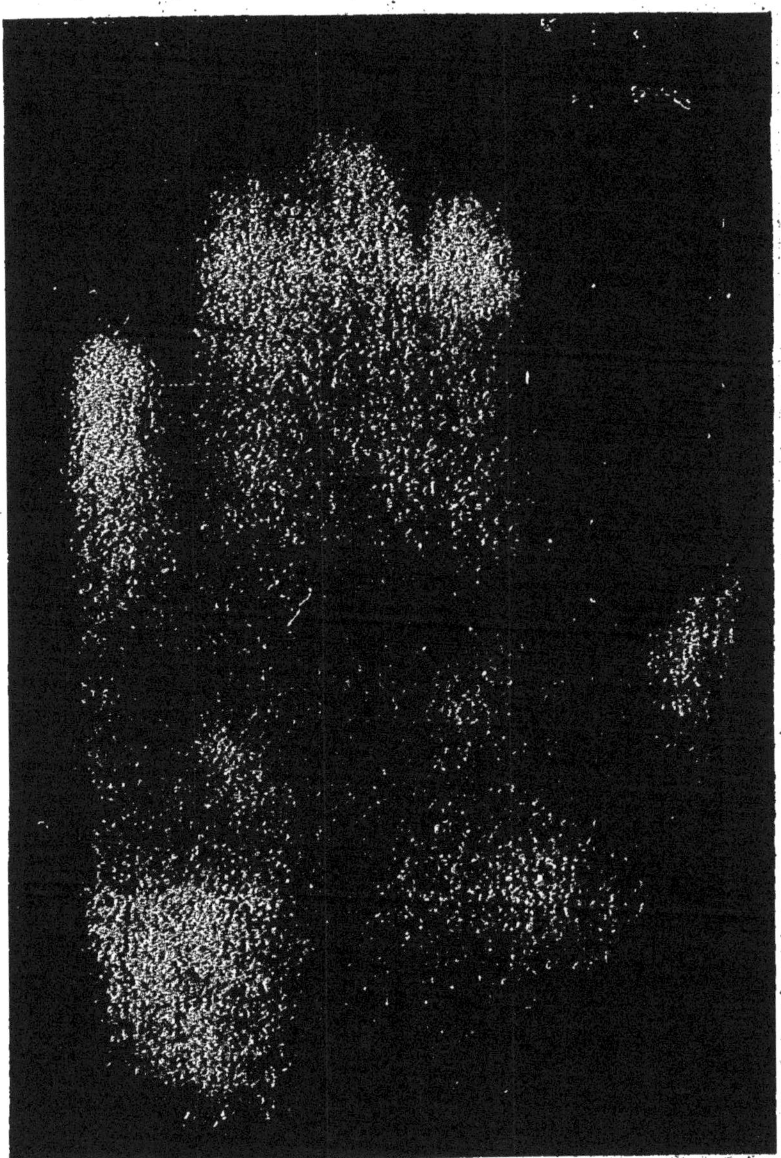

Fig. 2. — Effluves fluidiques de la main gauche d'un sensitif spiritualisé Majesvski, sans électricité ni contact : la main verticale dans le bain avec la plaque également verticale.

D'autre part, on ne peut assimiler les degrés biométriques aux degrés thermiques; le 0 biométrique n'est pas identique au 0 thermométrique.

En effet, dans les formules :

main gauche : Ghe O | D. Rep. 20°
ou
main droite : Dte O | G. Rep. 20°

ni la main droite ni la main gauche n'ont 0 de température; il se peut qu'elles aient une thermométrie différente que pourrait indiquer un appareil multiplicateur de Mendeileff quand elles attirent ou repoussent, je le croirai volontiers; mais les phénomènes d'attraction et de répulsion sont *autonomes, spontanés*; ils ne dépendent pas d'un degré thermique; c'est lui qui les accompagne, en relève peut-être, mais ne les détermine pas (expériences avec la glace).

De plus, le mouvement des aiguilles donne un double arc-de-cercle de N. degrés, dont la *longueur*, l'*orientation*, la *rapidité*, la *durée*, la *disparition* nous révèlent la *puissance*, la *direction*, la *polarisation*, le *sens idéographique* du flux de cette force cosmique Z ou zoéthérique qui nous pénètre, se fait nôtre et nous anime.

Une fois individualisé en notre personne, où il constitue notre vitalité, ce flux Z. *de vie cosmique* devenu *notre vie*, est cependant sous l'influence de notre *propre imagination*, de la résolution de *notre volonté*, de la réalisation de *notre foi*, ce qui le différencie *radicalement* des quatre modes de l'énergie élémentaire : lumière, chaleur, électricité, magnétisme, sur lesquels notre volonté n'a pas de prise : de ces données expérimentées il résulte que :

La vie est un principe intelligentié enregistrable par :

1° Un mouvement propre, ondulatoire et courbe;

2° *Une puissance d'élasticité sensible alternativement contractive et expansive*, attirant et repoussant une aiguille.

La vie est bi-polaire : sa force est chaude, lumineuse, sèche, expansive à l'Est.

Elle est fraîche, obscure, humide, attractive à l'Ouest (1).

Cette élasticicité sensible et ondulatoire exécute un mouvement courbe, giratoire autour du centre qu'elle vitalise, en passant par les quatre points cardinaux, relatifs à ce centre.

On comprend que les instruments de physique actuels puissent reconnaître certaines des propriétés de thermicité, d'irradiation de la chaleur convertie; mais il faut en construire de nouveaux, des boussoles spéciales qui permettent d'étudier les autres attributs physiques de la vibration. Un autre caractère capital de la force Z nous montre qu'elle est et reste sous l'influence d'un principe *verticalement* orienté, se manifestant dans la verticale du corps humain principe psychique, volontaire ou spirituel, N. E. : S. O., capable de diriger, de transmuer et d'orienter le principe vital instinctif en nous qui *horizontalement dirigé* de la main droite à la gauche N. O.-S. E, meut l'aiguille de la conceptivité imaginative à l'activité réalisatrice ou réciproquement.

§ II. — UNE INTERPRÉTATION D'UNE LOI DE VIE HUMAINE PAR LES MATHÉMATIQUES ET LA GÉOMÉTRIE

Notre vitalité a une force qui peut entrer dans le domaine de la physique actuelle.

1° *Par la géométrie et les mathématiques.* — A. *Par la mensuration de l'arc de cercle* du Vortex sur le cadran des 360 degrés. Cet arc extérieur définit le mouvement Vital *intra-humain* dans ses attributs de *temps*, de *durée* et d'*orientation*.

B. Par les *figures géométriques intérieures*, que ces forces individualisées et polarisées impriment à notre *corps fluidique*, que l'on peut considérer comme formant un parallé-

(1) Suivant le génie des races et le caractère des hommes, on construit au levant ou au couchant, les villes se groupent, s'accumulent surtout à l'ouest où les populations se condensent, se concentrent, s'attirent plus volontiers.

lipipède symétrique, lorsque les arcs de cercle droit et gauche sont égaux, asymétrique lorsqu'ils sont inégaux. Ainsi : *Vortex extérieur Z ou Zoéthérique mensurable : sensibilité et élasticité fluidique : polarisation orientée horizontalement des forces plastiques de notre vitalité : et enfin subjection à notre principe psychique verticalement orienté*, telles sont les données de géométrie biologique applicables au phénomène *vie*, personnifié en notre existence actuelle (1) suivant les différentes personnalités que les formules expriment.

C. Lorsque l'aiguille est déplacée dans le sens *attractif*, l'allure plus ou moins rapide de son mouvement, la durée de son déplacement, indique la direction, l'allure, la persistance de l'arc, de la spire d'un vortex extérieur à nous, dans l'intérieur duquel se polarise, s'oriente et s'organise notre corps fluidique, suivant des lignes rectrices, dirigées dans les quatre dimensions : verticale, horizontale, antéro-postérieure et diagonales, qui sont parallèles deux à deux, à droite et à gauche, et dont le point de la pénétration, le parcours intérieur et l'issue sont déterminés par les extrémités des arcs de cercle droit et gauche, réunies par un trait.

Lorsque l'aiguille est repoussée, nos potentialités s'épandent jusqu'à s'extérioriser.

Les nombres de degrés 10, 20, 30 indiquent les niveaux, des segments humains, et des organes où cette force pénètre le corps humain, considéré de plus comme un parallélipipède duo-décagonal ou octogonal, si les arcs de cercle décrits sont de 30° ou 45°.

Ces déviations de l'aiguille possèdent encore par elles-mêmes une *signification biologique*, de 0° à 90° ; les arcs ont un sens *idéographique*, un caractère propre à chaque vibra-

(1) Les nombreux clichés, — plus de 200, — qui portent les empreintes de cette force, prouvent que cette lumière intérieure et invisible a une puissance photo-chimique actinique assez grande pour réduire à distance les sels d'argent, lorsqu'elle s'exaspère pour ainsi dire elle-même.

tion, comme les chiffres 37° et 40° du thermomètre, ont une signification thermométrique au point de vue de la chaleur humaine.

Cette force Z est donc chiffrée par l'arc de cercle décrit à tel orient, par le nombre de degrés du cadran attirés ou repoussés; ils sont évaluables en millimètres par la formule $\frac{2\pi R}{360} = 1/2'$ millimètre.

Le rayon de l'aiguille étant égal à 30' millimètre on voit donc que 1° du cadran égal 1/2' mill.; ou 2° = 1' mill.

La puissance de cette force est exprimée par *la durée* du déplacement de l'aiguille au-dessus du chiffre, et la lenteur du retour à son point de départ, évaluables en secondes.

Le rapport existant entre les degrés attirés et repoussés, dans un sens, quelle que soit la main qui les donne, gauche ou droite, indique le sens et la polarisation des forces rectrices de notre existence, l'ORIENTATION DE NOTRE VITALITÉ.

La communion d'échanges vibratoires entre les forces vives Z orientées de l'éther vibrant et les facultés de la vitalité individuelle s'orientant vers elles, montre *la grande Vie cosmique universelle* entretenant la petite vie *humanifiée* et réciproquement.

Ce que j'ai appelé *la formule biométrique*, est constitué par le rapport proportionnel entre la somme des forces supérieures et postérieures, appartenant au pôle *psychique* de notre être, représenté par les degrés de la main gauche, et les forces inférieures et antérieures du pôle *physique* actif et générateur, représentées par les degrés de la main droite, qui forment ensemble et en même temps l'atmosphère de nos vibrations, le Vortex Zoéthérique qui nous entoure, nous délimite et nous définit; la longueur de l'arc de cercle spécifiée par l'orientation présente un rapport analogique avec la hauteur du son, et l'intensité de la couleur.

Il y a cinq classes de formules comprenant 16 types, dont 12 *complètes* bi-manuelles et 4 uni-manuelles *incomplètes*.

§ III. — LA MÉTHODE BIOMÉTRIQUE

Ma méthode est donc basée sur l'étude des échanges vibratoires qui se produisent entre *les forces vives cosmiques* qui s'individualisent et nous vitalisent, et nos forces vitales personnelles qui se désindividualisent de nous, pour rentrer dans le cosmos ambiant dont elles subissent les conditions.

La proportion et la mesure respectives de ces forces *vives et vitales* constituent le mouvement général de notre *vie personnelle, notre moment vital,* dont la proportion moyenne actuelle serait de 3/1.

La biométrie est, on le voit, une méthode de mensuration des vibrations humaines, un système anthropométrique des forces rectrices du composé polarisé humain : *droites actives, gauches conceptives.*

Par le sens du mouvement qu'elle imprime à l'aiguille, la main droite nous fera connaître notre *activité et notre santé physiques ;* la main gauche notre état *psychique,* notre mentalité.

L'allure de l'aiguille nous fournira le degré de vivacité de notre tempérament, tandis que sa persistance sur le nombre obtenu, nous donnera les notions de la puissance de la force de notre organisme, comme la lenteur du retour de l'aiguille à son point de départ, nous révèlera le degré de la résistance de notre vitalité.

Grâce à cette méthode bio-expérimentale, l'homme peut suivre de l'œil les mouvements de ses quatre potentialités primordiales : *volonté, intelligence, affectivité, activité* et en établir la figuration géométrique, comme on le verra plus loin, chapitre VI.

Il connaîtra mathématiquement les forces vives du Zeéther qui s'individualisent en lui, ainsi que les manifestations de la propre substance cosmogonique en lui, le tempérament de son existence personnelle ; car expériences en main : notre vitalité, qui est un mode différencié de la Vie cosmique, individualisée et personnifiée en notre individualité, se manifeste par une vibration particulière, de telle sorte que chaque vibration individuelle peut s'exprimer et mieux se mesurer, par son arc de cercle, dont la rapidité d'allure indique *la spontanéité de formation*, dont la longueur orientée donne l'amplitude, c'est-à-dire, la *signification idéographique*, le tempérament, le caractère essentiel ; dont la durée par rapport à 20 minutes donne la puissance de persistance, c'est-à-dire, *l'existence*; et dont la disparition progressive donne le degré de *résistance*, le vitalisme, pour cette vibration individuelle qui rentre ensuite dans la vie universelle non différenciée, et disparaît plus ou moins vite, pour toujours peut-être, comme elle est susceptible de reparaître à la même date, avec la même orientation, pour reproduire les mêmes effets.

CHAPITRE II

FORMULES BIOMÉTRIQUES

La technique instrumentale, l'étude de l'arc de cercle décrit par l'aiguille, la prise de la formule biométrique, et sa lecture.

§ I. — TECHNIQUE INSTRUMENTALE DE LA MÉTHODE BIOMÉTRIQUE

L'appareil employé pour mesurer les vibrations de notre vitalité, est l'appareil Fortin que j'ai modifié dans le but de l'appliquer *exclusivement à l'étude de la vitalité humaine.*

Ce n'est donc plus le magnétomètre Fortin, mais le biomètre Baraduc que je présente au public scientifique sous deux formes : *Appareil double de cabinet et de laboratoire* avec lequel on prend simultanément les vibrations droites et gauches comme la figure 3 le montre.

Elle représente l'installation biométrique de mon cabinet médical, qu'on ne peut déplacer, et qui ne l'a pas été.

L'appareil portatif permet l'enregistrement des vibrations chez les malades.

Le biomètre est essentiellement composé :

1° D'un fil de cocon ;

2° D'une suspension supérieure faite à un plateau de verre et d'une attache inférieure sur une aiguille ;

3° D'une aiguille de cuivre recuit ;

4° D'un cadran de 360° ;

5° De la bobine ;

6° De l'appareil de protection en verre.

Examinons chacune de ces parties :

1° *Le fil de cocon.* — D'une hauteur de $0^m,10^c$, simple, très fin, non tordu, et préalablement assoupli; avant sa mise en place, il est brisé par d'excessives rotations imprimées le plus vivement possible, par un petit coup sec, sur l'aiguille qu'il supporte.

Fig. 3. — Mon installation biométrique pour prendre les vibrations des neurasthéniques ; le nord correspond à la ligne de jonction des deux murs.

On obtient ainsi le 0 de torsion nécessaire, pour une bonne expérience.

Le choix du fil de cocon étiré est capital ; il doit être souple, léger comme un fil de la Vierge, résistant et presque invisible.

Sa traction donne une sensation spéciale : il doit offrir une résistance en même temps qu'une souplesse excessives. Ce sont ces conditions qui l'ont fait choisir, de préférence, aux cordes à piano (1), au fil de soie et aux autres modes de suspension impropre.

C'est donc *un fil unique, léger* solide étiré du cocon, préalablement assoupli et, en dernier lieu, enduit d'essence de rose.

Ce fil de cocon, d'une longueur totale de 0m,15, est fixé en haut et attaché en bas ; il est d'une complète siccité, dont on s'est préalablement assuré la réalisation.

Il est fixé en haut dans les appareils de laboratoire, par une petite tige en os, pénétrant une gaîne de bois dans laquelle se trouvent aussi contenus les 5 centimètres de fil destinés à la fixation et qui sont indépendants des 10 centimètres destinés à la suspension de l'aiguille. Dans l'appareil portatif, il est lié à une cordelette qui s'enroule dans la gorge d'une poulie de réflexion, de telle sorte, que les 10 centimètres de suspension de l'aiguille restent au-dessous du système de fixation du fil dans les deux appareils.

2° *Attache sur l'aiguille.* — En bas le fil de cocon s'enroule sur la ligne médiane de l'aiguille de cuivre, où il reste collé sans boucle ni ligature; il faut éviter, sous peine de ne pouvoir se servir de l'appareil, que la moindre parcelle de colle ne grimpe le long du fil de cocon; elle le rendrait rigide et *complètement impropre.* Il faut que le fil soit *souple immédiatement* au-dessus du plan tangent à la circonférence de l'aiguille, dès qu'il émerge des cercles d'enroulement qui le collent à cette circonférence, juste au centre de l'aiguille (2).

(1) Le fil de l'expérience de Foucault, répétée par Flammarion, était une corde à piano sans rotation sur elle-même.

(2) Il est bon de savoir réparer soi-même l'appareil en cas de rupture du fil ; dans ce but, un premier opérateur tient le plateau de verre où

3° *L'aiguille.* — A part les aiguilles en or, j'ai essayé de différents métaux : acier, fer, argent, je suis revenu au cuivre recuit de l'abbé Fortin, en donnant à l'aiguille plus de poids, de longueur et d'épaisseur, c'est-à-dire de prise au flux de force. Comme forme, j'ai essayé des aiguilles plates semblant devoir donner plus de prise au vortex qui déplace l'aiguille dans le cylindre en verre.

Quelques expérimentateurs, le Dr Dumont de Nancy, entre autres, les a terminées par de larges disques ; d'autres, tel que Jounet, ont proposé de se servir de substances végétales, de tiges d'agave desséchées ; M. de B., correspondant de l'Institut, m'a fait faire une aiguille astatique composée de deux aiguilles d'acier parallèles et maintenues séparées, dont les pôles sont aimantés de sens contraires.

Je n'ai pas trouvé d'avantages appréciables à ces combinaisons, et j'y ai rencontré quelques inconvénients. Quant au mode de suspension, au dire des physiciens, le fil de cocon, tel que je l'emploie, donne le meilleur mode ; on a préalablement obtenu le zéro de torsion, et l'état hygrométrique est nul dans la pièce où se trouvent les appareils ; il faut réaliser aussi le minimum de frottement ; la seule résistance au déplacement de l'aiguille est créée par la résistance de l'air à la surface de l'aiguille en mouvement. Les aiguilles à pivot métallique ont toujours un frottement trop grand pour d'aussi délicates mensurations.

En résumé, c'est donc à l'aiguille de cuivre recuit de 0,06 c.

se trouve l'appareil de fixation du fil, ou mieux l'extrémité libre du fil de cocon ; le second dépose juste sur le milieu de l'aiguille une gouttelette de colle forte dans laquelle il fait passer l'extrémité libre du fil de cocon ; l'aiguille tenue entre le pouce et l'index des deux mains est enroulée juste en son milieu, perpendiculairement au fil tendu, et sur le fil lui-même, en deux ou trois tours ; il faut alors rester sur place, laisser ou faire sécher et immobiliser enfin le dernier tour, pour que la colle ne grimpe pas le long du fil libre et ne le rende pas raide ; dans ce cas l'opération est nulle et doit être recommencée.

Les fils de cocon durent des années pourvu qu'on ne déplace pas l'appareil.

de longueur avec une suspension de fil de cocon bien agencée, que je me suis arrêté, en imbibant fil et aiguille d'essence de rose.

Position de l'aiguille au-dessus du cadran. — L'aiguille doit être horizontalement suspendue au-dessus du cadran, à une hauteur de 0 m. 01 c. 1/2.

Un centimètre serait trop bas, deux seraient trop haut ; il y a là une position à observer pour que les couches de l'air et les vortex éthériques produisent le déplacement de l'aiguille d'une part, et que, d'un autre côté, elle se trouve à 0 m.06 du centre de la bobine, et reste ainsi sous l'influence de celle-ci.

4° *Le cadran.* — Il est partagé en 360° répartis en 8 segments de 45° empruntés au méridien, orientés aux 8 points cardinaux d'un carré dans lequel le cercle est inscrit.

Les divisions en 5 et 10° sont plus marquées, car elles servent exclusivement, pour ainsi dire, aux applications thérapeutiques.

Il a un diamètre intérieur de 0,06 c. ; le degré correspondant à 1/2' mill., on saura donc qu'un déplacement de 50 degrés est une vibration d'ondes circulaires mesurant 25' millim., sur une ligne courbe ; que 180° de ce cadran valent 90' mill., et que 360° correspondent à 180' millimètres.

6° Cinq degrés représentent 2, 1/2 mill., si bien que l'onde circulaire la plus courte que j'ai observée dans les mensurations pratiques de la biométrie médicale (je ne parle pas des expériences de laboratoire) aura donné 2' mill., 1/2 pour 5° et la plus grande pour 160° ; une longueur d'onde de 80' millimètres avec l'aiguille de 0,03 centimètres de rayon.

Une des modifications que j'ai apportées à la construction du cadran, consiste à le munir d'un rebord que je fais adhérer à l'intérieur *de l'ampoule ou du cylindre*, de telle sorte qu'on ne puisse pas invoquer, comme cause de déplacement de l'aiguille, un courant d'air chaud s'établissant, entre les couches inférieures et supérieures à ce cadran.

5° *La bobine.* — Copiée sur celle de l'abbé Fortin, avec cette seule différence que, dans la mienne, les bouts de fil sont réunis au lieu d'être libres, ce qui en fait une sorte de solénoïde fermé.

Elle est composée d'un cylindre de verre horizontal de 0 m. 05 c. de diamètre extérieur.

Alternativement : couche de papier buvard, enroulement de fil de fer, couche de papier, fil de fer, et la dernière couche de papier remplacée par une lame d'étain, de telle sorte que 145 mètres de fil de fer très fin sont enroulés et forment une série de solénoïdes fermés, contenus les uns dans les autres, un réel appareil condensateur, une vraie pelote creuse métallique à cavité, orientée du nord-est au sud-ouest.

Utilité de la bobine. — La bobine n'est pas indispensable au point de vue du mouvement de l'aiguille. En effet si on met le cadran sur un support autre que la bobine, on verra l'aiguille se déplacer; mais ce déplacement ne se fait pas d'une façon spéciale pour chaque personne; comme rapidité, il est en rapport avec l'action calorique du sujet et non avec sa sensibilité élastique; il n'y a donc pas d'*allure propre* pour chaque personne; il se fait constamment avec la même rapidité chaque fois qu'on présente la main; avec la bobine, à la troisième prise de formules consécutives, le mouvement de l'aiguille ne se produit plus; il faut laisser reposer l'appareil; attendre qu'il se dégage de lui-même des fluides humains, et que l'aiguille revienne se fixer à son point de départ, d'où un nouvel observateur pourra la faire se déplacer, avec l'allure et le mouvement particulier, qu'il possède en lui-même.

La bobine semble donc jouer un rôle de condensateur du magnétisme humain, *propre à chaque individu*; elle nous indique la persistance de l'influence qu'elle subit, par la durée du temps que l'aiguille déplacée reste sur le chiffre acquis; la résistance humaine est manifestée par le temps qu'elle met à revenir à son point de départ.

La bobine aide donc à mesurer la durée, la puissance, l'influence et la résistance à la dispersion de notre fluide vital.

Avec la bobine, l'aiguille se meut au bout d'un quart de minute, plus souvent d'une minute, tandis que, suspendue sur le cadran seul, elle est impressionnée à travers le verre au bout de quelques secondes; elle suit un mouvement de va et vient qui empêche d'analyser le sens, l'allure, le temps, la durée de l'influence que l'observateur exerce sur l'aiguille, et que la bobine nous permet d'enregistrer.

6° *L'appareil de protection.* — C'est un cylindre de verre pour l'appareil fixe, de 12 cent. de diamètre, et un globe arrondi, sorte d'ampoule, pour l'appareil portatif; dans l'intérieur de l'appareil, l'aiguille se déplace sous l'influence extérieure venue des doigts. Il se produit intérieurement *un vortex ou tourbillon* qui la meut, la sensibilise sous notre influence.

Cette veine fluidique créée présente une spire ou hélice droite ou gauche, dont l'arc de cercle décrit par l'aiguille chiffre le pas de vis.

Les vortex circulaires au point de vue de la chaleur, ont été calculés mathématiquement par un membre de l'Institut. Ce que l'on peut dire des veines caloriques artificiellement produites, peut être répété pour les courants de la chaleur vitale et les *veines zoéthériques* du corps humain avec cette différence, que l'appareil ne fonctionne plus quand plusieurs personnes l'ont impressionné les unes après les autres, sans laisser le temps nécessaire à son dégagement fluidique ; tandis qu'il continue à fonctionner, tant qu'on peut produire des effets calorifiques différents dans le cylindre; si l'on interpose un petit écran sur la paroi interne du verre, l'aiguille ne se déplace plus, car la veine thermique est arrêtée.

Position des mains (fig. 4). — Les accoudoirs pour les doigts sont placés de telle sorte, que les mains soient à 0 m. 01 c. de la paroi convexe du verre et à 0 m. 3 c. perpendiculairement à la pointe de l'aiguille.

Le bord de la main est appuyé sur une planchette, dont le rebord surélevé est situé à 0 m, 02 c. de la convexité du verre ; contre ce rebord vient butter le petit doigt qui glisse dans la rainure et maintient les mains à la même distance.

La main est ramassée en cône creux, obtenu par la réunion

des extrémités digitales autour du médius, qui lui est dans le plan de l'aiguille.

Les extrémités des deux mains mises en pointes coniques, perpendiculaires aux extrémités des aiguilles, sont présentées simultanément à celles-ci, de telle sorte que les bras simulent

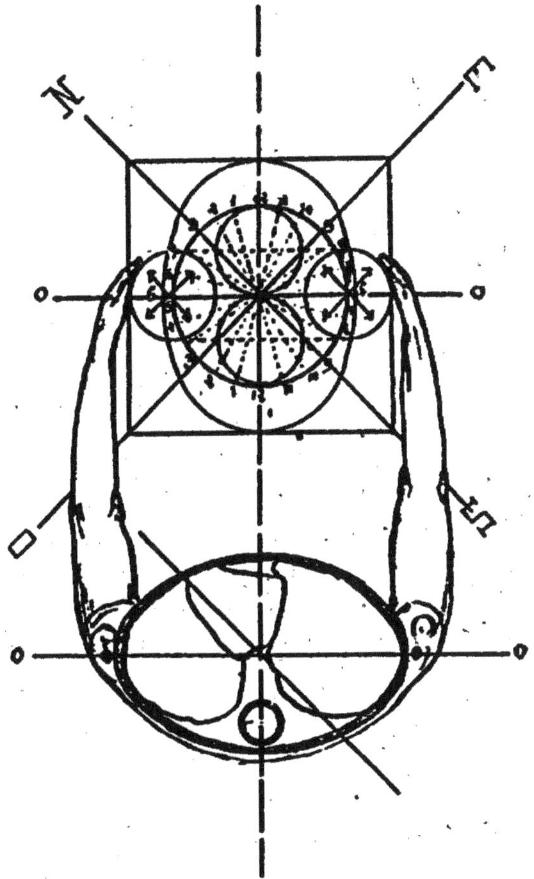

Fig. 4. — Schéma de la prise de formule.

les branches écartées d'un aimant dont la ligne médiane serait le cœur central. Aux extrémités latérales de l'ovoïde longitudinal que forme le thorax, sont attachés les bras droit et gauche; cet ovoïde thoracique est divisé en un segment *antérieur et postérieur* par son grand diamètre continuant la ligne des bras (notre *ligne cardio-axillaire*), et en deux segments latéraux *droit et gauche* contenant chacun un membre par le petit diamètre antéro-postérieur, qui divise en deux parties, droite et gauche, la poitrine et la *sphère de fluides* produite entre les mains par les mouvements vibratoires provenant de notre double vitalité pneumo-cardiaque, de notre double respiration fluidique; ainsi sont formés deux hémisphères fluidiques un dans chaque main droite et gauche, qui actionnent l'appareil biométrique correspondant : les hémisphères fluidiques des mains droite et gauche répètent et reproduisent dans l'*ovoïde* bimanuel englobant les biomètres, le dispositif fluidique de l'ovoïde *cardiothoracique*, celui de notre respiration fluidique centrale.

Les aiguilles attirées et repoussées décrivent des arcs de cercle *orientés* vers une des huit orientations cosmogoniques, en rapport avec l'orientation du flux vital intérieur, que l'on peut étudier dans le plan horizontal cardio-axillaire, et mesurer sur le cadran des 360°. Que se passe-t-il dans la prise de formule? Comment peut-on comprendre l'action de notre influence sur les aiguilles, et la mensurabilité du mouvement de cette influence?

Les choses se passent et peuvent être envisagées ainsi :

Notre cœur ferait le point central d'un aimant dont nos bras et nos mains formeraient les branches et les extrémités; pour prendre la formule, les mains sont disposées autour des appareils, de telle sorte que, par leur double concavité, elles décrivent presque entièrement un ovoïde, une boule fluidique dans laquelle les deux biomètres se trouvent immergés aux deux extrémités du diamètre horizontal marquant le 0; les deux appareils sont ainsi coupés en deux moitiés antérieure et postérieure par l'axe bilatéral allant de la paume de la main droite à la paume de la main gauche; tandis que le diamètre antéro-postérieur divise la sphère fluidique en deux parties, droite et gauche; dans chacune se trouve une moitié de sphère fluidique et un biomètre enregistreur en rapport avec la main correspondant à la moitié droite et antérieure, et gauche et postérieure du corps humain, dont le mouvement fluidique intérieur est enregistré ou représenté par l'appareil extérieur (fig. 4).

§ II. — ORIENTATION ET SITUATION DU CORPS HUMAIN PENDANT LA PRISE DE LA FORMULE

Aristote affirmait l'existence de huit aspects ou modalités de vie.

La géométrie montre qu'on peut envisager huit orientations déterminées par la direction de notre face aux 4 points cardinaux, N.-S.-O.-E. et aux points intermédiaires situés à 45° sur le cadran des 360° N.-E, N.-O, S.-E, S.-O.

Deux autres orientations capitales propres à l'esprit qui se libère, et à l'âme animale qui se transforme, peuvent porter le nombre total à 10 orientations.

De ces deux dernières, la première est au N.-E-E, à 60° gauche à 120° de N.-O et à 2 heures après midi; la seconde est S.-O-S. à 60° également à 120° de N.-O; à 2 heures du matin dans le carré cosmogonique (voir chapitre V).

Avec cette orientation N.-O. équidistante de 120° des deux orientations précitées, on constitue un triangle équilatéral de la plus haute signification, dont je n'ai pas à m'occuper davantage.

Au point de vue de la santé et de la maladie, c'est l'orientation N-S. tête et face au N., talons au S. et vu de dos, qui est l'orientation de choix, pour la réparation de la faiblesse; tandis que la même orientation vue de face, les pieds au S., est la position du malade en situation d'éliminer ses mauvais fluides.

La position N-S. vue de dos, face au N., celle de la vie réparatrice et reconstituante, est l'orientation, la position exclusivement affectée à la prise de la formule biométrique des malades, *les neurasthéniques doivent regarder le nord.*

La personne prenant sa formule à 10 heures du matin par exemple a donc le front au N., la main droite vers l'E., la main gauche vers l'O., le dos et les talons au S., le sommet de la tête au zénith; elle est en position hétéronome de recharge par la force éthérique astringente froide-tonique du N.

Les deux biomètres se trouvent dans le plan cardio-axillaire, passant par la pointe des deltoïdes, les aisselles et le cœur; les bras sont dans la ligne O. gauche, E.; droite, qui est elle-même celle de la rotation de la terre, de l'Ouest à l'Est.

Dans cette orientation N-S., l'homme est traversé, par l'axe terrestre qui va du N. au S.; son côté droit antérieur et inférieur est dans les rectangles formés par les orientations N.-E-E-S.-O.; le côté gauche postérieur et supérieur dans les rectangles formés par les orientations N.-E., N.-O., S.-O.

Les deux biomètres, par leurs points centraux, forment un angle isocèle avec le Nord de la pièce.

Lorsque le mouvement va de gauche à droite dans le sens du mouvement terrestre, on a la formule Gche Att; Dte Rep. Lorsque le mouvement dit solaire va de la main droite à la main gauche dans le sens inverse, on a la formule Dte Att Gche Rep.

Dans les expériences qui ont été faites par le M. le prof. Branly, on a pu constater que l'amplitude des arcs décrits diminuait à mesure que l'opérateur éloignait de l'appareil sa tête et sa poitrine, en allongeant la main à bras tendus.

Le cœur, le cerveau, le foie et la rate, en même temps que les mains impriment aux aiguilles les mouvements mensurateurs de la vitalité fluidique de l'homme: droite antérieure et inférieure sur l'appareil droit: gauche supérieure et postérieure sur l'appareil gauche.

Les mains (fig. 4) servent ainsi de pointes d'écoulement ou d'attraction aux forces qui ont le cœur comme foyer central; le plus généralement attraction 3/1 à droite, répulsion 1/3 à gauche, dans le sens opposé à la rotation terrestre, comme si la giration terrestre de gauche à droite était un facteur considérable aidant à la pénétration des forces éthériques ou zodiacales qui envahissent l'homme de droite à gauche en sens inverse à la rotation terrestre, et dans le sens supposé de l'ascension solaire.

Lecture de la formule. — La lecture de la formule comporte l'étude comparée des mouvements imprimés aux aiguilles par la main droite et par la main gauche.

Analysons *ce que l'on voit*, et nous étudierons ce que l'on peut en déduire.

On voit l'aiguille se déplacer, s'arrêter sur un chiffre et revenir à son point de départ. Il est indispensable de bien placer l'œil dans la verticale du fil maintenant l'aiguille, pour éviter toute erreur d'observation résultant de l'obliquité du rayon visuel ; pour déterminer la position exacte de l'aiguille au-dessus du cadran, il faut viser le chiffre situé dans le plan perpendiculaire au cadran passant par *l'œil, l'aiguille* et le nombre de degrés située au-dessous de l'aiguille déplacée.

§ III. — PRISE DE LA FORMULE

Quand je prends une formule avec mes deux (1) biomètres identiquement construits et possédant des fils de cocon assouplis et des aiguilles de cuivre recuit, situées horizontalement à la même hauteur 0 m. 1 c. 1/2 du cadran, j'approche les mains dans les conditions décrites plus haut, mais auparavant, j'ai eu soin de fixer le point de repère des aiguilles, de vérifier l'emplacement exact de leurs extrémités, c'est-à-dire de constater les points d'immobilité, où elles se trouvaient, avant que l'action des mains ne les mette en mouvement (2).

(1) Je dis mes deux biomètres, car toutes mes études et les interprétations des nombres de 8 degrés ont été faites avec eux et par eux ; ils doivent donc servir d'étalons pour les vérifications ou recherches ultérieures pratiquées en dehors de mon installation.

(2) Les aiguilles ne sont pas indéfinitivement immobilisées dans un sens ou une direction ; on ne peut non plus les ramener à un zéro comme point de départ ; cette considération qui semble un défaut au point de vue du contrôle scientifique des déplacements de l'aiguille montre que sa position spontanée, que j'appellerai *cosmique* par rapport à celle que l'homme lui imprime, dépend du flux de forces cosmiques et varie avec la saison de l'année. Ces déplacements sont insensibles et nous prenons l'aiguille comme réellement immobile.

Ceci est le premier temps de l'opération.

Voyons les autres temps du déplacement de l'aiguille.

Le mouvement présente :

1° *Une direction*, attractive ou répulsive par rapport à la main ;

2° *Une allure*, le mouvement se fait plus ou moins rapidement en plus ou moins de secondes ;

3° *Une amplitude*, l'aiguille décrit un arc-de-cercle plus ou moins grand, correspondant à un angle d'ouverture plus ou moins marqué ;

4° *La Fixité*, elle se fixe plus ou moins de minutes sur un chiffre après avoir parcouru un certain nombre de degrés ;

5° *Le nombre des degrés chiffrant l'angle obtenu ;* il est multiple impair de 5° ou pair de 10° marquant dans ce premier cas une angulaison asymétrique *mauvaise*, ou symétrique *bonne* dans le second.

6° *Le retour ;* il se fait plus ou moins rapidement. On voit combien de minutes l'aiguille reste sur le nombre définitivement obtenu, et en combien de temps, elle revient à son point de départ.

L'ensemble ou le rapprochement des résultats obtenus par la main droite et par la main gauche donnera la lecture de la *formule de l'Onde fluidique humaine*, au moment où nous enregistrons nos vibrations : le strictum ou le laxum de l'Enormon du vieil Hippocrate, LE MOMENT VITAL.

Notre existence annuelle semble être une succession de moments vitaux à préciser dans les douze mois, passant par les douze dispositions des formules doubles bi-manuelles ; nous aurons ainsi la courbe normale d'une révolution vitale pour l'année.

Les conditions de l'existence actuelle, le plus souvent anormales, m'ont permis cependant d'entrevoir sur moi, sur mes amis et sur mes malades, les grands traits d'une révolution vitale annuelle basée sur la façon dont la force se meut, relativement aux 4 saisons, comme sur son orientation expansive ou attractive, représentées par les 12 formules doubles aux 12 mois, c'est-à-dire dans le temps et dans l'espace ;

pratiquement, on obtient des renseignements précis mathématiques sur la Force en nous, que l'on comparera un jour avec le mouvement de rotation terrestre et les phases d'expansion et de contraction de l'atmosphère zodiacale du soleil décrite par l'abbé Moreux (1).

Cette connaissance nous révèle la façon dont nous vivons, au point de vue physique comme au point de vue psychique; elle nous fournit par la longueur des arcs de cercle la classification des vibrations auxquelles nous appartenons : *vibrations animale*, ANIMIQUE MENTALE, et nous donne le degré de puissance et de résistance de notre santé physique et morale dans ces trois modes d'existence : Passons en revue ces différents paragraphes.

Direction du mouvement. — Le mouvement de l'aiguille a une double direction, par rapport aux doigts, attractive ou répulsive, égale ou différente pour chaque main.

Il indique le sens de pénétration de la vibration, le mode de communion existant entre les vibrations du cosmos et les nôtres.

Lorsque nous attirons, nous puisons dans le zoéther un flux de vibrations qui s'individualise en nous; lorsque nous repoussons, nous nous désindividualisons et nous rendons au zoéther ce que nous lui avions pris antérieurement; notre existence est donc une consommation, non seulement sur le plan physique matériel, mais encore sur les autres plans de l'univers, des différentes substances, ou pour mieux dire de la *substance différenciée* qui compose ces plans pour chacune des trois zones animale, animique et mentale entourant l'homme.

Nous savons par le moment vital comment le bloc humain combiné, polarisé, orienté et unifié consomme la substance des différents orients et plans vivants du zoéther.

Amplitude. — L'amplitude est fournie par l'arc de cercle

(1) M. Flammarion, son maître, veut bien installer à Juvisy un appareil pour étudier et faire annoter les mouvements spontanés cosmiques de l'aiguille à l'abri de l'influence humaine.

ou le nombre de degrés parcourus par l'aiguille pour mesurer la longueur d'onde vitale, l'angulaison des forces droites et gauches qui s'entrecroisent et le niveau de notre organisme où a lieu l'entrecroisement. Il faut la traduire en millimètres, ce qui se fait facilement par la formule $\frac{2\pi R}{360}$ pour avoir la valeur millimétrique, le rayon R égalant 30' mill., le degré égalera 1/2' mill.

Voici le tableau synoptique des millimètres par rapport aux degrés pour les trois zones.

Mensuration millimétrique des arcs de cercle exprimés par les degrés du cadran dans les trois zones de vie.

Animale	Besoin
Animique	Désir.
Mentale.	Idée.
Le degré	1/2' mill.

5°.	. 2 1/2'	mill.	40°.	. 20'	mill.	70°.	. 35'	mill.
10°.	. 5'	—	45°.	. 22 1/2'	—	75°.	. 37 1/2'	—
15°.	. 7 1/2'	—	50°.	. 25'	—	80°.	. 40'	—
20°.	. 10'	—	55°.	. 27 1/2'	—	85°.	. 42 1/2'	—
25°.	. 12 1/2'	—	60°.	. 30'	—	90°.	. 45'	—
30°.	. 15'	—	65°.	. 32 1/2	—	95°.	. 47 1/2	—
35°.	. 17 1/2'	—				100°.	. 50'	—
Vibrations animales *Forces horizontales*			Vibrations animiques *Forces diagonales*			Vibrations mentales *Forces verticales*		

L'ALLURE DU MOUVEMENT comprend donc : le temps que met l'aiguille pour se porter de son point de départ *immobile*, au point où elle ira se fixer, en traçant le secteur du cercle du vortex fluidique.

L'allure habituellement observée est de 3 minutes, parfois de 5.

Généralement le mouvement se dessine après la première minute ; les tempéraments très vifs l'actionnent dès la première minute. On peut ainsi établir une graduation allant de

1 à 5 minutes et marquer sous le G^{che} ou le D^{te} en petites lettres 1 minute ou 2, 3, 4, 5 minutes pour exprimer la vivacité graduée de l'allure du déplacement de l'aiguille.

Durée ou fixité. — La durée ou la fixité est fournie par le nombre de minutes, pendant lesquelles l'aiguille reste fixée à l'extrémité de l'arc de cercle parcouru par elle, où elle y fait nœud. Cette fixité peut aller de 1/2 minute à 30 minutes, généralement c'est de 5 à 20 minutes.

Chaque 5 minutes de durée pourrait conventionnellement indiquer un degré de puissance de persistance.

Nous avons encore à enregistrer la durée du retour qui exprime la résistance de la force cohésive du strictum du tonisme vital qui enserre toutes nos cellules, et fait de l'homme un bloc solide, bien comprimé, résistant aux forces dissolvantes.

Nous aurons ainsi l'amplitude du mouvement de l'aiguille exprimé en millimètres, l'allure de son déplacement, la durée de sa fixation, la lenteur du retour, évaluées en minutes exprimant la résistance de la vitalité.

On pourra indiquer ces données par les signes conventionnels suivants :

Allure. . :	A	1 2 3 4 5	minutes.
Fixité	F	1 à 20	minutes.
Résistance . .	R	1 à 5	minutes.

Prenons un exemple :

La formule de Mlle S.

La main droite repousse de 20°, la main gauche attire de 20° l'aiguille oscille et se fixe à 15°. Nous écrirons dans le

G... Att. 20... 15	D. Rep. 20
Allure 2'	Allure 2'
Durée 5'	Durée 5'
Retour 1'	Retour 10'

sens de la formule ; nous avons de gauche à droite le tracé du mouvement fluidique partant des centres postérieurs de la sensibilité cérébrale remarquable chez elle ; il exprime la finesse de l'imagination et du désir physique, allant jusqu'à l'expansion de l'affectivité sensible et sexuelle, avec des renseignements sur la rapidité de sa production 2′ ; sa puissance est traduite par la durée 5′ ; sa persistance peu marquée psychiquement, est dix fois plus grande physiquement.

La puissance pourra donc s'évaluer par le nombre de degrés par F. *n.* minutes divisés par A. *n.* minutes :

$$P. = \frac{F.\ n.\ \text{minutes}}{A.\ n.\ \text{minutes}}$$

et la résistance du bloc humain s'exprimera par le rapport entre la puissance et la lenteur du retour.

La Résistance = le Rapport entre la puissance et le retour. — On indiquera ainsi la formule de sa puissance et de sa résistance :

$$\text{Puissance P.} = \text{N}^o\ \frac{F.}{A.}$$

$$\text{Résistance R.} = \text{N}^o\ \frac{A.\ F.}{\text{Retour}}$$

Ces calculs doivent être effectués pour chacune des mains, il est rare qu'ils donnent des chiffres égaux pour les deux mains. Pratiquement ces données mathématiques ne sont pas d'usage courant.

Il suffit d'observer le moment du départ 1re, 2e, 3e minute, et de voir si l'aiguille atteint son maximum d'arrêt dans la 1re, la 2e ou la 3e minute pour dire : allure rapide, moyenne ou lente.

Retenons que *l'amplitude* de l'écart donne la nature de la vibration ; *l'allure* donne la rapidité ; *la fixité* donne la puissance ; *la lenteur du retour* donne la résistance ; toutes ces propriétés se trouvent ainsi évaluées mathématiquement. On peut, partant, établir le dispositif du corps fluidique, apprécier sa résistance par la lenteur du retour, et connaissant l'amplitude, la zone, la puissance, la persistance de nos vibrations, avoir ainsi une représentation analytique et schématique de notre vitalité (chapitre VI).

Heures de la prise de la formule. — Il faut avoir soin de prendre la formule en dehors de tout travail digestif, dans un moment de calme physique et moral, où la personne est le plus *elle-même*.

Je la prends d'habitude à partir de 9 heures du matin et de de 3 à 4 heures du soir, en m'assurant à ce moment-là que chaque personne se trouve dans sa moyenne physiologique, son état habituel le plus naturel, *au calme*.

En agissant autrement on pourrait prendre un état vibratoire passager, pour un dispositif habituel. En voici un exemple :

Mme de L. présente la formule : Gche Att. 15° | Dte Rep. 10°, formule allant de gauche à droite.

Att. 15° gauche correspond à la langue en haut à gauche et en arrière. Rep. 10° droite correspond à l'estomac et au foie.

Je lui dis : « Vous êtes de tempérament bilieux, autoritaire, violente, emportée en paroles, » elle me répond qu'en effet, elle a beaucoup de bile, qu'il faut que tout plie devant elle, et que parfois, dans sa colère, ajoute-t-elle, tout franchement elle brise intentionnellement, pour impressionner ses contradicteurs, un objet de porcelaine qu'elle avait soin toutefois de choisir de peu de valeur.

Avant de venir prendre sa formule, elle avait eu une scène violente.

Quelques jours après, elle est revenue dans un état plus calme, elle donne alors Gche Att. 50 | Dte Att. 30, c'est-à-dire, actes logiques, bonnes inspirations mentales. Il est évident que cette personne, spiritualiste et raisonnable lorsqu'elle est elle-même, pouvait passer pour être tout autre après une crise de colère. Cet exemple prouve bien qu'après une scène de violence, après la reprise de soi-même et le calme habituel revenu, comme après de doux épanchements, nous devons vibrer d'une façon bien différente.

Avec deux biomètres fonctionnant bien, tout observateur

pourra constater les phénomènes d'attraction et d'expansion plus ou moins étendus que notre vitalité exerce sur les aiguilles droite et gauche.

Il pourra observer par l'allure, l'amplitude, la fixité et le retour de l'aiguille, la rapidité, la puissance et la résistance de notre vitalité physique, si l'on considère la main droite ; psychique si l'on considère la main gauche.

Il y a, en effet, dans les biomètres, un *prolongement réel* de nous-mêmes; notre atmosphère fluidique sensibilise l'appareil, qui par suite, décèle les mouvements de la vie en nous et nous permet de chiffrer, pour ainsi dire, notre tempérament.

Plusieurs formules prises de suite constituent une mauvaise opération par les mélanges d'influences; il vaut mieux attendre un certain laps de temps, 10 à 15 minutes entre chaque prise de formules, pour que les aiguilles aient pu revenir à leur point initial, et que l'appareil ne soit plus *influencé* par les vibrations d'un premier opérateur, alors qu'un second veut enregistrer les siennes (1).

La formule biométrique est l'expression enregistrée et chiffrée des vibrations de notre double atmosphère vivante droite et gauche, au moment où elle est prise.

Cette formule peut être constante toute l'année chez quelques personnes maîtresses d'elles, très variable suivant les heures du jour ou de la nuit, ou suivant l'existence menée, la santé, l'impressivité et le tempérament de chaque personne observée ; elle traduit notre MOMENT VITAL, le degré de la sensibilité personnelle aux impressions physiques et psychiques qui nous viennent des milieux et de l'orientation où nous vivons ; elle se modifie suivant la constance ou la variabilité du caractère du tempérament du sujet.

(1) Un appareil qui est impressionné tous les jours fonctionne bien plus sûrement, qu'un appareil résidant dans un laboratoire de physique où il reste dans un milieu froid et non vivant; il répondra d'autant mieux, qu'on s'en servira dans une juste mesure, et dans un milieu plus favorable, c'est-à-dire plus souvent, à intervalles réglés et réguliers.

Le rapport existant entre la vitalité physique (main droite) et psychique (main gauche) nous donne la formule caractéristique de notre tempérament.

Cette considération montre combien il est utile, au moins à l'égal des autres méthodes d'enregistrement pratiquées sur nos grands systèmes, de noter les vibrations de notre tempérament, d'enregistrer l'énergie de notre vitalisme et de vérifier le dispositif normal ou anormal de notre manière de vivre ou de vibrer, l'état de nos fluides.

C'est en procédant de la sorte que j'ai pu constater 12 types de formules *bi-manuelles*, c'est-à-dire, 12 rapports entre les vibrations du côté droit physique et du côté gauche psychique; 4 formules de vibrations *uni-manuelles*; en ajoutant l'état où les vibrations droites et gauches sont momentanément nulles; on peut considérer 17 formules en tout.

La formule prise pour la première fois donne le vrai moment vital, pourvu que la personne ignore ce qu'elle fait et se trouve dans cette *expectante attention*, qui met en action sa manière naturelle de vibrer; on a alors l'expression la plus exacte de la manière d'être d'une personne, pourvu qu'elle ne soit ni trop impressionnée ni préalablement malade.

Prise de la formule. — *Lecture du sens orienté du mouvement fluidique intra-humain, dans les 8 directions des points cardinaux cosmiques rendue possible par le sens orienté des formules :*

Dte Att. | Gche Rep.
Gche Att.—Dte Rep.

Dans le paragraphe précédent, nous avons étudié tout ce qu'une observation biométrique bien prise nous permettait de *considérer de visu*, c'est-à-dire, le déplacement, l'arrêt et le retour de l'aiguille.

Nous avons constaté la formation de deux arcs de cercle exprimés par un nombre de degrés dirigés en sens inverse attractif d'un côté, expansif de l'autre, orientés pour la main droite à l'E., pour la main gauche à l'O. et mesurant deux angles d'un nombre de degrés pairs multiples de 5° ou impairs multiples de 5° également.

Nous avons calculé l'*allure*, la *puissance* et la *persistance* en nous de cette force dont la polarisation dans le corps humain est donnée par le sens directeur de la formule, et dont le point de départ orienté dans le cosmos est indiqué par le point de repère orienté où l'aiguille était fixée spontanément sur le cadran.

En dernière analyse nous avons constaté en combien de secondes une déviation de l'aiguille était obtenue, combien de temps l'aiguille avait persisté dans cette position de déplacement, en combien de secondes elle avait repris sa position première, son orientation cosmique spontanée dans le carré cosmogonique (voir chapitre V).

Prise de formule. — Prenons un exemple : La personne dont on veut prendre la formule s'assied dans le cabinet biométrique en face des deux appareils auxquels elle présente les mains ; après que les aiguilles se sont déplacées et fixées sur des points nouveaux, qu'il s'agit de reconnaître, la personne se retire : on établit alors la longueur des arcs-de-cercle décrits par les aiguilles droite et gauche, en repérant les nouveaux points obtenus, par le déplacement que vient d'effectuer l'aiguille, en quittant son point de départ spontanément occupé avant la prise de formule.

Pour repérer la nouvelle situation de l'aiguille, il suffit de répéter la manœuvre identique à celle qui avait établi le point initial ou point de départ. Il faut faire passer un plan vertical et perpendiculaire à la surface du cadran ; 1° par l'œil qui observe ; 2° par la pointe de l'aiguille déplacée ; 3° par le trait désignant le nombre de degrés parcourus par l'aiguille, au-dessus duquel elle s'est fixée et a fait nœud.

Dans la formule :

Gche Att.	10	Dte Rep.	10
All.	2	All.	2
Durée	5	Durée	5
Retour	5	Retour	5

les deux aiguilles, sous l'influence des deux mains, ont décrit deux arcs de cercle égaux de 10° chacun, avec la même allure; quel qu'ait été le point initial ou de départ du déplacement constaté, l'aiguille gauche a été repoussée de 10° par la main droite durant 5 minutes, tandis que la main gauche a attiré l'aiguille gauche de 10° pendant un laps de temps égal pour chaque main; le retour s'est également fait avec 5 m. pour les 2 mains.

Pour mettre la formule sur pied et l'écrire dans le vrai sens de la force allant de l'attraction à la répulsion il faudra écrire en commençant par G^{che} Att. 10° et en terminant par D^{te} Rep. 10°.

G^{che} Att.	10	D^{te} Rep.	10
All.	2	All.	2
Pers.	5	Pers.	5
Retour	10	Retour	10

On voit annoté au-dessous de chaque membre de la formule le nombre de minutes que l'arc de cercle a pris pour se former, celui pendant lequel il a persisté, et en combien de temps le retour au point initial s'est fait.

En écrivant ainsi la formule dans le sens et dans la direction du flux de force qui traverse l'axe humain d'une main à l'autre, en tenant compte en plus de l'orientation N.-S. que le corps humain avait avec les points cardinaux cosmiques (car nous savons que la main droite est à l'est et la main gauche à l'ouest dans la position où la formule est prise), nous voyons que l'attraction gauche ouest va à l'expansion droite Est dans le sens même du mouvement de la terre qui tourne de gauche à droite. D'autre part dans le corps humain cette vibration va du parallélogramme *gauche supérieur* et *postérieur*, du niveau 10° correspondant à la partie gauche et postérieure du cou, après avoir traversé le cœur central, va dans le parallélogramme droit antérieur et inférieur au niveau 10° droit, qui correspond à la vésicule biliaire et à l'épigastre. En réunissant par un pointillé les extrémités libres des deux arcs de cercle, on voit que ce pointillé coupe la ligne cardio-axillaire au cœur central, que sa portion supérieure et gauche indique la région laryngo-trachée, la glande thyroïde et le 2e ganglion cervical comme points d'entrée de la force en haut à gauche et en arrière, tandis que son point de sortie est à la vésicule biliaire en bas, à droite et en avant : *c'est le trait fluidique, la direction des fluides orientés ainsi dans le corps fluidique humain.*

On a ainsi le tracé du flux de la vibration vitale mathématiquement établie pour la formule :

Gche Att. 10o | Dte Rep. 10o

1o Le mouvement de la main gauche à la main droite n'indique pas seulement les points, où, dans ce cas, les forces psychiques s'individualisent, et physiques se désindividualisent sur la ligne horizontale bi-manuelle, dans le plan cardio-axillaire, mais elle indique le même trajet, dans les plans postéro-antérieurs, et dans le plan horizontal, pour toutes les régions comprises entre les deux chiffres. 10o Gauche supérieure et 10o droite inférieure : les organes traversés par la force de vie établissent la signification du flux vital, *l'attitude humaine.*

Il faut bien comprendre que le simple mouvement des mains, attractif à gauche, répulsif à droite, nous révèle, à la fois, toute la circulation et l'orientation du vortex zoéthérique autour de nous et la direction de la force vitale intérieure, sa polarisation dans les plans, non seulement horizontal de latitude, antérieurs, postérieurs, verticaux de longitude, mais encore dans les segments diagonaux droits et gauches supérieurs et inférieurs du corps humain mais dans son angulaison orientée dont le trait fermant l'angle est fourni par la corde sous-tendant l'arc de cercle droit et gauche.

Ainsi le plan horizontal cardioaxillaire le premier considéré divise l'homme en *homme supérieur* et inférieur ;

Le second, latéral vertical, en homme antérieur et postérieur ;

Le troisième, antéro-postérieur, *en homme droit et homme gauche.*

Les vibrations de la main droite correspondent à celles de

l'homme droit, de l'homme *antérieur* et de l'homme *inférieur ;*

Les vibrations de la main gauche correspondent à celles de l'homme *gauche*, de l'homme *postérieur* et de l'homme *supérieur* avec leurs orientations respectives.

Avant la prise de formule, on constate le dispositif respectif des deux aiguilles, *leur situation cosmogonique* expression momentanée des forces cosmiques entre elles ; c'est dans ce jeu que va pénétrer, intervenir l'action de nos propres vibrations, l'influence de notre propre vitalité *« cosmo-humaine, notre moment vital. »*

2° La prise de la formule donne le sens, la direction de l'aura ovoïdale *humaine* par la déviation imprimée à la position présente des aiguilles *orientées et immobilisées* dans le *moment cosmogonique* où l'on prend la formule humaine.

3° Il suffit de voir le mouvement des aiguilles, de considérer le sens du vortex éthérique qui tourne dans l'ovoïde fluidique intermanuel, pour savoir comment tourne intérieurement notre vitalité au cœur, et pour la mesurer, de reporter l'arc de cercle sur le cadran des 360 degrés, inscrit dans le carré cosmogonique ; on en connaîtra l'orientation et dès lors la nature intime.

4° La longueur de l'arc décrit d'une part, et son orientation dans un des huit côtés orientés d'un octogone formé par les branches respectives de la croix verticale et diagonale, nous donne la caractéristique, la nature de notre vibration sous un des huit aspects de vie, que l'on peut observer sur le plan horizontal de notre coupe cardioaxillaire figurée dans le dessin précédent.

Lecture de la formule. — Le sens général ou directeur d'une formule va toujours de l'attraction qui individualise et attire les ondes éthériques les forces Z, à l'expansion qui dilate, extériorise, désindividualise, et va jusqu'à projeter nos propres fluides, nos vibrations personnelles dans le cosmos qui les entraîne avec lui.

Le sens de la formule indique donc la direction générale orientée du *trait de vie, le mouvement de polarisation* de la substance en nous ; il donne le degré d'expansion de notre forme élastique et sensible dans une orientation spéciale, vers les puissances cosmogoniques de cet orient. Ces puissances cosmogoniques, on le verra, se différencient et s'orientent différemment comme *facultés et directions*, d'une façon antagonique mais complémentaire autour du cœur central, dès que le point rouge commence à battre dans l'œuf du futur organisme.

Exemples de lecture de formules :

D^{te} Att. | G^{che} Rep.	Veut dire que la main droite attire et que la main gauche repousse. (Sens du mouvement solaire ascendant : printemps.)
G^{che} Att. | D^{te} Rep.	Signifie que la main gauche attire et que la droite repousse. (Sens du mouvement solaire descendant : automne.)

Les signes + — mis au-dessus des termes de la formule indiquent qu'il y a plus d'attraction que de répulsion d'un côté que de l'autre, quel que soit le côté, droit ou gauche.

$\overset{+}{\text{G}^{che}}$ Att. | $\overset{-}{\text{D}^{te}\ \text{Att.}}$	Indique une double attraction plus grande à droite qu'à gauche et vice versa.
G. $\overset{-}{\text{Rep.}}$ | D. $\overset{+}{\text{Rep.}}$	Indique double expansion plus grande de la main droite.
G. Rep =D. Rep.	Indique double expansion égale des deux mains.
G. $\overset{-}{\text{Att.}}$ | A. $\overset{+}{\text{Rep.}}$	Ainsi de suite.
D. Att. =G. Rep.	
D. $\overset{-}{\text{Att.}}$ | G. $\overset{+}{\text{Rep.}}$	
G. Att. =D. Rep.	
G. $\overset{+}{\text{Att.}}$ | D. $\overset{-}{\text{Rep.}}$	

CHAPITRE III

POLARISATION DU MOUVEMENT VITAL

Classification des formules en 12 formules bi-manuelles; le sens orienté de la formule donne le sens du mouvement vital dans l'homme; on a ainsi, la direction et la polarisation des forces rectrices de la vitalité humaine.

Il y a seize classes de formules : 12 (douze) formules complètes ou bi-manuelles, et 4 (quatre) uni-manuelles ou incomplètes.

§ I. — CLASSIFICATION DES FORMULES

Les 5 (cinq) grandes divisions de formules sont les suivantes :

I. — Trois états vibratoires

1° *Neutre* = *G*[che] *O*. = *D*[te] *O*.
2° *de double attraction* = *D*[te] *Att.* | *G*[che] *Att.*
3° *de double expansion* = *D*[te] *Rep.* | *G*[che] *Rep.*

II. — Deux mouvements de flux vitaux

(a) de droite à gauche D[te] Att. G[che] Rep.	de droite à gauche de bas et d'avant en haut et en arrière d'avant en arrière (Sève ascendante) (Sol. ascendant)
(b) de gauche à droite G[che] Att. D[te] Rep.	de gauche à droite de haut d'arrière en bas et en avant (Sève descendante) (Soleil descendant) sens de la giration terrestre

Ces mouvements s'exercent normalement en sens inverse dans les 24 heures en passant à des heures et à des orientations spéciales pour les 4 subdivisions du corps : cérébral, pneumique, digestif, génital des six demi-hommes :

droit, gauche ;
antérieur, postérieur ;
inférieur, supérieur ;

En tout 24 centres vitraux ou nœuds de vie, en 24 heures de la journée, en 24 quinzaines de l'année.

Dans ces mouvements il y a révolution des potentialités dans la nature entière orientée, dans un vortex, dextrogique ascendant des sérosités chimiquement adaptées vers l'air et la lumière, comme dans une simple tige de pomme de terre encavé. C'est la substance en mouvement ascendant vers l'expansion, comme le prouve le bouton central qui se gonfle et s'ouvre dans l'acte d'intelligence qui réalise la production d'une fleur.

Avec la seconde, il y a vortex sinextrogyre descendant transformateur, maturateur, dissolvant ; c'est l'accumulation de la sève ensoleillée dans le métacarpe du fruit qui le mûrit et le dissout ensuite, le putréfie pour libérer ses pépins, germes de futurs arbres de vie, une fois que le soleil se retire.

Je signale ici la disposition curieuse de ces pépins sur la coupe horizontale d'une pomme ; elle représente l'étoile à 5 branches de Salomon, l'étoile de l'homme résurgé ; quels rapports peut-il y avoir entre la légende et le fruit à 5 pépins de l'arbre de la science du bien et du mal ? Quelle Eve nouvelle le dira ?

§ 2. — LE SENS ORIENTÉ DE LA FORMULE DONNE LE SENS DU MOUVEMENT VITAL DANS L'HOMME

I. — État vibratoire de nos vitalités

1° Nous trouvons la formule O = O, double état latent des vibrations de nos vitalités physique et psychique.

Main droite	Main gauche
O	O
Vitalité matérielle	*Vitalité mentale*
Insensibilité physique, tempérament *froid; personnel* comme *actes et affection;* nature fermée.	Insensibilité psychique, tempérament *fermé, indifférent* comme idées, sentiments.

Avec cette formule d'indifférence, notre vitalité n'aspire, ni ne radie ; elle ne vibre dans aucun sens, ni au dedans, ni au dehors.

Au dedans, le composé humain reste neutre étranger, fermé aux vibrations du dehors comme isolé et protégé dans une coque, suivant l'expression orientale.

On trouve cet état chez les hommes de finances, de diplomatie et chez les personnes qui s'isolent, et ne veulent pas entrer en rapport avec d'autres, ou subir leur influence.

On peut, d'autre part, au milieu d'un groupe de personnes, arrêter toutes ses vibrations, s'entourer pour ainsi dire d'un cercle d'indifférence et de protection contre tout contact vibratoire, se voiler à toute influence

la formule : M. D. O | M. G. O Exprime cet état.

Exemple : Le Brahmine Chaterdjy sur ma demande se ferme à toute vibration extérieure; il se soustrait ainsi à tout contact avec les forces qui nous environnent et obtient la formule 0 | 0 au milieu d'un nombreux groupe très vibrant. Une demi-heure après, je l'ai prié de laisser sa nature agir, et il a donné la formule : D. Att. 5 | G. Rep. 5. C'est-à-dire l'équilibre entre les forces de la vie physique et les forces de la vie psychique dans un mouvement équilibré et pondéré.

FORMULES ATTRACTIVES OU D'INDIVIDUALISATION DES FORCES VIVES COSMIQUES EN NOUS

A. *Attractives, monopolaires, unimanuelles.*

Une seule main attire.

B. *Attractives doubles, bipolaires, bimanuelles.*

Les deux mains attirent.

FORMULES SIMPLES MONOPOLAIRES

Formules de recharge d'une de nos vitalités : de déséquilibre : de névrose. — La main droite représente le pôle *physique* de notre être, les parallélogrammes droits inférieur et antérieur, la main gauche représente le pôle *psychique*, les parallélogrammes gauches supérieur et postérieur.

Lorsque nous sommes décondensés, vidés de forces à l'un de nos deux pôles, soit à la tête, soit au segment abdominal, la recharge de ce pôle se refait spontanément par une loi d'induction orientée et d'échange vibratoire harmonique entre nos vitalités affaiblies et le cosmos (orientation : *tête nord-est, pieds sud-ouest*, ouest à droite, est à gauche, vue de face).

Cette recharge a lieu par le côté droit ; l'aire des vibrations physiques comprend le parallélogramme des forces droit inférieur et correspond à l'épaule droite, orienté au nord. Le bras droit, le poumon droit, le cœur droit, le foie, au nord-ouest ; l'estomac sur la ligne médiane et inférieure, les organes génitaux au sud-ouest ; la main droite à l'ouest par son petit doigt, le pouce à l'aine ; elle est le sémaphore indiquant l'attitude d'attraction, de cohésion, de contraction suivant le chiffre de degré droit et inférieur.

Le vortex droit de force de cohésion et d'attraction moléculaire, lorsqu'il est constant, indique une exagération anormale de flux des forces Z ouest, attractives, constrictives dans l'homme droit et dans le segment inférieur et antérieur de la tête et du tronc humain, comme on le voit dans l'agitation maniaque, l'hypocondrie, la névrose génitale et la déambulation ; l'éther fournit dans leur orientation cosmogonique, les forces vives nécessitées qui viennent réparer nos pertes dynamiques en même temps, que la réfection matérielle du corps se fait par le repos et la renutrition.

Le repos, le sommeil, et la nourriture carnée rétablissent nos pertes matérielles par la cariokynèse.

Les forces vives Z cosmiques refont les dynamismes vibratoires de notre vitalité animale, animique et mentale par les 4 forces orientées de la croix diagonale et les 4 forces de la croix verticale.

Généralement c'est par la recharge du pôle inférieur gastro-abdominal, que la pile humaine se remonte.

C'est l'animalité qui se refait en premier lieu, ainsi que l'indique la formule de recharge :

D. Att. Allure fixe Retour lent	G. O.

de 5 à 40° sous la ligne cardio-axillaire droite, à droite dans la position de face.

Le pôle psychique de notre être comprend l'aire des vibrations du côté gauche humain et de la partie supérieure et postérieure du corps. Il englobe la rate, les reins, le poumon gauche, le cœur gauche, le larynx, la langue, la moelle, le cervelet et le cerveau.

La main gauche est le sémaphore *du Vortex gauche*, de l'aire des vibrations psychiques dont le foyer est à l'épaule et à la tempe gauches à l'Est. La recharge psychique se fait ultérieurement à la recharge physique ; elle a pour formule :

Main D O	M. G. Att. Allure fixe, retour lent

Lorsque cette formule est persistante et que la vibration attractive reste unipolaire, limitée à la main gauche sans aucune vibration à la main droite, et qu'elle persiste de 5 à 20 minutes après le retrait des mains, on constate la névrose mentale, la psycho-névrose en attraction.

Voici quelques exemples de cette formule. Elle se traduit par une sensibilité affective, instinctive, subconsciente, exagérée, une impressionnabilité excessive pour les incitants psychiques tels que peurs, phobies, craintes, obsession, sentimentalité, suggestionnabilité, émotivité cérébrale, médiumnité, inspiration, clairvoyance, diagnostiquées comme gravité et intensité, par la fixité du déplacement et la lenteur du retour de l'aiguille à son point de départ ; ces phénomènes indiquent comme on le sait la constance du flux obsessif dont la mauvaise vibration est chiffrée par un nombre multiple impair de 5 ; *on peut ainsi s'expliquer la continuité des mauvaises influences, produites par des forces* s'exerçant dans le zoéther qui nous entoure.

En réalité, un pôle de notre être fonctionne seul, et polarise sur lui toutes les forces cosmiques de cette orientation, sans que le pôle opposé entre en jeu et fasse contrepoids. C'est donc la fermeture sur lui-même du courant des vibrations droites *physiques* dans le rectangle droit inférieur avec la formule :

D. Att. 25	G. O
Nœud physique des forces cosmiques attractives sexuelles bien serré, au niveau de cuisses, retour de 5 à 10 minutes.	

C'est la fermeture sur lui-même du courant des vibrations gauches *psychiques* avec la formule :

D. O	G. Att. 25
	Allure 1m, fixité 2m, retour 1m, nœud psychique faiblement serré de la volupté sensuelle supérieure.

En résumé, que la névrose soit physique ou psychique, elle est constituée par ces trois principes :

1° *La monopolisation* des vibrations sur un côté de notre corps sans contrepoids vibratoire du côté opposé ;

2° *Par l'absence de vibrations* du pôle psychique, s'il s'agit de la névrose physique, et réciproquement, l'absence de vibrations physiques, s'il s'agit de la névrose psychique.

3° *La persistance des vibrations* unipolaires 5 m. et plus, après le retrait des mains, et la résistance aux moyens dynamiques électriques, moraux et suggestifs, pour ramener en nous la vibration des deux côtés à l'état d'équilibre réparateur ;

4° La constance des nombres impairs donnés par nos mains; la névrose est donc une exagération en intensité et durée d'une vibration particulière au détriment de l'autre.

On vibre d'un côté et pas de l'autre, du fait de la fermeture d'un vortex sur lui-même; la difficulté de rétablir les courants normaux, de transformer la vibration anormale unipolaire fixe, impaire et assymétrique, en vibration symétrique normale orientée, persistante, et paire, constitue ce faussement du courant désorienté de la vie « la *névrose* » qui réduit à un caractère unique, faussé et assymétrique, la double nature humaine. La névrose est donc le synonyme d'un *court circuit vital*, d'un vortex unipolaire, physique ou psychique, fermé sur lui-même et faisant nœud, tandis que la neurasthénie D : Att : | G : Att : est caractérisée par une double attraction physique et psychique qui décèle l'hypotension, la diminution et la faiblesse de notre vitalité, par son défaut de fixité d'expansion, et la rapidité du retour après une courte attraction. Ce retour avant d'être définitif présente souvent des phénomènes *d'oscillation* de ce côté, comme si le flux de force, ne pouvant établir son cours, éprouvait des trépidations ou des mouvements alternatifs d'attraction et d'expansion qui attirent et repoussent l'aiguille en une série d'oscillations; ce va et vient permet de pénétrer plus avant dans la connaissance de l'élasticité du caractère et du tempérament d'une personnalité instable.

5° Par des chiffres multiples impairs de 5°. Ces chiffres sont l'expression des vibrations de passage, de la vibration paire précédente, à la suivante également paires; ils expriment un état *adéfini*, une note fausse dans l'harmonie des vibrations, qui généralement se présentent en dehors des heures régulières aux demies, aux quarts, époques anormales dans la nature, le temps et l'espace.

Suivant le chiffre exprimé, il faut se servir d'une des méthodes indiquées dans les derniers chapitres, pour transformer cette vibration anormale multiple impair de 5°, en une vibration normale multiple pair de 5°.

Exemples de formules unipolaires à chiffres pairs

D : Att : 20 Névrose affective et génitale. Nature passionnelle, fécondité.	G. O. Pas de contrepoids psychique.
Att : 30 Névrose sacro-sciatique avec activité et mobilité du malade.	O
Att : 60 All. 1m, fix. 15m, retour 15m. Névrose caractérisée par l'amour de l'indépendance exagérée, les tendances artistiques, le charme, l'attrait. Tempérament indépendant.	O

Formules unipolaires à chiffres impairs

D. Att. : 5 Cœur contracté Vie monotone	G : O
D. Att. 15 Troubles nerveux et pénibles de l'ovaire de l'intestin de la vessie, constipation.	O
Att : 25 Migraines utérines, névrose génitale, ébranlant le système nerveux.	O

On voit que les chiffres en 5 de ces formules, sont en rapport avec un état pathologique de souffrance, tandis que les chiffres pairs sont en rapport avec des besoins physiologiques, qui n'ont pas leur satisfaction, ou compensation psychique.

Formules unipolaires attractives gauche, paires déséquilibrées

D. : O. Sans activité physique ni résultat matériel.	G. : Att. : 30 All. 2^{m}, fix. 2^{m}, retour 5^{m}. Esprit exclusivement logique et raisonnant.
O Sans activité physique et santé matérielle affaiblies.	Att : 50 All. 3^{m}, fix. 15^{m}, ret. 30^{m}. Inspiration psychique, inspiration religieuse, clairvoyance, instruction, psychométrie.

Formules unipolaires attractives impaires. Névroses psychiques.

D. : O	G : Att. : 5 Cœur, triste, tristesse morale.
O Santé physique abattue	Att. : 15 Inquiétude morale, désir et peine.
O Impuissance sexuelle et physique; santé matérielle et mauvais état des reins.	Att. : 25 All. 1^{m}, fix. 2^{m}, retour 2^{m}. Sentimentalisme affectueux, rêveur et méditatif.

Lorsque nous repoussons l'aiguille soit de la main gauche soit de la main droite, loin d'emprunter des forces zoéthériques au cosmos qui nous environne, nous constituons et nous entretenons autour de nous une zone vibrante faite de notre propre désindividualisation expansive ; cette expansion peut se produire à la fois à chacun de nos pôles Rep = Rep ou émaner séparément de notre vie intime psychique, comme de notre vie intime physique. Dans ce dernier cas, nous sommes alors en état actif névrosé, soit que nous agissions séparément avec nos facultés de conception (gauche), ou avec nos réalisations physiques (droite).

Nous allons examiner les deux formules l'une après l'autre.

D : Rep. | G : O

La formule D : Rep. | G : O, est celle de la névrose activité physique : c'est la physico-névrose, elle indique avec les chiffres pairs le besoin physiologique normal de l'activité matérielle et fonctionnelle, l'érection de la sensation, de l'activité et de la vitalité matérielle exubérante.

Avec les chiffres impairs elle exprime la vibration anormale pathogène de l'état indiqué par le chiffre ; dans les deux cas il y a inhibition du fonctionnement de la vitalité psychique.

Exemple :

D : Rep. : 5 Tempérament passionnel, cœur violent.	G : O
D : Rep. 10 Névrose gastrique avec gonflement, vertiges stomacaux, guérison par la faradisation.	O
Rep : 15 Eréthisme génital, désir voluptueux.	O
Rep. : 20 Besoins génitaux avec érection du système génital.	O Avec perte de personnalité psychique guérie par la douche électro-lumineuse sur la tête qui rétablit l'équilibre dynamo-vital entre l'érection génitale et l'éréthisme cérébral anéanti.

D	G
D : Rep : 75 Névrose cérébro-cardiaque, désespoir de guérison, doute.	G : O
La formule O	Rep :

est celle de la névrose du pôle cérébral ; c'est la psycho-névrose expansive du pôle supérieur, avec inhibition des phénomènes vibratoires du pôle inférieur, c'est-à-dire sensation, activité et santé matérielle.

D	G
D : O.	G : Rep : 5 Expansion psychique de la force vitale en nous, cœur expansif.
D : O.	G : Rep : 10 Psycho-névrose, entêtement instinctif, efforts.
D : O	G : Rep : 15 Idée fixe, jalousie, peines morales avec insomnie et dénutrition, guéries par la désélectrisation cérébrale.
D : O :	G : Rep : 20 Amour passionnel, énergie morale, nature sentimentale.
D : O : Troubles hépatiques graves.	G : Rep : 40 Psycho-névrose : préoccupation de l'esprit par suite de recherche d'une nouvelle organisation de vie, réparant une fortune perdue.
D : O :	G : Rep : 50 Exaltation de la pensée et de l'intuition. — Névrose de l'esprit au moment où il fait une découverte, avec inhibition des phénomènes de la vie animale.

Tel est l'aperçu des formules de la névrose physique et psychique, avec quelques observations faites parmi les nombreux cas traités par moi.

B. — DOUBLE ATTRACTION DES VIBRATIONS Z OU ZOÉTHÉRIQUES

Dte : Att : | Gche : Att :

Double attraction exercée sur les vibrations Z par la contraction de la force vitale au foyer central cardio-pneumique.

Attraction droite = attraction gauche. Cette formule est celle de l'hypotension vitale en nous, c'est-à-dire, de l'hypovitalisme, et de la contraction de la force au cœur; nous nous rechargeons par les huit points cardinaux de notre corps.

Nos deux pôles sont décondensés, déchargés de forces expansives physiques et psychiques; ils puisent leur recharge dans l'ambiance, dans l'atmosphère qui nous entoure, d'une façon continue, dans le cas de neurasthénie d'hypovitalisme.

On sait combien les déprimés, les débilités vivent des forces et des idées d'autrui, et combien certaines natures peuvent aspirer les forces des sensitifs, qui en les approchant ressentent un malaise réel, par une loi d'équilibre et de transfert d'influence entre individus. Cet appel exercé autour de nous comme amplitude, rapidité, étendue, fixité des vibrations Z : est le fait de notre personnalité avide de ces vibrations, qui viennent recharger et entretenir chacune des quatre manifestations vitales de notre existence : volonté, imagination, affection, action dont l'ensemble constitue la santé physique et morale.

Dans le cas, cette absorption de vibrations Z présente un fait remarquable : l'aiguille possède un minimum de fixité après le retrait des mains, d'autant plus marqué, que nous sommes plus faibles, plus malades ou plus impressionnables, c'est-à-dire que nous en avons un besoin plus vivement ressenti par notre organisme. Lorsque nous nous contractons et que nous attirons l'aiguille, nous individualisons en nous les vibrations de l'éther; serait-ce une affirmation de la théorie du prince de Stoudza qui rejette l'attraction de Newton et y substitue la poussée éthérique? J'ajouterai que cette aimantation, suivant une ancienne expression, est placée sous la dépendance de la volonté et de l'entraînement psychique d'après quelques expériences contrôlées par moi *sur la maîtrise du souffle.*

En retenant le souffle de la respiration, et en concentrant fortement sa volonté, on peut faire appel aux forces périphériques et se rédynamiser psychiquement, et physiquement.

J'ai pu obtenir ainsi, par une méditation psychique très puissante, la formule :

D[te] : Att : 40 | G[che] : Att : 50

En sens opposé, on peut épandre et projeter sa volonté avec puissance. C'est ainsi que j'ai vu le Docteur K. produire volontairement.

D[te] : Rep : 30 | G[che] : Rep : 130

Mais, avant tout il faut établir une ligne de démarcation bien précise comme signification entre les formules de double attraction où les chiffres droits et gauches sont égaux et pairs, et celles dont les chiffres sont inégaux et impairs.

Formules normales de pondération attractive

D[te] : Att : 10 Att : 20	G[che] : Att : 10 Att : 20

Ces formules indiquent que la revitalisation se fait en nous d'une manière normale, harmonique et pondérée, entre le physique et le psychique ; si bien qu'avec un nombre comme

D[te] : Att : 40 | G[che] : Att : 40

en plus de la signification du nombre 40, il y a harmonie et équilibre entre nos façons de vouloir, de comprendre, de sentir et d'agir, et par suite, résultat combiné des forces vives de notre être, constituant une santé matérielle qui correspond à un état fluidique meilleur, que celui où les formules donnent un écart très grand entre les chiffres droits et les chiffres gauches.

Formules anormales dépondérées, neurasthéniées

D[te] : Att. 15 | G[che] : Att : 45 All. 1[m], fix. 1[m], retour 1[m]	G[che] : Att : 45 | D[te] : Att : 15 All. 1[m], fix. 1[m], retour 1[m]

Il y a un écart trop grand entre le côté subjectif et objectif de notre être, qui modifie l'équilibre de la santé ; avec le défaut de fixité de l'aiguille, nous avons la formule de la neurasthénie psychique. D : att. 15 — G : att. 45.

D'autre part ; Dte : Att : 45 | Gche : Att : 15 inversement, serait un type de formule de neurasthénie physique, indiquant un grand trouble de la personnalité fluidique.

Enfin il y a rapidité d'allure, pas de fixité, ni résistance dans ces derniers exemples.

Formule de neurasthénie. — La formule de la neurasthénie est donc caractérisée par trois traits principaux.

A. — La double attraction des deux mains avec des chiffres *impairs* et très *disproportionnés*, observée en saison *inappropriée*, au printemps ou surtout en été, périodes d'expansion normale.

B. — La difficulté de transformer la formule attractive, même en employant les moyens de redynamisation, qui sont appropriés au traitement de la *neurasthénie* :

1° *de la vie matérielle* végétative ou ganglionnaire, par une médication physique, ferrugineuse, agents climatériques, et thermiques, applications d'aimant, etc.

2° *de la neurasthénie* cérébro-spinale en recourant à la suggestion mentale, aux bains de soleil, aux bains de lumière, à l'hydrothérapie, à l'électrothérapie, à la chromothérapie.

La neurasthénie persiste du fait d'une *incontinence dynamo-vitale* des neurones, par défaut de rétention de la force en nous et par facilité de sa transformation chez les neurasthéniques ; elle affecte les cellules de la vie cérébrale, comme celles de la vie ganglionnaire.

C. — La subdivision de la neurasthénie en neurasthénie physique lorsqu'elle affecte la santé matérielle et la vie active, et en neurasthénie psychique, lorsqu'elle affecte la volonté, la pensée et l'intelligence. On trouve beaucoup de formules neurasthéniques, où l'activité physique n'est pas en rapport avec le raisonnement, la pensée ; la volonté manque ; malgré la nature des chiffres impairs en 5 de la formule, quand les nombres à droite et à gauche sont égaux, il y a un degré d'équilibre en faveur de la santé :

D. — *Le défaut de fixité de l'aiguille et son retour immédiat à son point de départ.* — En résumé la neurasthénie est caractérisée *par la double attraction* vive ou lente comme allure, mais sans fixité ni résistance, fugace, avec des chiffres impairs et très inégaux, et par le défaut de fixité de l'aiguille et le retour rapide, avec ces chiffres impairs, enfin par la constatation répétée de ces formules, en dehors de l'époque, ou les formules D att. | G att. se produisent constamment et normalement du 21 novembre au 20 février.

Nous avons de plus le *sens directeur* de la vibration qui désigne les organes sur lesquels le mouvement vital opère en attraction, se contracte, ou s'épand, et gravite en vortex dextrogyre ou synextrogyre.

On voit que la formule est le rapport même entre l'arc-de-cercle obtenu par la main droite, et l'arc de cercle obtenu par la main gauche. Conventionnellement la lecture de la formule se fait toujours dans les cas d'attraction et d'expansion double ou simple, en commençant par exposer les résultats obtenus par la main attractive et comme on lit dans un livre.

La main droite attire trois fois plus en moyenne que la main gauche ne repousse, dans la proportion moyenne de 3 à 1.

Mais dans les formules de polarisation orientée par le sens de la force, allant de gauche à droite ou de droite à gauche, le flux de la force rectrice va de l'attraction à la répulsion, qu'elle soit à droite ou à gauche, c'est-à-dire, de la contraction à l'expansion de la substance fluidique.

Ces phénomènes d'élasticité vitale ont des rapports avec la rotation de la terre qui a lieu de gauche à droite, quand on regarde le centre terrestre et qu'on tourne le dos à l'espace.

Voici une série d'exemples observés à la suite d'expériences imprudentes; ce sont des formules d'obsessions causées par certaines pratiques spirites inconsidérées, dangereuses et solitaires.

On voit combien le chiffre : 45 à gauche est fréquent.

Mlle Hof.	Dte : Att : 5o	Gche : Att : 35o
Mlle X.	D : Att : 20	G : Att : 45
Mme Gil	G : Att : 15	G : Att : 45
Mr Ama	D : Att : 15	G : Att : 45
Mr B.	D : Att : 45	G : Att : 45
Mr Vod	D : Att : 45	G : Att : 45

45° veut dire désordre, âme troublée en rapport sympathique avec des forces impaires anormales des forces vives Z du cosmos. Le résultat est une obsession, pour laquelle quelques malades sont venus me consulter; et je les ai traités et guéris par la décondensation électrique qui a rompu le rapport avec les vibrations impaires du cosmos, et les a remplacées par des vibrations paires avec formules répulsives ou de désindividualisation des radio-vibrations humaines.

3° *Répulsion = Répulsion.* — Double état expansif de notre vitalité physique et psychique.

Formule : Dte : Rep : = Gche : Rep :

C'est la formule de l'hypertension de nos manifestations supérieures.

Vitalité psychique. — Vouloir, concevoir.

Vitalité physique. — Aimer, créer.

Avec cette formule nous radions les facultés de l'homme supérieur équilibrées et pondérées par la paix morale. Exemple.

Mme V : D. Rep 20 | G. Rep 20 { aura cérébrale perceptible.

Loin d'emprunter au Cosmos des forces périphériques, nous projetons à la fois dans l'espace les potentialités vibrantes, désindividualisées de notre activité physique et psychique.

Voici quelques formules prises sur les membres du congrès de psychologie qui a eu lieu en septembre 1900, elles indiquent une communauté de vibrations dans le même sens, et forment un chapitre expérimental de la théorie de l'âme des foules; on trouve ici autant d'expansion psychique de la main gauche, que l'on trouvait d'attraction de la même main parmi les membres du Congrès du Spiritisme dont j'ai parlé plus haut.

Dr Barret	Dte. Rep. 10°	Gche. Rep. 5°
P. Pasch	D. Rep. 10	G. Rep. 20
Prince Tarkan	D. Rep. 10	G. Rep. 35
Dr Haa	D. Att. 30	G. Rep. 50
Dr Thi	D. Att. 10	G. Rep 70
Dr K.	D. Rep 30	G. Rep. 130
Mme B. Bar	D. Rep. 60	G. Rep. 130

Nous versons dans notre ambiance l'activité de nos idées, de nos sentiments, comme les énergies de nos actions, les joies et les bonnes influences d'un esprit sain et harmonique.

Autres exemples différents de cette même formule Rep | Rep.

Dte. Rep. 5 Grande énergie vitale	Gche. Rep. 30 Esprit logique
Dte. Rep. 20 Formule de parti pris Résolution	Gche. Rep. 10 Décision irréductible après mûre réflexion
Dte. Rep. 20 Professeur Branl Vigueur physique Marcheur intrépide	Gche. Rep. 40 Esprit méthodique, indépendant.
Dte. Rep. 5 Vitalité corporelle et santé active; tempérament pondéré.	Gche. Rep. 5 Activité psychique, cœur modeste et content.
D. Rep. 10 Vitalité corporelle expansive, activité physique dominante.	G. Rep. 5 Mentalité instinctive, tempérament passionnel.
D. Rep. 5 Cœur vif.	G. Rep. 10 Bon naturel psychique, instinctif.

Je termine ce paragraphe relatif à la formule de double expansion par l'exemple : Dte : Rep : 20° = Gche : Rep : 20°, qu'on observe dans les travaux et les joies de l'esprit, en lui mettant en opposition l'action qu'exerce sur le pôle psychique l'effort sexuel du pôle génital chez l'homme.

Voici un exemple caractéristique à ce sujet :

Avant	D. Rep. 60	G. Rep. 30
Après	D. Att. 15	G. Att. 5

L'expansion libre et fière de la volonté (D^te^ rep. 60) comme le sage règlement de la conscience intelligente (G^che^ rep. 30) se sont fondus dans des bras attractifs, en tristesse physiologique repliée sur elle-même (D^te^ att. 15) et cœur vide et faible (G^che^ att. 5).

Le poète latin avait raison de dire que « l'homme n'était plus qu'un animal attristé » après le grand acte bisexuel ; *L'initiée absorbe et tue l'initiateur*, suivant l'antique adage.

II. — Mouvement de transfert d'un pôle vers l'autre

En dehors des états vibratoires *attractifs* ou *expansifs* que nous venons d'étudier, ensemble ou séparément, dans les formules précédentes, au point de vue des échanges vibratoires qui se passent entre le Cosmos et nos vitalités, les deux pôles physique et psychique de notre être possèdent deux grands mouvements : interne et intime de translation ou de transfert l'un vers l'autre, dont les termes extrêmes sont la *lumière*, l'expansion cérébrale et *l'attraction*, l'attrait sexuel. *Ces transferts intimes de nos vitalités intérieures sont révélés par les mutuelles transformations qui s'opèrent dans les courants des forces périphériques au corps humain*. Les vibrations des mains produisent des déviations sur deux aiguilles qui traduisent en formules les arcs de cercle décrits et donnent la signification de ces déplacements de droite à gauche, ou de gauche à droite, alternativement produits et formant un double vortex ou tourbillon, *Dextrogyre* dans le premier cas, *Sinestrogyre* dans le second ; le nombre de degrés nous donne la longueur du pas des spires évaluables en millimètres; de plus, les nombres 5°, 10°, 15°, 20° nous indiquent la topographie des régions de nos organes, les carrés de latitude et longitude dans lesquels s'exercent ces tourbillons, le niveau du vortex, et les organes niveaux où travaille le mouvement zoéthérique exprimé par la formule. La valeur des chiffres nous précise encore leur activité dans les 3 zones de vibrations différentielles ANIMALE, ANIMIQUE et MENTALE, soit que leur action soit limitée à chacune de ces zones, soit qu'elles fonctionnent sur des zones différentes de notre aura. Ex. : d[te] att. 20 | g[che] rep. 80° (1).

Le sens général de la formule indique la direction de la force, et l'orientation de notre vitalité vers telles ou telles forces cosmiques orientées. La nature de nos tempéraments, le cours ordinaire de la vie normale se trouvent ainsi rythmés en un double mouvement sinusoïdal de longue portée, sorte de spire allant 1° de la main droite à la main gauche, décelant un mouvement profond et intime de nous-mêmes, de l'ouest à l'est, de bas en haut, d'avant en arrière. Mouvement vital ascendant évolutif de la vie végétative à la vie relative, du foie droit antérieur au cerveau gauche postérieur. Ex. D[te] att.— | G[che] rep.+.

2° De la main gauche à la main droite, décelant un mouvement vital profond et intime dirigé de haut en bas, de l'est à l'ouest et d'arrière en avant, du cerveau postérieur aux organes génitaux antérieurs.

Le sens directeur de cette formule est descendant, dissolutif, allant de la force de réalisation N à la force de dissolution S, parallèlement au soleil descendant du zénith à la vie qui se dissout (automne), au soleil se couchant dans la mer, à la fin du jour.

D. Rep. —	G. Att +
Vitalité physique	Vitalité psychique

§ 4. — LE SENS GÉNÉRAL DONNE LE TEMPÉRAMENT

Voici la nature du tempérament, l'interprétation que l'on peut attacher aux formules suivantes de transfert, 1° de droite à gauche ; 2° de gauche à droite.

(1) Att 20° appartient à la zone animale sexuelle g[che] 80° à la zone mentale de foi et de courage (l'amour engendrant la foi et le courage).

1° Transfert de droite à gauche

(A). — D. Att.	=	G. Rep.
Main droite		Main gauche
Vitalité physique		Vitalité psychique
Santé matérielle régulière, activité habituelle, réglée et pondérée. Sensation aux excitants physiques contrôlée et équilibrée par les excitants psychiques, égalité d'humeur et de caractère, vie réglée.		Impressionnabilitésentimentale, imagination, idées pondérées et équilibrées, tempérament *égal* tenant l'équilibre entre les vibrations physiques Z, s'individualisant en nous et les vibrations psychiques se désindividualisant de notre personnalité. La nature de ces vibrations est indiquée par le nombre qui le spécifie. Caractère : équilibré.

Egalité d'humeur, de fluides et de caractère.

—	|	+
(B). — D. Att.		G. Rep.

De la main droite — à la main gauche + : sens directeur ascendant de bas en haut, d'avant en arrière, de l'ouest à l'est.

Période du soleil ascendant ; printemps, force, activité psychique ascendante.

D. Att. —	|	G. Rep. +
Vitalité physique		Vitalité psychique
Santé matérielle relativement bonne, impressionnabilité aux sensations physiques et activité dominée par les conceptions sentimentales et psychiques.		Mentalité en évolution en effort, en progrès, esprit de réflexion, de raison, de décision indiqué par des chiffres pairs en 10, 20, 30, etc. Tempérament plus psychique que matériel. Esprit actif, pratique, intelligent, fin.

Je rapporte ici les formules suivantes bonnes, la première surtout.

D. Att. 10	|	G. Rep. 20
D. Att. 5	|	G. Rep. 20

Et celles de fatigue cérébrale, suite d'efforts de travail de tête.

Mme Klum . . . . D. Att. 10 | G. Rep. 25
Mme de S. . . . . D. Att. 10 | G. Rep. 25

M. Dussaud m'autorise à écrire son nom pour affirmer la véracité de l'interprétation qui se rapporte à sa formule :

D. Att. 10 | G. Rep. 20

Vie simple, bon naturel : Att. 10.
Satisfaction matérielle.
Activité psychique, travail, étude cérébrale, deux fois plus forte et plus intense que la vitalité physique rep. 20.
Caractère logique, moral, consciencieux jugement sur sérieux.

19 février 1902.

« *Absolument exact.* »

Signé : Dussaud.

2° *Transfert de gauche à droite*

(A). — G. Att. = D. Rep.

Vitalité psychique, Mentalité égale.	Vitalité physique, équilibrée, bonne santé matérielle pondérée, convalescence, croissance, *formation*, développement. Epoques chez les jeunes filles en formation.

Tempérament matériel, nature plastique et résistante, longévité. Avec la fixité des aiguilles ces formules indiquent des santés très résistantes et peu maladives.

Exemple : Mme de L. G. Att. 5 | D. Rep. 5.

Nature pondérée, matérielle, pratique, santé résistante, caractère peu élevé.

Mr X. — G. Att. 40 = D. Rep. 40
Mr Mol. — G Att. 45 (80 ans) = D. Rep. 45

Santés résistantes, sans maladies, vie méthodique.

Sur le cadran, cette formule correspond à l'équinoxe de septembre :

(B). — G. Att. — | D. Rep. +

sens directeur de la main gauche à la main droite, de bas en haut, d'arrière en avant, de l'ouest à l'est, période du soleil descendant, automne, en pleine force d'activité physique.

ex. G. Att. — 15° | D. Rep. + 25°

Formule d'activité physique, d'exécution complète d'un ordre.

G. Att. —	D. Rep. +
Vitalité psychique.	Vitalité physique.
Mentalité peu développée, instinctive, passionnelle, irritable, violente, suggestive, obéissante, capable de grands actes de passion, de dévouement.	Dominante, vive, rapide, santé. Besoin d'activité exagérée, de mouvement, l'action et la vie, de se dépenser, énergie morale en actes.

Tempérament actif nerveux susceptible et tenace dans l'acte qu'il accomplit jusqu'au bout, de grandes actions suivies.

Exemples :

Mme Ha	G. Att. 10 | D. Rep. 60
Mme B.	G. Att. 30 | D. Rep. 50

Dans le cadran cette formule se trouve orientée à l'est au-dessus de la ligne équinoxale. Elle correspond août-septembre.

Mme Rep.	G. Att. 10 | D. Rep. 60
Mr M.	G. Att. 15 | D. Rep. 35

(C). — G. Att. +	D. Rep. —

Formule G. Att. + | D. Rep — sens directeur, de la main gauche à la main droite, de haut en bas, d'arrière en avant ; période solaire automnal, sève descendante. Transformation vers la dissolution.

Vitalité psychique, mentalité impressionnable, nerveuse, soumise aux influences psychiques sentimentales et suggestives.	Vitalité physique du sang, *bilieux*, santé nerveuse, se brûlant, avec fièvre chaude, élévation de température, se transformant, se consumant, se dissolvant.

Ex. Dte. Rep. —	Gche. Att. +
Vitalité physique	Vitalité psychique
Santé matérielle fatiguée, touchée, affection génito-abdominale, suivant le nombre ; impressionnabilité aux agents physiques extérieurs climatériques, air... sensibilité aux sensations physiques indiquées	Mentalité se maintenant, ayant du ressort, susceptible de se remonter quoique affaiblie, mais aussi fléchissant par instant. Tempérament fatigué, surmené, maladif, disposé à la neurasthénie, à l'é-

par les chiffres impairs 5, 15, 25, 35 et de neurasthéuie physique en cas de défaut de persistance et de fixité de l'aiguille. Celle-ci peut dans les cas graves se traîner par saccades, faibles poussées, fièvre froide frissonnante *nerveuse, avec abaissement de température.* Voici un exemple pris un mois avant la mort d'un jeune diabétique, maigre, enlevé par l'acétonurie. Pendant trois minutes, l'aiguille a marqué les étapes suivantes : D^{te} : Att. 0 — Att. 5 — Rep. 15.

La formule a passé par ces étapes pour arriver à donner

D. Rep. 15.

puisement nerveux et susceptible aussi de se guérir avec la médication appropriée au physique comme au moral.

G^{che}. Att. 5 — Att. 10 — Att. 15 — Att. 25.

G. Att. 25.

§ III. — OSCILLATIONS POLAIRES

Chez certaines natures dont la formule est peu établie, chez les impressifs, les médiums, les obsédés possédés, les gens épuisés à impressionnabilité et imagination excessives, comme au cours du traitement chez les névrosés, à cette phase où les symptômes se modifient, et où les courants vitaux intimes se transfèrent, on observe assez souvent des phénomènes d'oscillation, pendant les trois minutes de la prise ; parfois l'aiguille trépide sur place.

Ex. D. Att : — Rep : — Att : | G. Rep. : — Att : — Att :

Dans la première phase, par exemple, la mentalité subit une oscillation et passe de l'état d'expansion à l'état de contraction. Dans la 2e, au contraire, la vitalité animale expansive devient contractive. L'oscillation permet de constater le peu de fixité de la formule, qui garde son allure généralement rapide. On observe ainsi le changement de direction d'un état évolutif ou involutif en sens inverse.

D : Att :	G : Rep :
Mouvement vital	Evolutif devient
D : Rep :	G : Att :
Involutif et redevient évolutif.	
D. Rep :	G : Rep :

J'ai vu pendant les 2 minutes de la prise de la formule, sur une personne dont les vibrations étaient très oscillantes, se produire alternativement le double mouvement contractif et expansif et la formule donner :

D : Att : 25 Rep : 40 — G : Att : 15 Rep : 20

Mme de M. obsédée par force zoéthérique.

D : O : — Att. 10 — Rep : 5 — Att : 10 | G : Att : 5 — Att. 10

Les folies, manies, obsessions, donnent parfois des oscillations très caractéristiques.

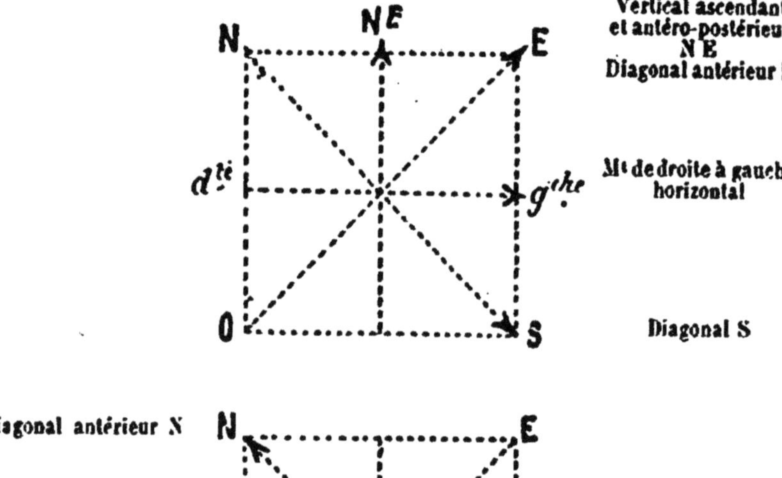

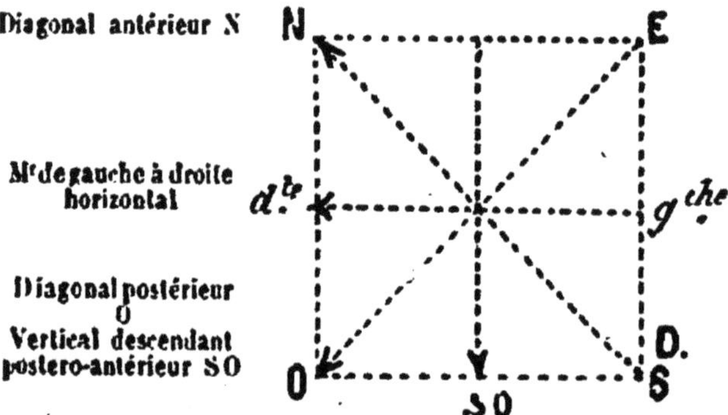

Fig. 5. — Des mouvements horizontaux, diagonaux et verticaux.

CHAPITRE IV

SIGNIFICATION DE LA VIBRATION

I. — Différence des vibrations entre elles établie et mesurée par la longueur des arcs de cercle

biométriques { droits physiques définissant les vibrations de l'activité corporelle et animique.
{ gauches psychiques définissant les vibrations mentales spirituelles.

II. — Les arcs de cercle droits et gauches suivant leur nombre de degrés définissent le caractère idéographique de la vibration droite et gauche, dans le composé combiné humain dont la polarisation vers telle ou telle force orientée du cosmos est révélée par le sens général de la formule.

III. — Tableau des vibrations droites et gauches dont la valeur idéographique est déterminée par les longueurs d'arcs droits et gauches.

§ Ier. — DIFFÉRENCE DES VIBRATIONS ENTRE ELLES ÉTABLIES ET MESURÉES PAR LA LONGUEUR DES ARCS DE CERCLE

Depuis longtemps Pythagore avait dit : *l'homme est un nombre.*

Cette définition resterait insoluble pour l'intelligence, si on ne pouvait la rapporter à un nombre des degrés du cadran, qui soit l'expression chiffrée de la vibration vitale humaine, par rapport aux 360 degrés.

Les études que je poursuis depuis longtemps me permettent de penser que le maître de l'initiation occidentale, en définissant ainsi l'homme, parlait du nombre de degrés des vibrations de son aura par rapport au cercle de 360 degrés, susceptible d'être inscrit lui-même dans un *carré orienté*.

Dans l'esprit de Pythagore ce nombre de degrés devait être l'expression simplifiée, c'est-à-dire, mathématique et géométrique à la fois, de la complexité dynamique humaine, *l'arc de vibration*.

Il définissait donc l'homme, suivant moi, par la longueur de l'arc de cercle de la vibration éthérique qui l'anime, et qui définit la forme élastique de son corps fluidique. D'après mes recherches, la spire Zoéthérique délimite, enserre et détermine la forme sensible et élastique de notre corps fluidique, du double du corps matériel humain ; elle l'oriente dans le temps et l'espace.

En fait expérimental, l'extrémité libre de chaque arc de cercle produit, persistant et disparaissant en N secondes, qui serait reporté sur un cadran, entourant le corps humain ramené lui-même à la sphère, est le *point* de pénétration orienté dans l'espace, et mesuré dans le temps, dans notre corps, d'un flux de force éthéro-cosmique, d'une vibration Z, qui de périphérique d'étrangère tend à devenir personnelle, en s'intériorisant dans notre corps physique, après avoir pénétré notre atmosphère fluidique.

Cette puissance cosmogonique orientée en s'individualisant devient humaine, et constitue, en nous, une des forces rectrices de notre vitalité.

Sa direction est toute différente par rapport au corps humain suivant son nombre de degrés.

Elle est *horizontale* de 0 à 30°.
— *diagonale* de 30 à 60°.
— *verticale* de 60 à 90°.

Chacune de ces forces cosmo-humanifiées, suivant son nombre de degrés, a donc *une direction*, *une orientation* et *une heure* bien spéciales mais qui cependant entre elles ont des points de rapport et de contact *concordants* et *discordants*.

Le nombre de degrés droit et gauche, traduisent l'homme dans ses facultés fluidiques, droites et gauches.

Une addition des nombres droit et gauche synthétise les attributions de nos vibrations; une soustraction en différencie les manifestations expansives qui tendent à se désindividualiser, de celles, qui, attractives après individualisation, sont et restent coparticipantes au bloc du composé-combiné humain.

1o Les lignes rectrices *verticales* sont parallèles à l'axe humain; elles constituent la longitude de notre vitalité psychique et vont *en avant et à droite* de bas en haut, de haut en bas à gauche et en *arrière* : de la lumière de la volonté cérébrale N. E. à l'adaptation sexuelle S. O. En *avant* et à droite la force monte; en *arrière* et à gauche elle descend; à droite elle monte, à gauche elle descend.

L'étude des statues indo-orientales du musée Guimet, une fois ma méthode établie, a été une révélation, une découverte de la science profonde des phénomènes de la vie, symbolisée dans les statues des divinités comme attitudes, mouvements, situation des mains par rapport au cadran qui les environne. Tout y symbolise la science de l'éther vivant du zoéther, des vibrations Z. ou zoéthériques dont Sir William Crookes dans une conférence en 1898, à Bristol, parlait en ces termes : « Tous les phénomènes de l'univers sont, on peut le présumer, en quelque sorte continus, et il est anti-scientifique d'appeler à son aide des agents mystérieux, alors que chaque nouveau progrès de la science nous démontre que les vibrations de l'éther ont des pouvoirs et des qualités amplement suffisants pour rendre compte de tout, même de la transmission de la pensée. »

C'est ainsi que la croix Indoue Swastica donne la corde soustendant l'arc de cercle du Vortex, l'ouverture de l'angle de la force cosmogonique agissante, son orientation, le nombre de degrés du vortex, le tracé de polarisation du flux, et le sens total de la révolution cyclique de l'Ether mesurée (2 mill. égalant un degré).

La croix Thau ou ansée représente la tête, le tronc, les jambes et les bras étendus du corps humain, que la divinité égyptienne influence et oriente différemment, en le plaçant dans telle ou telle direction.

Nombres pairs	70°	80°	90°	80°	70°		
Dte { avant midi. avant minuit.	10h40	1h40	11h20	12h	12h40	1h20	Gche { après midi. après minuit.
Nombres impairs	65°	75°	85°	85°	75°	65°	
	10h20	11h	11h40	12h20	1h	1h40	

Heures télépathiques { matin Nord Gauches { après midi Est.
droites 70° 10h40. { soir Ouest 70° 1h20 { après minuit Sud.

Les heures suivantes sont les heures orientées où se manifestent les puissances de Volonté et d'Amour dans l'Univers à leurs orientations cosmogoniques :

90° midi en haut N.-E. La volonté du créateur.
— la foi qui crée
90° minuit en bas S.-O. L'adaptation qui réunit fusionne; l'amour sexuel humain ; c'est la fusion des forces antagoniques mais complémentaires qui s'unissent et se lient entre elles dans la nature.

2. Les lignes rectrices parallèles à l'équateur Manu-Cardio-Axillaire, sont *horizontales*, vont de droite à gauche, d'avant en arrière, et de gauche à droite, d'arrière *en avant* du corps humain.

Nombres pairs	10°	20°	30°	30°	20°	10°	
Dte { avant midi. avant minuit.	6h40	7h20	8h	4h	4h40	5h20	Gche { après midi. après minuit.
Nombres impairs N.-O.	5°	15°	25°	25°	15°	5°	S.-E.
	6h20	7h	7h40	4h20	5h	5h40	

Ce sont les lignes de l'activité physique plastique où travaille la conception imaginatrice; elles correspondent aux forces *instinctives créatrices* du cosmos : sensibilité, élasticité, formation d'images, conception imago-créatrice (S.-E. 30°), à l'activité, organisation, création et réalisation (30° N.-O.). La réunion des deux forces verticale et horizontale forme la croix chrétienne « *le signe de vie* », heures : midi, 6 h. 2 h. 10 h. qui lie, ou grecque midi 6 h. 10 h. 2 h. qui délie.

Les forces diagonales qui nous pénètrent sont les forces des éléments; elles appartiennent au nord, sud, est, ouest; elles affectent la forme de la croix de Saint-André, et partent des extrémités des arcs-de-cercle 40°-50°-60° elles déterminent à leur niveau leurs points de pénétration par rapport au corps matériel.

Nombres pairs	40°	50°	60°	60°	50°	40°	
Dte { avant midi. / avant minuit.	8h40	9h20	10h	2h	2h40	3h20	Gche { après midi. / après minuit.
Nombres impairs	35°	45°	55°	55°	45°	35°	
	8h20	9h	9h40	2h20	3h	3h40	

Elles se croisent ensuite, au cœur central et vont enfin, dans le carré opposé et complémentaire du parallélogramme des forces symétriquement situé : *droit, inférieur* et antérieur, si elles viennent du parallélogramme *gauche supérieur et postérieur*, rejoindre l'extrémité libre de l'arc de cercle complémentaire, où elles fixent ainsi le point de sortie de la force qui se désindividualise.

Les lignes rectrices verticales se rencontrent avec les lignes horizontales et antéro-postérieures, et coupent les diagonales à des niveaux ou hauteurs de certains organes du corps humain, en des points présentant une orientation, qui y reçoivent les forces spécialisées du cosmos (foyers des parallélogrammes et des carrés des 4 points cardinaux).

Le tracé qui réunit les points de pénétration et les points de jonction forme une figure géométrique, qui varie avec l'arc de cercle gauche et droit.

La figure est symétrique, lorsque les arcs sont de longueur égale, et assymétrique quand ils sont d'inégales longueurs.

Toutes ces notions se trouvent condensées dans le caractère idéographique d'un nombre de degrés gauche et d'un nombre de degrés droit, dont on connaît la double orientation, leur rapport proportionnel et le sens général de leur double direction, à la fois attractive et répulsive, ou séparément attractive ou répulsive.

Prenons un exemple :

Le nombre 10° à droite observé en attraction par la main droite dans une formule donne :

1° L'expression chiffrée d'un arc-de-cercle que nous savons orienté à droite en avant et en bas par rapport au corps humain; il est situé du côté droit verticalement, et horizontalement au-dessous de la ligne cardio-axillaire, et en avant du tronc.

2° L'organe niveau que le nombre 10° en attraction désigne comme point de pénétration de la force rectrice, partant de l'extrémité libre de l'arc-de-cercle 10° pour gagner le cœur central, l'organisme, dis-je, correspondant à ce chiffre est la région hépato-gastrique, vésicule biliaire dans laquelle pénètre en attraction la vibration 10°, et où se rencontre la rectrice de latitude 10° et la rectrice longitudinale 10° D.

Le chiffre droit 10° attractif avec ses notions d'allure, de durée, de résistance, désigne également le temps que met à se produire, à persister, et à disparaître ce flux vital polarisateur; il est comme l'expression chiffrée et calculée de la fonction du système organique qu'il représente; chaque organe humain est en effet la réalisation concrétée et matérialisée de toutes les puissances cosmiques qui se sont localisées dans cette orientation, et polarisées dans ce lieu (dans l'exemple région hépato-gastrique), et que leurs influences self-inductrices ont attirées, groupées, combinées, et organifiées dans un laps de temps, révélé par la durée d'existence de l'arc-de-cercle par rapport à 20 minutes ou 1200 secondes.

La synthèse de ces connaissances est exprimée par le nombre 10° orienté à droite au-dessous de la ligne cardio-axillaire dans le cube droit inférieur et antérieur du tronc, situé à droite du raphé médian antérieur, et en avant du plan transversal, géométriquement dans le cube droit antérieur et inférieur d'un parallélipipède, non plus octogonal, mais triduodécagonal avec l'arc-de-cercle de 10°.

Les mêmes considérations pourraient être déduites du nombre 10° gauche en attraction; l'organe niveau est à gauche, en haut c'est-à-dire au-dessus de la ligne cardio-axillaire dans le cube gauche supérieur et postérieur que représente le cou, la région thyroïdo laryngée 3e apophyse vertébrale, région du son, expression de l'instinct, au niveau du larynx gauche.

Le nombre droit, comme le nombre gauche en général contient 1° une angulaison symétrique ou assymétrique des forces rectrices droite et gauche, révélée par les deux arcs de cercle droit et gauche, reportés sur les branches verticales et horizontales de la croix verticale.

2° La capacité relative de nos facultés spéciales, orientées dans tel ou tel sens.

3° Les échanges fluidiques ou vibratoires, qui s'opèrent entre les puissances fixes orientées du cosmos.

L'expérience prolongée que j'ai acquise dans l'étude de ces phénomènes m'a montré que les déviations observées permettent d'apprécier immédiatement l'état normal défini, ou anormal adéfini, du sujet en expérience, suivant que l'arc-de-cercle est divisible par un nombre multiple pair ou impair de 5°.

Si le nombre qui chiffre l'écart obtenu est un multiple pair de 10°, la vibration est définie, harmonique et bouclée sur une heure par la révolution de la force plastique; l'état des lignes verticales et horizontales est normal ; si au contraire c'est un multiple impair de 5°, la vibration est désharmonique, et l'état anormal ; il coïncide avec un passage intermédiaire, entre deux boucles horaires, deux heures vivantes régulières.

Les choses se passent, en un mot, comme en acoustique, lorsque l'oreille se trouve mise en présence de notes justes ou fausses, elle subit une répercussion en nous, une consonnance agréable ou une dissonnance pénible.

Ces études témoignent de l'ordre admirable qui règne dans les échanges entre la vie universelle et les forces rectrices en nous, exprimées par des nombres pairs ou impairs, par des angulaisons symétriques ou assymétriques de 5°, qui en font des forces bien ou mal constituées propres ou impropres au tempérament humain.

L'atmosphère humaine ainsi déterminée par la longueur de l'arc-de-cercle géométrique peut être, suivant le nombre de degrés, partagée en trois zones correspondant chacune à un groupe particulier de vibrations bien caractérisées par leur longueur d'arc :

1. *Horizontales*, de 0 à 30 pour les vibrations corporelles animales ;

2. *Diagonales*, de 40 à 60 pour les vibrations animiques ;

3. *Verticales*, de 70 à 90 pour les vibrations mentales.

Cette division permet d'effectuer une analyse plus facile de cette étude ; elle est exacte et se compose de 3 classes, de 3 vibrations chacune; pairs multiples de 10° jusqu'à 90°; impairs multiples de 5° jusqu'à 85°. La première classe comprend les déviations jusqu'à 30°, et partage l'homme en homme droit et en homme gauche par un plan vertical ; la seconde classe, les déviations comprises entre 30° et 60° partageant l'homme obliquement par une ligne diagonale en homme gauche supérieur et droit inférieur ; la 3e classe les déviations à partir de 70° jusqu'à 90°, divisant l'homme en homme supérieur et inférieur par rapport à la ligne horizontale cardio-axillaire.

Il semblerait que les vibrations de 30° en 30° soient d'une substance différente, de plus en plus subtile à mesure que la vibration d'animale horizontale devient animique oblique, et mentale verticale ; dans les 4 orientations, elle peut être en rapport avec les forces élémentaires, élémentales et mentales des orientations N. S. O. E. représentées par les 4 archanges.

Chaque orientation comporte 90° que nous marquons ainsi :

Les deux zéros biométriques aux extrémités des branches horizontales de la croix verticale correspondant aux mains; 90° aux extrémités de l'arbre de la croix correspond à la tête et aux pieds.

Les lignes O.-E, et N.-S, passent ainsi à 45° entre les branches.

§ II. — LES ARCS DE CERCLE DROITS ET GAUCHES DÉTERMINENT LE CARACTÈRE IDEOGRAPHIQUE DE LA VIBRATION

I. — Première zone organo-animale

Horizontale, postéro-antérieure ou parallèle à la ligne cardio-axillaire au-dessus au-dessous.

Déviation comprise entre 0° et 30° comprenant 5°, 15°, 25°, et 10°, 20°, 30° : *droits* de 6 h. à 8 h. matin, de 6 h. à 8 h. soir, et *gauches* de 4 à 6 h. après midi et après minuit.

La vibration de passage entre la première et la seconde zone est 35° : 8 h. 20, à droite matin soir ; à 3 h. 40 gauche après midi minuit.

Cette masse de substance animale comprend le corps humain. Elle aurait une étendue de 15 mill., au niveau du cœur humain, comme autour de la peau, aux extrémités digitales, et aux régions indiquées par les chiffres.

Cette notion est fournie par le rapport connu, entre le nombre de millimètres : 1 millimètre = 2 degrés, l'aiguille ayant trois centimètres de rayon.

La ligne de séparation des forces droite et gauche a lieu par les plans antéro-postérieur et latéral transversal. Ces deux plans divisent l'homme en 4 segments :

Les vibrations de 5° à 30° entrent par la face latérale droite suivant l'heure, le degré, par l'

Ecaille droite Oreille droite	Tête.	Aisselle Poumon Biceps Coude	Poitrine.
2e ganglion Thyroïde	Cou.	Foie Flanc Bras. Poignet.	Ventre
Larynx.			

Ces forces sortent à gauche par le plan latéral gauche et par les organes symétriques, la rate remplaçant le foie.

Ce qui caractérise la *zone animale* c'est la délimitation par la force vive cosmique horizontale, des grandes fonctions physiologiques, comme on le verra dans le tableau des niveaux ; 5° expriment en nous la *surforce*, le souffle de vie, la force vitale cosmique (le Prana des Indous) spécialisée au centre pneumatique cardio-pulmonaire *physique* à droite et en bas, *psychique* à gauche et en haut, qui se polarise ensuite sur les autres systèmes de notre organisme en haut et en bas de la ligne O—O cardio-mammaire, divisant le système cardio-pulmonaire à son tiers supérieur à 20° au-dessus de la ligne

N.-O.-S.-E. de la rose des vents, et passant par le foie, l'épigastre et la rate.

5° La limite supérieure de cette zone est fournie par les clavicules, son centre est le plexus cardio-pulmonaire, la 4e vertèbre dorsale en arrière, la limite inférieure passe par le diaphragme.

C'est la force pneumatique éthérée, le souffle élastique et sensible en nous.

D : Att : 5=G : Rep : 5	Vie pondérée et de satisfaction, santé équilibrée.
D : Rep : 5=G : Att : 5	Vie pratique, matérielle pondérée, santé résistante.
D : Rep : 5=G : Rep : 5	Vie simple, modeste, active, heureuse, santé active en joie.
D : Att : 5=G : Att : 5	Vie douce, calme, pondérée, santé délicate.

Même lorsqu'ils sont multiples impairs de 5°, les chiffres égaux ont une valeur de santé plus équilibrée, que n'en aurait une formule de chiffres tout à fait disproportionnés.

Comme :

D : Att : 5 Organe niveau. Cœur droit.	G : Att : 25 Yeux.
ou : D : Att : 25 Organe niveau. Genoux.	G : Att : 5 Cœur gauche.

L'égalité entre les chiffres impairs indique une santé plus équilibrée, mais moins solide qu'avec les chiffres pairs inégaux présentant une résistance plus grande.

D : Att : 10 Organe niveau. Plexus solaire.	G : Att : 10 Larynx.
D : Att : 20 Organe niveau. Organes génitaux (résistance 10 minutes).	G : Att : 20 Nez.

D : Att : 30	G : Att : 30
Organe niveau. Mollets accroupis.	Front.

sont des formules équilibrées avec chiffres pairs qui indiquent un bon fonctionnement et une bonne substance matérielle, une bonne vitalité des organismes correspondants, délimités par la force zoéthérique, donnant les forces chiffrées au-dessus (gauche) et au-dessous (droite) de la ligne cardio-mammaire.

Le chiffre 10° donné par la main droite exprime la force vitale spécialisée en une activité *différenciée*, c'est-à-dire en activité attractive ou expansive du Plexus solaire, il correspond en avant à l'estomac, au foie : l'instinctif, bonne nature, bon estomac.

Bonne nature Att : 10 faisant effort de contraction, de la pensée, de méditation, Rep : 30 sous l'influence de la raison 20 : (30 – 10) pour arriver à un état de conscience sagement ordonné 40 (10+30) on aura ainsi la formule ascendante D : Att : 10 | G : Rep : 30. Nous déduirons donc le cas de la personne qui nous donne cette formule : 10° droit correspond au plexus solaire à la vie animale instinctive, nous pouvons affirmer que la santé physique est bonne; 30° gauche correspond à la tempe frontale gauche, aux circonvolutions du cerveau, le caractère, les actes, les sensations sont simples, droits, naturels et peuvent se transformer à un moment donné en conception, idée de logique, de véracité, de sûreté de jugement dans un mouvement d'ascension morale.

15° donnés par la main droite correspond à la région abdominale, au Centre ombilical comprenant la vessie et la région sus-ovarienne.

25° correspond à la face interne du genou, au réflexe rotulien; c'est le chiffre du sensualisme inférieur, de l'exaltation des réflexes tendineux.

35° correspond à la cheville, c'est le chiffre de la mobilité des jambes en mouvement, de la coquetterie le jour, de l'insomnie la nuit.

A gauche et en haut.

15° correspond au menton et à la langue.

25° aux yeux. Sensualisme supérieur de l'œil et de l'oreille.

35° à la fontanelle supérieure.

II. — IIe ZONE ANIMIQUE

Direction oblique diagonale par rapport à la ligne cardio-axillaire comprenant de 40°, 50°, 60°.

Dte	avant midi.	35°,	45°,	55°,	—	40°,	50°,	60°.
	avant minuit.	8h20	9h	9h40		8h40	9h20	10h
Gche	après midi.	35°,	45°,	55°,	—	40°,	50°,	60°.
	après minuit.	8h20	3h	2h20		5h20	2h40	2h

correspondant comme heures passionnelles de 8 heures 20 à 10 heures de matin, de soir, et de 2 heures du jour et de nuit à 3 h. 40 heures de jour et de nuit.

La classe des vibrations animiques a une longueur de 30 millimètres au niveau du cœur humain, en comprenant cette première zone organo-physiologique qu'elle pénètre de ses vibrations.

Jusqu'à présent les discussions qui s'agitent sur l'existence de l'âme, supposaient qu'elle est logée nécessairement dans le corps humain.

Les deux écoles doctrinaires outrancières, opposées, sont d'accord sur ce point : les spiritualistes affirment l'existence d'un principe immatériel dans le corps humain, sans pouvoir le localiser, comme les matérialistes le rejettent, au contraire, d'une façon formelle, par défaut de constatation : voyons ce que l'expérience et l'observation des vibrations nous révèlent à cet égard.

Les vibrations animiques 40°, 50°, 60° ne sont pas contenues dans le corps, mais lui sont périphériques et, c'est elles qui le contiennent. Elles n'existent donc pas à l'état essentiel dans le corps organisé, mais ce sont elles qui après s'être localisées au cœur, et s'être polarisées ensuite à notre Zénith en lumière cérébrale, et à notre Nadir en *attract* sexuel et en chaleur créatrice, va se transformer en fonctions organiques, et progressivement en les chairs matérielles de ces organismes. L'âme s'est faite chair ; elle n'existe donc dans notre corps que substanciée, organifiée, en faculté de fonctions organiques, et en carnification d'organes ; mais on peut l'extérioriser du corps.

Forme. — Les lignes de force de cette zone affectent la forme d'un carré contenant les 4 segments du corps matériel ; les côtés du carré par rapport au corps humain sont antérieur et latéral droit, exprimés par la main droite, et postérieur et latéral gauche, exprimés par la main gauche, au niveau de la coupe horizontale cardio-axillaire du corps. La masse humaine peut être envisagée comme un cube dont la main droite donne les vibrations inférieures, antérieures et latérales droites, et la main gauche les vibrations supérieures, postérieures et latérales gauches.

Vue de face, la forme affecte celle d'un rectangle dont les côtés droit et inférieur sont représentés par la main droite et les côtés gauche et supérieur sont représentés par la main gauche.

Ligne de séparation. — La ligne de séparation des vibrations droites et gauches déjà décrite par R... passe par le plan de séparation coupant en diagonale le cube humain du Nord au Sud.

La ligne antérieure monte en avant, va du grand trochantère gauche Sud au sommet du poumon droit Nord, en passant par le cœur divisé en droit et gauche à l'épaule droite, et en arrière descend par la ligne postérieure de ce plan; passe par la crête de l'omoplate droite, coupe la bronche droite au hile du poumon, passe par la pointe de l'omoplate gauche et va au trochantère gauche Sud où les deux lignes ascendante et descendante se continuent sur la face externe du membre inférieur. Ce plan partage le tronc humain en deux parties inégales laissant à gauche la rate, le cœur et le poumon gauche, le larynx, la langue et le cerveau organes du champ des vibrations psychiques exprimées par la main gauche, à droite : le bras droit, le poumon, le foie, l'estomac, l'intestin, les organes génitaux, et les jambes ; organes du champ des vibrations physiques exprimées par la main droite.

Pour la tête, ce plan diagonal de séparation va de la crête occipitale et mastoïdienne droite Nord, à l'arête frontale gauche Sud, divisant la boîte crânienne en deux champs de vibrations, droite antérieure et gauche postérieure, vibrations psychiques de conception à gauche et en arrière, de réalisation à droite et en avant.

Entrée des forces. — Les forces de 40° 50° 60° entrent en arrière à gauche de bas en haut par :

L'angle externe du talon gauche,
Le condyle externe du creux poplité,
L'échancrure sciatique,
Le rein,
Le ganglion semi-lunaire,
La courbure postérieure des côtes,
Le bord interne de l'omoplate,
Les extrémités des apophyses transverses du cou,
Le nerf occipital,
L'apophyse mastoïde,
Le rebord du temporal,
La crête jusqu'à la bosse temporale.

En avant et à droite par :

Les deux petits orteils droits,
La crête tibiale,
Le vaste interne,
L'anneau inguinal interne,
Le rebord externe du droit antérieur, le flanc droit.
La vésicule biliaire.
L'angle antérieur des côtes,
Le mamelon,
La courbure de la clavicule,
Les annulaires et le coude droits.
La thyroïde,
Le maxillaire inférieur,
Le malaire,
La crête temporo-frontale droite région de la migraine jusqu'à la bosse frontale externe.

Sortie des forces. — Les forces antérieures sortent de haut en bas, en avant et *à gauche* par les mêmes régions gauches frontale, faciale, cervicale, claviculaire au-dessous du sein par :

La pointe du cœur,
Le rebord externe droit antérieur,
L'anneau inguinal interne,
La rotule et la face externe et supérieure du genou gauche.
Les deux gros orteils du pied gauche.

Les forces postérieures sortent en arrière et *à droite*, de haut en bas par les points symétriques à ceux où elles sont entrées en arrière et à gauche de bas en haut :

La bosse temporale droite,
La crête occipitale temporale,
La crête occipitale externe,
Le rebord mastoïde,
Les nerfs sous-occipitaux,
Le bord interne de l'omoplate,
Le hile du poumon droit,
L'angle postérieur des côtes,

Le ganglion semi-lunaire,
Le bord de la masse sacro-lombaire,
Le hile du rein droit,
L'échancrure sciatique,
Le nerf sciatique,
Le condyle interne du creux poplité,
La rainure des jambiers,
L'angle externe du talon droit.

En arrière les vibrations s'éliminent par les angles postérieurs droit, crête occipito-mastoïdienne du crâne, etc... orientés au Sud.

En avant, par l'angle frontal gauche, crête frontale gauche, etc... orientée au Nord; dans la position nuque au N. E. et regardant S. O ; *inversement* dans la position nuque au S. O. et face regardant N. E. la ligne N.-S., réunissant ces deux régions est la ligne de séparation des vibrations droite et gauche, 40°, 50°,60°.

Ces vibrations entrent par l'angle antérieur droit, crête fronto-temporale droite orientée à l'Est et par l'angle postérieur, crête occipito-mostoïdienne externe gauche orientée à l'Ouest, dans l'orientation face N. E., et, *inversement*, dans l'orientation face S. O.

Voici pour l'extrémité supérieure; pour l'extrémité inférieure du corps, les extrémités des pieds antérieure et postérieure étant supposées placées dans un carré, les forces 40°, 50°, 60°, entrent à droite, par les extrémités des petits orteils du pied droit, et sortent par le talon droit.

Les vibrations gauches, entrent à gauche en arrière par le talon gauche et sortent en avant par les orteils et surtout le gros orteil gauche, si bien que la diagonale de séparation irait du talon droit au gros orteil gauche, siège de la goutte.

En résumé. — Avec les formules de double attraction, les forces pénètrent par les 8 voies, comme elles sortent avec les doubles répulsions par ces 8 voies, également ou inégalement.

Avec la formule : D^te Att. 40-60° | G^che Rep. 40—60° allant de droite à gauche.

La force va :

de la main droite à la main gauche, d'avant en arrière et de bas en haut dans le corps.

de l'ouest à l'est,

du sud au nord. — saisons { hiver / printemps } sève ascendante.

Avec la formule : G. Att. 40° à 60° | D. Rep. 40° à 60°,

La force va de la main gauche à la main droite d'arrière en avant et de haut en bas dans le corps.

de l'est à l'ouest,

du nord au sud. — saisons { été / automne } sève descendante.

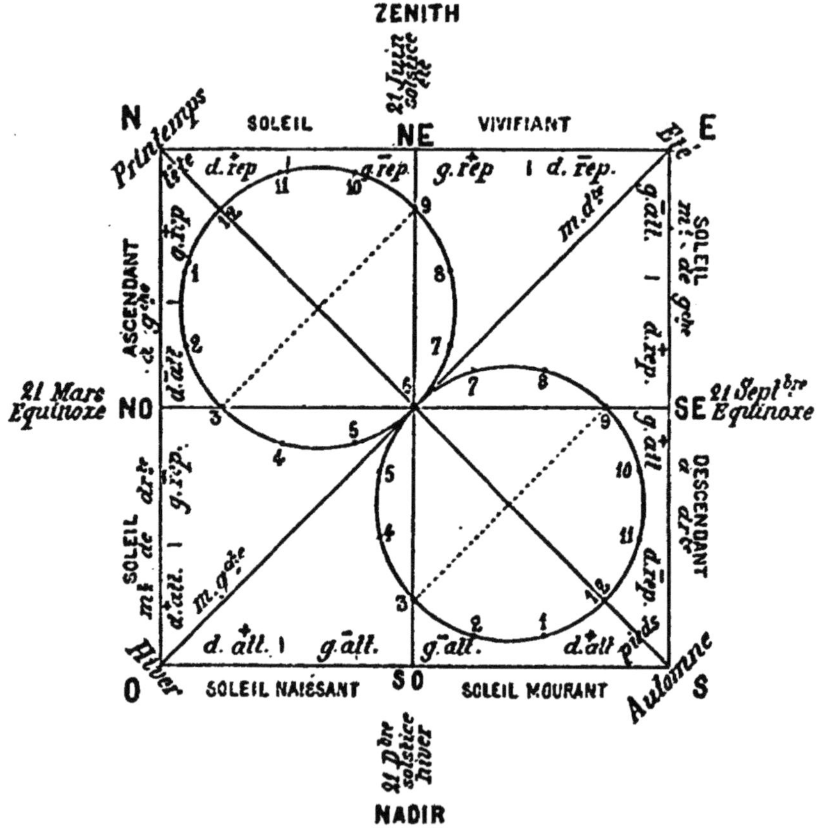

Fig. 6. — Donnant les rapports entre les formules et les époques de l'année.

Voici quelques exemples au point de vue idéographique des nombres de cette 2e zone :

Nombres impairs. — Le docteur Bour, de M., donne la formule :

D : Att : 45 | G : Att : 25

Dte att. 45 veut dire : trouble d'âme, indépendance d'esprit, excluant toute domination possible, sympathie affectueuse, pas d'ordre dans l'activité.

G. Attraction 25 veut dire : raisonneur, discoureur, ami de la discussion de syllogisme. Voici les deux manifestations anormales en chiffre 5— d'un homme dont le fond est 30=(25—45) c'est-à-dire : raison, travail, éducation, mémoire et dont le caractère est 70 (45+25) c'est-à-dire : conviction, confiance, persévérance.

Le docteur B. très frappé des significations des nombres me raconte sa vie dont le résumé synthétique est contenu dans chacun des mots correspondants aux nombres 45 et 25.

Manifestations extérieures d'une vie troublée alors que 20 et 70 nombres du caractère et du tempérament sont normaux en chiffres pairs et traduisent toute l'énergie et le travail qu'il a dû déployer pour devenir médecin à un âge relativement avancé lorsqu'il n'était précédemment que simple soldat pendant la guerre de Crimée.

Nombres pairs. — Mme Mart.

D : Att : 40 | G : Att : 50.

Nous avons une double attraction des vibrations Z : 40 de forces de réalisation et —50 de forces de conception.

Cette dame a des actes, des sentiments ordonnés classés méthodiquement, une bonne administration de soi-même.

Attraction gauche 50 veut dire, que ses pensées, ses conceptions, ses idées sont bien inspirés, c'est ce qu'on appelle un bon esprit dont les actes et les sentiments sont méthodiquement réglés, classés.

La caractéristique de sa nature est donnée par le chiffre 90 addition des chiffres 40 et 50. C'est l'amour de l'humanité qui prédomine son activité, dont le bon esprit et les actes méthodiques en font une organisatrice remarquable.

Le docteur Thiri : D : Att : 10 | G : Rep : 70.

Tempérament : bonne santé, nature droite transformant son activité instinctive Att : 10 en études scientifiques sur l'occultisme, dans lesquelles il acquiert certitude et conviction Rep : 70.

Caractère : 70+10— Indépendance, Amour de l'idéal 80 (70+10) Espérance et bonheur.

Esprit : 140 (60+80) Ordre et hiérarchie dans la manifestation universelle.

III. — IIIe ZONE MENTALE A DIRECTION VERTICALE PAR RAPPORT AU CORPS HUMAIN PERPENDICULAIRE A L'AXE CARDIO-AXILLAIRE : DE 70° A 90°.

Comprenant 70°, 80°, 90°—65°, 75°, 85 :

	70°	80°	90°	90°	80°	70°	
D^te { avant midi. / avant minuit.	10^h40	11^h20	12^h	12^h	12^h40	1^h20	G^che { après midi. / après minuit.
	65°	75°	85°	85°	75°	65°	
	10^h20	11^h	11^h40	12^h20	1^h	1^h40	

95° : intermédiaire entre la zone mentale et la zone unitive qui va jusqu'à 120°, donnant comme forme un triangle isocèle de 120° de côté; la longueur de la zone mentale est de 45 millimètres. Cette zone est située à la tête en avant et en arrière du crâne sur les plans médians, de chaque côté de la ligne médiane figurant le 90°.

En avant, 70° à 90° correspondent à la région bi-frontale entre les deux bosses; en arrière, à la tubérosité postérieure et supérieure du crâne, la bosse de l'affectivité et de la moralité.

Elle comprend les trois angles : 70°, 80°, 90° que nous avons envisagés dans le sens horizontal de la longitude; dans le sens de la latitude, le 90° se trouverait au sommet d'une pyramide, dont la pointe correspondrait au sommet de la tête; car le 0 se trouve sur les branches horizontales droite et gauche, dans le plan transversal au-dessus des oreilles droite et gauche : de ce zéro on peut considérer 1° les arcs de cercle horizontaux antérieur et postérieur droit et gauche comme 2° les arcs de cercle verticaux droit et gauche : horizontaux et verticaux vont de 70° à 90°, et représentés par les mains en vibration de 70° à 90° sont applicables au tronc et à la tête.

Lorsque les vibrations de la main gauche, qui correspondent au plan gauche supérieur et postérieur, donnent 20°, elles caractérisent en haut : *La cérébration subconsciente, l'automatisme cérébral*, et comprennent le nez (cornet génital), l'oreille gauche, les lobes inférieurs, le cervelet et le pressoir d'Hérophile; 20° de la main droite correspond à la force du travail et à la fécondité génératrice d'une bonne santé plastique.

Le chiffre 30° exprimé par la main droite correspond au biceps du bras et au mollet; donné par la main gauche, c'est le chiffre de la cérébration logique, consciente, normale, correspondant au cerveau gauche y compris la scissure de Rolando, aux tempes; 70° à 90° en avant à la région pituitaire et sus-orbitaire de la face y compris la fontanelle antérieure (clou psychique), au plan gauche et postérieur, fontanelle postérieure; les arcs des cercles supérieurs à 90°, comme 120°, 140° et plus, affectent une autre courbe que celle du cercle; ils prennent une forme parabolique, pouvant simuler une flamme; plus elle s'élève en longitude, plus la hauteur de la spiritualité monte; il en est de même en arrière, si bien que les deux lignes peuvent se rejoindre en un point très élevé au-dessus du crâne, dans une forme pyramidale ou conique, observée jusqu'à 160 degré par moi-même.

Entrée des forces. — L'entrée des forces 70° 80° 90° a lieu suivant l'heure, la date, en arrière par la fontanelle postérieure, au niveau de la tonsure du prêtre par :

L'occiput postérieur,
La nuque,
Les apophyses épineuses,
La masse vertébrale,
Le sacrum,
Le coccyx.
Le dernier ganglion précoccygien.

La mitre de l'Evêque est le symbolisme de la direction des forces et de leur sens de pénétration en avant et en arrière avec 150° d'altitude; en arrière tombent jusqu'à la ligne cardio-axillaire sur les épaules les deux prolongements des forces verticales.

Issue des forces. — Les forces spirituelles et mentales sortent par la glande pituitaire, projection psychique et vision intime à distance, l'œil gauche, le larynx, la bouche, le souffle en boule, la voix, le cœur, les mains au-dessus de la ligne cardio-mammaire. Elles peuvent sortir également mais plus rarement par les organes génitaux dans l'amour intense, et par les pieds dans certains cas de lévitation (1).

Elles sortent en avant par :

Le front (œil médian),	L'apophyse xyphoïde,
Le nez,	L'épigastre,
La bouche,	Le nombril,
Le menton,	Les organes génitaux.
Le sternum cardiaque,	

Orientation. — N.-E. : vue de dos, le dos et les talons au S.-O., la fontanelle antérieure ou postérieure, suivant la position inclinée ou relevée, au Zénith, la tête au N.-E., face à l'E, jusqu'à 1 heure 1/2 de l'après-midi, la main droite au S.-E., la main gauche au N.-O (orientation des Eglises chrétiennes).

Inutile de faire remarquer que ces dernières considérations ne peuvent toucher en rien les natures matérielles et plongées dans le *fonctionnarisme* de leurs organes matériels ; elle est exclusivement personnelle à certaines natures dites psychiques, spiritualisées, comme vitalité de la substance et moralité de l'esprit influencées par les forces médianes verticales 70° 80° 90° (2).

Les vibrations de cette troisième zone sont en rapport avec ce qu'on a appelé *les facultés spirituelles*, et se rattachent au plan ou à l'ensemble des vibrations psychiques *verticales* qui constituent l'atmosphère pensante et morale du corps humain

(1) L'action curatrice de la magnétisation et de la bénédiction par l'imposition des mains se trouve ainsi expliquée, ainsi que le traitement de certaines psycho-névroses, par le toucher, le massage, la passe, agissant sur l'état de nos vibrations.

(2) Je précise ces données sur la position du corps humain au point de vue de la méditation, de la prière, pour adapter les vibrations du corps mental en position orientée N.-E. avec les vibrations correspondantes du cosmos, et établir leur fusion harmonieuse indiquée par les formules :

M. D. M. G.
Rep.=Rep. +
O. | Rep.
Rep. | Rep.

ex. Mme de X. : D : Att : 90 | G. Att : 30.

Cette formule est obtenue à la suite d'un entraînement volontaire psychique et par l'application pratiquée du développement de son soi intérieur par les données théosophiques.

1re formule : D : Att : 23 | G : 0.

qui vient influencer ou piquer de petits traits lumineux la pelote des circonvolutions cérébrales. En mettant des plaques photographiques au-dessus de la tête pendant le sommeil, on trouve fréquemment un pointillé caractéristique à cet égard.

Nous avons donné quelques exemples de ces trois zones qui possèdent chacune des longueurs de vibrations différentes et un sens idéographique particulier pour chaque nombre; plus nous avançons dans ces études plus nous verrons 1° que l'homme apparaît comme une synthèse cosmogonique, empruntant ses éléments constitutifs aussi bien aux substances terrestres, qu'aux forces fluidiques qui gravitent dans l'atmosphère de notre planète, comme aux facules de la couronne solaire qui baignent constamment la terre et constituent la lumière zodiacale ; 2° que le *bloc composé polarisé humain* possède un mouvement vital, et une révolution sidérale en rapport avec la gravitation de l'univers.

En résumé, ainsi que nous l'avons indiqué déjà, les observations à recueillir dans une expérience bien dirigée sont les suivantes :

1° Les chiffres *précis* donnés par la main droite et par la main gauche ;

2° Le temps mis par l'aiguille à se déplacer, et à revenir à sa position initiale;

3° La durée de l'arrêt.

Formule maladive de migraine nerveuse.
2e formule : D : Att. 45 | G: Att : 60.
Libération morale.
3e formule : D : Att : 90 | G : Att . 30.
Abnégation volontaire.
Le jeu des chiffres donne comme tempérament la formule observée.
Caractère 60 (90 — 30) goûts artistiques, caractère indépendant.
120 (90+30). Vie unitive dans le développement des facultés du soi.
60 (120 — 60). Indépendance et liberté d'esprit.
Esprit 180 (50 + 120). Foi absolue en Dieu.
Mme Barch. D : Rep : 60 | G : Rep : 130.
Spiritualité, mystique, chrétienne.
Tempérament : Rep : 60 activité dans le prosélytisme de la vie mystique spiritualiste.
Caractère : Rep : 70 (130 — 60). Foi en action.
190 (130 + 60). Fusion, charité active en Dieu.

Les données recueillies par les deux mains nous fournissent l'ensemble de la formule, c'est-à-dire, le sens du mouvement vital en nous, et le degré d'énergie de notre santé dans les 4 segments de nos 4 grands systèmes. On cherchera ensuite suivant le chiffre droit et gauche et l'heure du chiffre à interpréter le nombre, à déterminer son sens idéographique, pour connaître la nature des vibrations qui nous pénètrent, ou que nous émanons.

Nous aurons ainsi à gauche le caractère de notre conscience, de notre raison, les pensées, les images, les sentiments.

A droite : notre foi, notre activité volontaire, notre santé matérielle, notre égotisme, notre personnalité, l'amour sexuel.

Nous aurons aussi l'expression de nos 8 potentialités, s'exerçant dans les 3 zones animale, animique, et mentale suivant la longueur de la vibration 30° — 60° — 90°.

Voici le tableau idéographique des vibrations de la vie désharmonique exprimée par les multiples impairs de 5° et de la vie harmonique exprimée par les multiples pairs de 10°.

Multiples impairs de 5° :

5° Vie triste et monotone ;
15° Vie de peine et de désir ;
25° Vie d'ennui et d'énervement ;
35° Vie de regret, d'imagination, de déraison ;
45° Ame troublée, obsédée, vie télépathique, sympathique.
55° Ame hantée, effrayée, vertigineuse ;
65° Ame possédée, asservie ;
75° Esprit découragé, sans foi, sans conviction ;
85° Esprit désespéré, sans espoir ;
95° Esprit perdu, haine, vengeance ;

Il reste bien entendu, qu'il faut comparer les deux membres d'une formule, le sens du mouvement vital, la durée de la vibration pour pouvoir lire complètement la formule et qu'il ne suffit pas de trouver un chiffre pour tout interpréter ; car le chiffre 15°, par exemple, appliqué à l'organe correspondant, veut aussi bien dire : peine de l'intestin, constipation, désir vésical génital, à droite, que gourmandise besoin de parler, de faire agir la langue à gauche, peine morale.

Multiples pairs de 10° :

10° Vie de bons instincts et de bon naturel;

20° Vie de travail, d'application, de raisonnement, d'esprit de famille, de fécondité;

30° Vie de logique, de raison, de science;

40° Vie d'ordre moral, de méthode, d'administration de soi-même, de conscience morale;

50° Vie de piété, de religiosité, de vénération ;

60° Vie d'idéal, d'esthétique, de bonheur, d'indépendance;

70° Esprit de foi, de conviction, de croyance ;

80° Esprit de volonté, d'énergie, de courage;

90° Esprit d'abnégation, d'amour, de charité ;

100° Vie unitive mystique.

Nous avons pu ainsi évaluer la force qui produisait cette déviation.

Comme déduction nous savons déjà : que l'allure, la puissance et la persistance de la force actionnant l'aiguille, peut nous donner l'allure de *notre mouvement vital*, la puissance de *notre santé*, qui est fonction de notre vitalité.

On pourra ajouter que le nombre de degrés nous donnent la longueur de la vibration humaine, que chaque vibration suivant son amplitude a un sens idéographique, c'est-à-dire, un caractère physique ou psychique, propre à la longueur de la vibration ; enfin comme elle est orientée vers tel ou tel point de la rose des vents, nous pouvons voir que la révolution, le flux de force plastique qui nous pénètre est orienté, vers telle ou telle force vive du cosmos qui correspond à cet orient.

§ III. — TABLEAU DES ARCS DE CERCLE MESURANT LES VIBRATIONS DROITES ET GAUCHES

De 5 en 5 degrés, de 0° à 90° spécifiant le sens idéographique à attacher à la longueur de l'arc de cercle de 5 en 5 degrés, pour le côté droit et gauche. Chaque 5° correspond à 20 minutes de la révolution de la force plastique, dans les 12 heures diurnes et nocturnes, et à 2 mill. 1/2 de longueur, avec une aiguille de 30 millimètres de rayon.

I. — ZONE ANIMALE DES FORCES HORIZONTALES { de 6 h. à 8 h. matin et soir. de 4 h. à 6 h ap. midi et ap. minuit

VIBRATION 5°

5° est le chiffre de la force Vitale condensée au cœur. C'est la force de la respiration fluidique et éthérique (non gazeuse) et du mouvement du sang, qui se spécialise, se différencie dans les vibrations suivantes :

V 5° MAIN DROITE { 6 h. 20 matin. soir.			MAIN GAUCHE V 5° { 5 h. 40 après midi. après minuit.		
	FORCE PHYSIQUE *Vitalité physique de l'organisme*			**FORCE PSYCHIQUE** *Vitalité psychique*	
D^te Att. 5	Force vitale, faible, magnétique, mouvement éthérique, froid contractif, sang froid.	Cœur faible, triste, serré, mélancolique.	Att.	Cœur faible, affectueux.	Nature simple, douce, passive.
Rep.	Force vitale exubérante, Vivacité du sang chaud en mouvement.	Cœur actif, expansif en mouvement, battement, fièvre, mouvement astral du sang chaud.	Rep.	Cœur gai, vivant, en train.	Force électro-neurique.

Vortex vital évolutif de droite à gauche **Att.** | **Rep.**
— involutif de gauche à droite **Rep.** | **Att.**

	D^te	G^che	
Mouvement vital évolutif pondéré.	**Att. 5.** —	**Rep. 5.**	Vie pondérée, satisfaite, santé équilibrée.
— **involutif.**	**Rep. 5.** —	**Att. 5.**	Vie pratique, matérielle, santé constante.
— **expansif.**	**Rep. 5.** —	**Rep. 5.**	Vie contente, équilibrée, gaie, bonne santé.
— **attractif.**	**Att. 5.** —	**Att. 5.**	Vie douce, calme, pondérée, santé délicate.

VIBRATION 10°

V 10° MAIN DROITE { 6 h. 40 matin. soir.

BESOIN PHYSIQUE

Correspondance d'organes	
Correspondance d'organes : plexus solaire, creux épigastrique : estomac, foie, nutrition, assimilation, vaso-moteurs.	Dte Att. 10. Physique { Bonne nature. Bons instincts. Bons fluides.
	Actes { spontanés. naturels.
	Santé physique, Vie, Att. { Simple satisfaction normale de l'existence matérielle : jouissance de la vie.
	Exemple de personnalité plastique. Dte Rep. 10 | Gche Att. 5.
	Rep. 10. { Sensations normales : estomac, ventre, nutrition : égoïsme de sa personne.
	Exemple d'egotisme physique. Dte Rep. 10 | Gche O

MAIN GAUCHE V 10° { 5 h. 20 après midi. matin.

BESOIN PSYCHIQUE

		Correspondance d'organes
Gche Att. 10 Caractère { simple. naturel. droit, franc. ouvert.	Psychique supérieur, instinct automatique, bon naturel.	Correspondance d'organes : cou, nuque, moelle cervicale, larynx.
Habitudes. { Instincts normaux, mœurs affables, spontanés, parole franche.		
Rep. 10 { Activité spontanée, effort consciencieux, besoin de donner de soi.		
Voix, cha[illegible]		
Ex. : Dte att. 5 | Gche rep. 10 (cœur désire aimer, chanter.)		

VIBRATION 15°

MAIN DROITE { 7 h. matin. / soir.

15° DÉSIR PHYSIQUE

Peine, besoin physique pénible.

Correspondances { Nombril. Intestins. Reins. Vessie. 8e dorsale. 2e lombaire.

Actes Att. { Timides. Pénibles.

Vie { Triste, craintive. Souffrante.

Santé { Sensations douloureuses, faiblesse du ventre. Intestin constipé. Ovaire, vessie.

Rep. { Besoin de parler, bavard, gourmand, plaisir génital, coléreux, bilieux, tempérament jouisseur.

MAIN GAUCHE { 5 h. après midi. / après minuit.

DÉSIR PSYCHIQUE 15°

Att. { Désirs. Peines. Inquiétudes morales. Préoccupation. Susceptibilité. Timide, craintif.

Rep. { Naturel adroit.
— rapide.
— debrouillard.
— bavard.
Amour-propre de ne pas être trompé. Désir de réussir. Sentiments personnels. Affectueux. Suspicieux. Susceptibles.

Commissionnaire. Affaires. Journalistes, commis-voyageurs.

Naturel psychique { Désirs, instincts automatiques.

Corresp. { Cervelet. Bulbe. Occiput. Nuque. Langue. Lèvres.

VIBRATION 20°

V 20° MAIN DROITE { 7 h. 20 matin. / soir.

RÉALISATION PHYSIQUE

Correspondance { Moelle. Lombaire. Reins. Cuisses. Organes génitaux. Exercice de la marche. Amour sexuel.

Actes Att. { raisonnables de mémoire, d'étude, de travail, d'instruction, d'éducation.

Vie Att. { Amour du sol, de la famille, du sexe. Fécondité.

Vie du foyer.

Santé Rep. { du système nerveux, des muscles, vigueur génitale, vigueur des muscles (sports), énergie physique, sportive.

MAIN GAUCHE V 20° { 4 h. 40 après midi. / après minuit.

RAISON PSYCHIQUE

Idées Att. { Raisonnables. Caractère d'habitude. Studieux. Judicieux.

Caractère Att. { d'Opinions faites par la tradition d'habitude. Tenace. Energique. Effort soutenu. Mémoire.

Sentiments { Affectueux, de travail, de famille, de bonne éducation, du chez soi.

Homme de travail, d'étude.
» de réflexion, médecin.
» d'affaires, professeur.

Cérébration normale d'éducation. de Tradition, Travail, Mémoire, Instruction, éducation, études.

Corresp. { Cervelet. Œil. Ouïe.

VIBRATION 25°

V 25° MAIN DROITE { 7 h. 40 matin. soir.

NERVOSISME MÉDULLAIRE

Hystérie, mal aux nerfs; impressivité subconsciente, sensitive et sensuelle; affaiblissement nerveux, nervosisme sexuel.

Correspondance { Cteis gland. Cuisses, genoux. Pubis. 2° lombaire, vertèbre. Exaltation des réflexes rotuliens.

Actes Att. { Irréfléchis. Impulsifs. Impatients.

Tempérament Att { Sensuel. à crises. à toquades. Faiblesse. Mauvaise éducation.

Caractère { Emporté, violent, vif en paroles, nerveux, excentrique.

Rep. { Troubles nerveux. Sensualisme inférieur. Désir du plaisir sexuel. Nervosisme génital.

MAIN GAUCHE V 25° { 4 h. 20 après midi. après minuit.

NERVOSISME CÉRÉBRO-SPINAL

Idées. { Irréfléchies. Inattention. Pas d'application. Sentiments timides, renfermés, cachés, ennuyeux, systématiques, capricieux.

Att. { Sensualisme supérieur de la vue, de l'oreille (théâtre, musique, peinture), paroles futiles, banales, irréfléchies.

Rep. { Esprit chercheur.
— raisonneur.
— critique.
— entêté.
— systématique.
Pratiquant la discussion, les procès.
Pratique pour les affaires (avocats).

Mal nerveux du subconscient.

Correspondance { Cerveau sensitif et moteur. Post-rolandique. Carrefour émotif. Tonsure, occipital, tempe gauche, nez, œil, oreilles, cervelet, bulbe.

VIBRATION 30°

V 30° MAIN DROITE { 8 h. matin. / soir.

CONSCIENCE PHYSIQUE

Cérébration normale.
Raison consciente.

Correspondance
- Front antérieur droit.
- Tempe droite.
- Sacrum.
- Pieds.

Actes Rep.
- Conscients.
- Logiques.
- De jugement.
- Précision philosophique.
- Jugement sain, de décision ferme.
- Actes de bonté raisonnée.

Santé
- Physiologie du système nerveux.
- Constitution physique saine.

Att.
- Amour de la science, philosophie.
- Amitié sûre, digne, affection normale.
- Liaison saine, amour moral.

MAIN GAUCHE V 30° { 4 h. après midi. / après minuit.

CONSCIENCE PSYCHIQUE

Idées
- Justes.
- Jugement sûr.
- Pensées précises.

Esprit
- Véridique.
- Scientifique.
- Moral.
- Philosophique.

Sentiments.
- Moraux.
- Conscience.
- Amitié sûre.
- Paroles vraies, justes.

Raison
- Jugement.
- Moralité.
- Science.

Correspondance
- Cerveau, frontal supérieur et tempe gauche.
- Œil, nez.

VIBRATION 35°

V 35° MAIN DROITE { 8 h. 20 matin. / soir.

ILLUSIONISME PHYSIQUE

35° Erreur.

Auto-suggestion imaginative, maladies imaginaires par auto-suggestion.

Exagération mentale; illusion visuelle, erronement de l'esprit. Scrupules : front serré, yeux tirés, bords des paupières inférieures rougis, clou frontal, douleurs des reins, du sacrum, faiblesse des jambes, mollets cheville (att.), besoin excessif de marcher (Rep.).

Corresp.	Le sacrum. Les jambes. Les pieds.

Actes Att.	déraisonnables, illogiques, scrupuleux, remords, hallucinations, troubles du raisonnement.
Santé Att.	maladies psychiques, psychopathies, sensations auto-suggestives anormales, impressionabilité maladive, l'esprit se frappe, impressivité magnétique, charme, attrait, coquetterie, flirt.
Rep.	suggestionneur, excitation cérébrale, insomnie rebelle.

MAIN GAUCHE V 35 { 8 h. 20 après minuit. / après midi.

DÉRAISON PSYCHIQUE

Idées Att.	Esprit erroné, exagéré, raisonnement faux, imagination auto-suggestion.
Sentiments	Scrupules, cas de conscience regrets, remords, sentimentalisme.
Esprit Rep.	exalté, exagéré, entêté, enthousiaste, emballé, sophiste, acheteur, phraseur, flatteur, sans sommeil.

Déraison, Erronement

Imagin.	Illusion, auto-suggestion, insomnie, excitation cérébrale.
Corresp.	Fontanelle antérieure, clou frontal

II — ZONE ANIMIQUE DES FORCES DIAGONALES { 8 à 10 h. matin, Nord ; soir, Ouest. 2 à 4 h. après midi, Est ; après minuit, Sud.

VIBRATION 40°

V 40° MAIN DR[illegible] { 8 h. 40 matin. soir.

ORDRE PHYSIQUE

Ordre physique. physiologique. Organisation. Économie naturelle du corps, la santé fonctionnelle se rétablissent chez les malades, retour à la santé. Réussite, santé physique.

Actes Att	Volonté ordonnée, réglée, fixée, d'administration. Classification, d'organisation, hiérarchie.
Vie Att.	Succès, réussite, obéissance, enseignement, sentiments ordonnés.
Rep.	Autorité sage, commandement, respect.
Santé	Santé matérielle bien organisée, équilibrée.

MAIN GAUCHE V 40° { 5 h. 20 après midi. après minuit.

ORDRE PSYCHIQUE

Volonté	Harmonie d'ordre.
Sentiments Att.	Ordonnés d'obéissance, de convenance, de hiérarchie.
Caractère	Commandement, de précision, mathématique.
Rep.	progression morale paix interne.

Ordre. Harmonie, équilibre, méthode, enseignement, réussite, hiérarchie.

Santé \| morale.

VIBRATION 45°

V 45° MAIN DROITE { 9 h. avant midi. / avant minuit.		MAIN GAUCHE V 45° { 3 h. après midi. / après minuit.	
TROUBLE PHYSIQUE		TROUBLE PSYCHIQUE	
Maladie d'âme.	**Actes. Att.** { Troublés. Amour sympathiquement. Lien obsesseur télépathique à distance. Spiritique N.	**Esprit.** { Trouble psychique. Obsédé.	{ Dérèglement. Trouble. Désordre. Obsession. Sympathie.
Att. { Obsession. Positivité suggestive. Désordre amoureux.	**Santé.** { Troublée par des influences zoéthériques.	**Caractère. Att.** { Passif. Suggestif. Crédule. Sympathique.	
Rep. { Désordre de la volition. Audace. Orgueil. Révolte.	**Vie. Rep.** { Désordonnée. D'audace. Amour-propre. Dépassant le but. Désorganisation physique. Révolte. Indignation.	**Caractère. Rep.** { Autoritaire. Dominateur. Emporté. Révolté. Envieux.	

VIBRATION 50°

V 50° MAIN DROITE { 9 h. 20 avant midi. / avant minuit.

INITIATION DE L'AME

Actions de	Respect. Vénération. Méditation. Recueillement.	Amour. Att.	Du mystère de la science. Piété et pitié. Bienveillance.
Corresp.	5° 50° 100° Mystique, spirituelle, fluidique, cardiaque.	Santé. Att.	de l'âme. Recueillement Mediumnité. Vie intérieure du soi. Bonnes influences. Clairvoyance. Psychométrie.

MAIN GAUCHE V 50° { 2 h. 40 après midi / après minuit.

INSPIRATION DE L'AME

Idée d'	Intuition. Bon esprit. Initiation.		Inspiration. Invention. Méditation. Prière. du soi de l'homme intérieur.
Sentiments.	Religiosité. Piété. Conscience supérieure.		
Intelligence. Att.	Bonnes influences directrices. Découverte. Génie inventif. Invocation. Voyance. Psychométrie.	Rep.	Bonnes inspirations, traduites par les expressions : Bon génie, guide spirituel, ange gardien, réunion du soi et du moi.

VIBRATION 55°

V 55° MAIN DROITE { 9 h. 40 avant midi. / avant minuit.

ÉTAT D'AME PHYSIQUE

Actes. Att.	Méchants. Malveillants. Mal guidés.	Att.	Vertige d'âme. Ame obsédée. Effroi. Tristesse. Idées noires.
Santé. Att.	Angoissée. Vertiges. Spasmes du cœur. Vie de tourments, d'obsessions.		

MAIN GAUCHE V 55° { 2 h. 20 après midi. / après minuit.

ÉTAT D'ESPRIT

Esprit. Att.	Mauvais. Mal inspiré. Méchant. Hostile.	Obsession. Malveillance. Hostilité.
Rep.	De tentations. Mauvais conseils.	

VIBRATION 60°

V 60° MAIN DROITE { 10 h. matin. / soir.

ÉTAT D'AME

Activité animique { d'indépendance / de liberté. / de libération par extériorisation des fluides et du corps astral.

Amour. Att. { de l'idéal. / indépendance. / de liberté. / de l'art. / de l'esthétique.

Tempérament. Rep. { d'apôtre propageant ses idées de liberté. / Indépendance. / Bonheur. / Spiritualité. / Emancipation.

MAIN GAUCHE V 60° { 2 h. après midi. / après minuit.

ÉTAT D'AME

Pensées Att. { Indépendantes. / Artistiques. / Gaieté heureuse / Communication d'idées.

{ Libération. / Idéal spirituel. / Indépendance. / Bonheur. / Gaieté. / Apostolat. / Dissolution naturelle. / Amaigrissement corporel.

VIBRATION 65°

V 65° MAIN DROITE { 10 h. 20 matin / soir.

ÉTAT D'AME

Activité animique.

Actes. Att. { Serviles. Terreurs. Phobies.

Vie. Att. { Déprimée. Sans cœur. Sans conviction. Envoûtée. Basse.

Santé. Att. { Déprimée. Abattue par le mal, par la maladie. Phobie. Possession de l'âme envahie par le mal.

Rep. { Vie d'asservissement. Caractère oppresseur. Anarchique.

MAIN GAUCHE V 65° { 1 h. 40 après midi. / ap. minuit.

ÉTAT D'AME

Esprit. Att. { Déprimé. Subjugué. Terrassé. Aplati. Envoûté.

Rep. { Tyrannique. Oppresseur. Envoûteur. Perfide.

Asservissement. Envahissement. Dépression. Aboulie. Phobie. Délégation. Rupture fluidique.

III. — T T1 10 h. 40, 12 h., 1 h. 20 de jour et de nuit.

VIBRATION 70°

V 70° MAIN DROITE (10 h. 40 matin. soir.)				MAIN GAUCHE V 70° 1h. 20			
VOLONTÉ AGISSANTE				CONSCIENCE			
Actes de foi.	Foi affirmant. Foi guérissant Foi créant. Foi invoquant.	Sentiments.	de confiance. énergie morale. de conviction profonde.	Esprit.	Croyance. Conviction morale. Connaissance.	Foi.	Conviction. Conscience. Energie morale
		Vie.	Mentale. Conviction. Volonté arrêtée.				
		Santé.	Morale et physique maintenues fixes et saines par la foi résolue, qui veut et sait réaliser.				

VIBRATION 75°

V 75° MAIN DROITE 11 h.

ABOULIE

Actes
- d'abandon de soi-même.
- de négation.
- de lâcheté.

Att.
- Déception.
- Désappointement.

Rep.
- Découragement.
- Perte de courage.

Vie
- de scepticisme.
- de déception.
- de désappointement.

Santé
- perdue.

MAIN GAUCHE V 75° 1 h. après midi. minuit.

INTELLIGENCE

Esprit.
- Sceptique.
- Incrédule.
- Sans énergie morale.
- Tristesse.

- Doute.
- Négation.
- Scepticisme.
- Découragement.

V 80° MAIN DROITE { 11 h. 20 matin. / soir.			MAIN GAUCHE V 80° { 12 h. 40 après midi. / après minuit.		
VOLONTÉ EN ACTES			**PAIX**		
Actes.	de courage. Maîtrise de soi. Persistance. Paix.	Stoïcisme. Courage.	de persévérance de constance. paroles réconfortantes. Courageuses.	**Paix.**	Espérance. Persévérance. Courage.

VIBRATION 85°

V 85° MAIN DROITE { 11 h. 40 matin. / soir.			MAIN GAUCHE V 85°		
VOLONTÉ			**INTELLIGENCE**		
Actes	de folie. de désespoir.	Brisement moral.	Désespoir.	**Paix perdue.**	Aboulie. Brisement moral.

VIBRATION 90°

V 90° MAIN DROITE { 12 h. midi. minuit.		MAIN GAUCHE V 90° { 12 h. midi. minuit.	
ACTES		ESPRIT	
{ Abnégation. Charité.	{ Amour du prochain. Altruisme.	Esprit. { de sacrifice. de dévouement. de charité. paroles charitables.	{ Union spirituelle. Renoncement de soi-même. Abnégation. Douceur.

VIBRATION 95°

V 95° MAIN DROITE		MAIN GAUCHE V 95°	
VOLONTÉ		INTELLIGENCE	
Actes Att. { de misanthropie. d'égoïsme. de reproche. animosité. Rep. { Colère. Vengeance.	Volonté Rep. { Décidée de vengeance.	{ Reproches. Injustices. Esprit haineux.	{ Haine. Colère. Dégoût.

CHAPITRE V

SCIENCE BIOMÉTRIQUE APPLIQUÉE AU CORPS ET CERVEAU HUMAINS

CARRÉ COSMOGONIQUE

Carré orienté aux quatre points cardinaux. — Distribution dans ce carré cosmogonique des 12 flux de force éthérique suivant 12 orientations différentes correspondant aux 12 mois de l'année, aux 12 heures de jour et de nuit et aux 12 formules bimanuelles. — Révolution intérieure de la force plastique Z dans les 12 secteurs du cercle inscrit faisant des 12 orientations 12 heures vivantes pour le jour, comme 12 vitalités particulières en rapport avec chacun des 12 mois de l'année. — Les 12 heures correspondent aux forces verticales horizontales, diagonales et diabaliques qui traversent les quatre parallélogrammes de force entourant le corps humain dans les trois dimensions en hauteur, largeur et épaisseur, c'est-à-dire, dans les douze parallélogrammes à considérer de jour et de nuit. — Le cerveau mis dans le carré cosmogonique; sa faculté de cohérer les vibrations de l'éther, de les adapter à son actif par notre conscience spiritualisée, démontrée par la télégraphie, la télépathie, la psychométrie.

Dans ses rapports avec les puissances cosmogoniques de l'éther, différenciées entre elles, et différemment orientées, l'homme peut être considéré comme enfermé dans quatre parallélogrammes de forces : droit, gauche, supérieur, inférieur, si on l'envisage de face ou de dos; si on le considère de profil, soit à droite, soit à gauche, on peut l'étudier dans un parallélogramme antérieur et inférieur ou postérieur et supérieur; enfin on peut concevoir la tête et les pieds comme inscrits dans quatre parallélogrammes, à la base pour les pieds, au sommet du pylone humain pour la tête. En tout, 24 parallélogrammes dont 12 diurnes et 12 nocturnes dans lesquels évoluent les vibrations de l'éther et les fluides de la vitalité humaine, ou agissent et travaillent, chacune suivant sa puissance, son heure et son époque, les forces vives orientées du Cosmos, autour du corps humain; celui-ci se trouve ainsi enlacé dans un réseau de forces en mouvement ayant la forme soit d'un parallélipipède, d'un carré ou d'un octogone; réseau fluidique dont la forme et la longueur de la maille sont données par le mouvement même de l'aiguille, par l'arc de cercle biométrique décrit sur le cadran.

Les vibrations humaines et ces influences cosmiques peuvent se fusionner ensemble, confondre et concentrer leurs actions en des foyers qui se trouvent en rapport avec certains organes du corps humain différemment orientés qu'elles influencent; ces foyers se produisent surtout aux points où les bissectrices des parallélogrammes s'entrecroisent. *Ils forment, à certaine distance de la peau du malade, des nœuds des vortex éthériques qu'il faudra briser pour dégager notre corps fluidique des influences que ces centres zoéthériques exercent sur lui; cette influence se produit sur la peau par un symptôme qui décèle son origine extrinsèque, l'anesthésie cutanée à l'électricité faradique et le refroidissement.*

Ainsi troubles nerveux profonds viscéraux dans les nerfs de nos organismes; anesthésie électro-cutanée superficielle froide correspondante; foyer éthérique d'influence, situé à distance de la zone cutanée, agissant périodiquement suivant une révolution horaire quotidienne ou mensuelle, sont les trois termes physique, physiologique et éthérique, la trilogie morbide de certaines névroses froides; elles peuvent cesser momentanément par le retour de la caloricité et de la sensibilité cutanées, mais qui ne disparaissent tout à fait qu'avec la destruction du vortex, du nœud et de l'influence pathogène invisible, agissant dans l'atmosphère du névrosé; la thérapeutique doit donc s'exercer : 1° par la décondensation faradique pratiquée sur la peau, 2° à distance sur le foyer pathogène, principalement par le dégagement, le soutirage et l'écoulement des fluides par les pointes; 3° enfin par l'action de la lumière colorée; le bleu détruit la sensibilité, l'hyperesthésie; le rouge l'excite; le jaune régularise. — Les formules biométriques par leur sens général spécifient quels sont les paral-

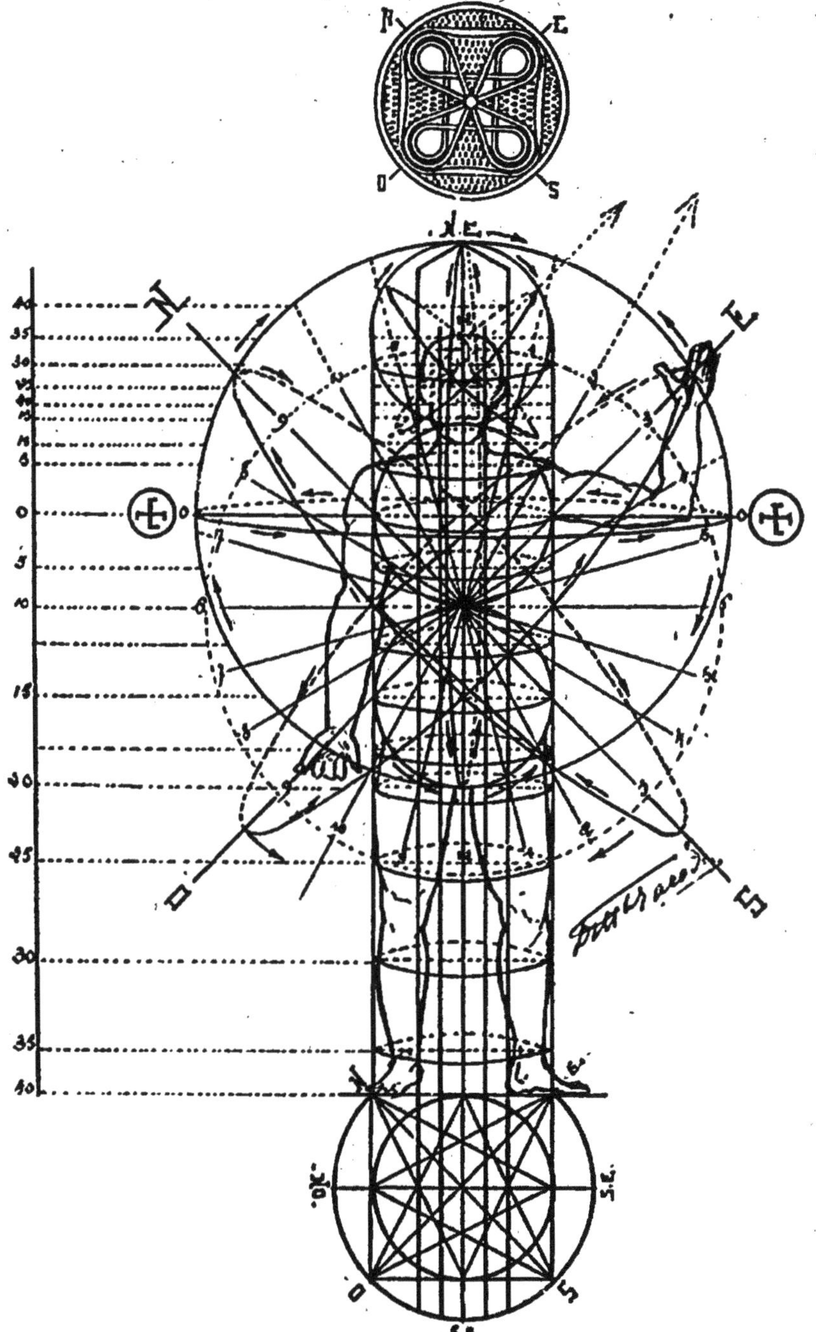

Fig. 7 montrant :

1° Le cercle des vibrations zoéthériques en trait plein des 360°. — 2° Les forces verticales montant en hauteur, et sur plan; avec les niveaux horizontaux formant les différentes assises de la masse du pylone humain. — 3° Les trois sphères intérieures incluses dans le corps humain. — 4° Les cercles extérieurs au corps avec leurs direction : les forces diagonales. — 5° Le cercle des heures, en pointillé. — 6° La boule azurée de spiritualité avec ses mouvements intérieurs.

lélogrammes de force traversés par *le flux de vie*, quels sont les foyers en action et les influences que ces puissances cosmogoniques radient dans le composé humain suivant leurs orientations, leur horaire, et la topographie qu'elles affectent relativement à notre corps, d'après les heures diurnes ou nocturnes où s'exercent ces influences.

Toute heure ETHÉRIQUE effectue son travail ; *elle est vivante;* elle travaille sur nous dans l'éther, comme nous travaillons avec elle ou contre elle, c'est-à-dire dans l'ordre ou avec le désordre.

En dehors des 24 heures de travail où la force plastique *interne* fait son œuvre et sa révolution, il y a des temps de passage aux heures et demies, aux changements d'aspect du jour ; toutes les trois heures, correspondant sur une montre aux branches diagonales de la croix de Saint-André de jour ou de nuit, ont lieu les heures de passage, durant lesquelles traversent, chez certaines personnes névrosées, épileptiques, médiums, télépathiques, des forces étrangères à l'ensemble de leur vortex éthérique personnel, appartenant à d'autres individualités influençantes, ou à un centre d'action plus ou moins éloigné. Ces forces diabaliques passent au travers des systèmes organiques d'une faible individualité à telle ou telle heure, et la rattachent à une autre individualité, un autre vortex, une autre puissance *l'involtant* ou *l'envoutant*, *l'encerclant* d'un vortex éthéré : elles effectuent leur trajet cyclique et périodique comme une comète venant traverser, à date fixe, une constellation étrangère.

Par une hypothèse scientifique dont l'expérience a démontré l'exactitude, l'homme fluidique dans ses rapports avec le cosmos pourrait être représenté par un œuf inscrit dans un cube ; la coupe faite à la région cardio-mammaire bimanuelle (plan biométrique) mettrait le cœur au centre d'un cercle horizontal, et au foyer supérieur de l'ovoïde elliptique inscrit dans un cube de forces orientées, que j'appelle cube cosmogonique. Le carré cosmogonique est la coupe horizontale de ce cube reportée sur plan horizontal faite à la région cardiomammaire bimanuelle et permettant d'étudier les rapports de notre centre de vitalité sensible, le CŒUR, par ses vibrations, avec les flux de forces extra-humaines, les mouvements de *l'éther vivant, du zoéther* qui nous entoure d'ondes hertziennes ; la formule étudie les poussées *rectrices* des forces de notre vitalité intérieure qui nous animent et président au phénomène existence-vie dans le *composé combiné, polarisé, unifié : l'homme.* Il est ainsi entouré de forces et de lois cosmogoniques ayant chacune un attribut spécial. Il est, plus particulièrement rattaché à l'influence propre d'une orientation, différenciée des autres manifestations de la vie universelle situées à d'autres orients, qui constitue et entretient son tempérament personnel.

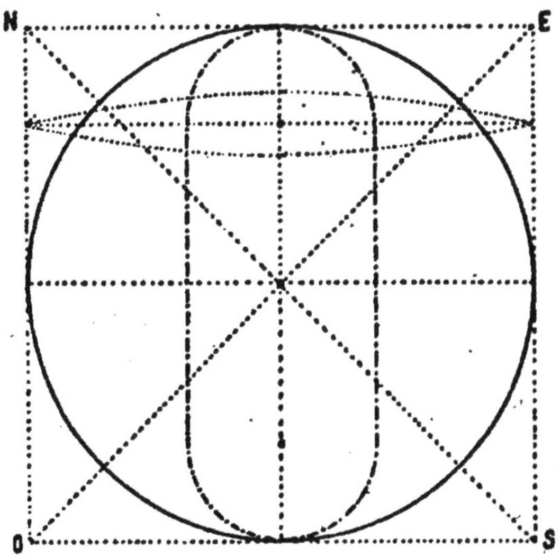

Fig. 8. — Sphère inscrite dans le cube cosmogonique œuf fluidique dans la sphère.

L'épigastre occupe le centre du carré, en constitue le point neutre, le carrefour de toutes les forces qui s'y équilibrent à six heures du matin.

Le cœur est le foyer supérieur vivant de l'homme ; l'ombilic est le foyer éteint de la vie fœtale ; le premier au-dessus et le second au-dessous de l'épigastre, dans l'œuf fluidique humain inscrit dans le cube cosmogonique.

Il faut noter que le cercle de 360° qui constitue notre plan cardio-axillaire biométrique, coupe l'ellipse à son foyer supérieur, et forme avec l'œuf une croix verticale composée d'un cercle et d'une ellipse perpendiculaires l'un à l'autre, dans le carré cosmogonique, dont le centre est également le centre de l'ellipse et le point de jonction des croix verticale et diagonale inscrites dans ce carré.

Carré cosmogonique. — Le carré cosmogonique est la coupe reportée sur plan horizontal, d'un cube orienté dans le temps et dans l'espace, contenant l'œuf aurique ou fluidique qui enveloppe l'homme, les mains avancées; ce plan passe par *la pointe* du cœur humain, *l'épigastre central* et le médius des deux mains, c'est-à-dire notre ligne biométrique correspondant comme extrémités manuelles, au double zéro sur le cadran des 360 degrés (fig. 4).

Le carré cosmogonique présenté ici est vu de face en hauteur, de droite à gauche; le nord correspond à l'épaule droite de l'homme vu de front.

Ce carré nous donne le rapport existant entre les influences, les mouvements extérieurs de l'éther dans le temps et l'espace avec le cœur épigastrique animé par ses mouvements et ses influences orientés. On obtiendra ainsi le dispositif de forces rectrices verticales, horizontales de la vitalité humaine formant entre elles la croix verticale, comme les forces diagonales forment entre elles la croix de Saint-André; partant des quatre points cardinaux, les bissectrices des quatre parallélogrammes dessinent huit figures d'association de force qui constituent dans des directions orientées, antagoniques et complémentaires les huit aspects de vie, vus sur cette coupe, mais que l'on doit considérer également en hauteur, de bas en haut, en largeur, de droite à gauche, et en épaisseur d'avant en arrière.

Le double cercle du cadran des 360 degrés donnant par projection la coupe du vortex éthérique de 5 en 5 degrés, de 20 en 20 minutes forme autour de l'homme en avant un demi-cercle antérieur de droite à gauche, en arrière, postérieur de gauche à droite; le cercle entier comprend 12 secteurs exprimés par les 12 heures qui correspondent aux 12 formules bimanuelles suivant leur situation respective dans l'espace, c'est-à-dire, leur orientation suivant leur époque, dates de l'année mensuelle, heures du jour, mouvement vital de 20 en 20 minutes : 60 pulsations à la minute : la seconde étant la pulsation du monde comme celle du cœur humain *réglé*.

3° Le vortex éthérique tournant en avant de droite à gauche, en arrière de gauche à droite.

On voit que la pulsation de ce mouvement sinusoïdal, alternativement contractif, expansif, et rotatif du vortex se décrivant autour de l'homme, est indiquée par le nombre de degrés droits et gauches donnés par la formule biométrique, qui exprime toute la synthèse du mouvement vital orienté dans le temps, l'espace, en hauteur, largeur, épaisseur, dans la totalité de l'individualité humaine. On pourrait écrire en deux mots indivise, dualité, le dualisme humain, physique, droit actif, et psychique gauche passif, formant l'unité humaine.

La figure est considérée en position homonome, elle est vue de face en largeur, le nord à l'épaule droite, l'est à l'épaule gauche.

La même position vue de dos, nord à l'épaule gauche, est à l'épaule droite, est la position d'induction éthéronome, c'est l'orientation face au nord-est des églises chrétiennes; dans la prise des formules des malades, la position est nord, c'est-à-dire leur face regarde le nord.

Classification des correspondances entre les formules biométriques et les parallélogrammes des forces dans le « carré cosmogonique ».

Le carré cosmogonique comprend :

1° 4 *parallélogrammes de forces formés par les branches de la croix verticale.*

a) Le parallélogramme droit vertical ascendant correspond à la formule : Att : D^{te} | rep. G^{che}.

b) Le parallélogramme supérieur correspond à la formule : rep. | rep.

c) Le parallélogramme gauche vertical rep. D^{te} | att G^{che}.

d) Le parallélogramme inférieur correspond à la formule : Att : Dte.| Att : Gche.

2° 4 *parallélogrammes obliques formés par la croix diagonale.*

Le parallélogramme oblique droit inférieur correspond à la formule Att : Dte + | Att : Gche —.

Le parallélogramme oblique droit supérieur correspond à la formule : Att. Dte | Rep. Gche +.

Le parallélogramme oblique gauche descendant, correspond à la formule — Att : Gche | Rep. + Dte.

Le parallélogramme oblique gauche inférieur correspond à la formule Dte Att : + Gche | Rep : — Dte.

3° *Quatre carrés cardinaux orientés.*

à l'Ouest correspondant à la formule		Dte Att. | O.
au Sud	id.	O. | Att.
au Nord	id.	Rep. | O.
à l'Est	id.	O. | Rep.

On constate, en effet, que ce carré est pénétré par les 8 flux de forces orientées aux 8 points cardinaux N., S., O., E. N.-E., S.-O., N.-O., S.-E.

Ce carré présente ainsi 8 angles formés par les 4 branches respectives de la *croix verticale* et de la *croix diagonale*, dont chacun correspond à un des aspects de vie (*une des huit vies d'Aristote*) possédant chacune une orientation une force et une influence différentes.

Au point de vue biométrique, la main droite enregistrerait les vibrations des parallélogrammes droit inférieur et antérieur, dans les trois directions, c'est-à-dire la moitié du cube droit antérieur et inférieur; la main gauche enregistrerait les vibrations des parallélogrammes gauche postérieur et supérieur; ces vibrations peuvent se chiffrer et se marquer sur la moitié droite du cadran pour les vibrations de la main droite, et sur la moitié gauche pour les vibrations de la main gauche.

Le cadran peut être considéré horizontalement, verticalement, de face ou dans le sens antéro-postérieur. Dans tous les cas le cœur humain reste le *centre de ces différents cadrans*, sur lesquels on reporte le nombre de degrés donnés par la main droite et par la main gauche soit dans le sens vertical, horizontal et latéral ; on peut ainsi établir les lignes de longitudes et de latitudes que suivent les flux de forces dont

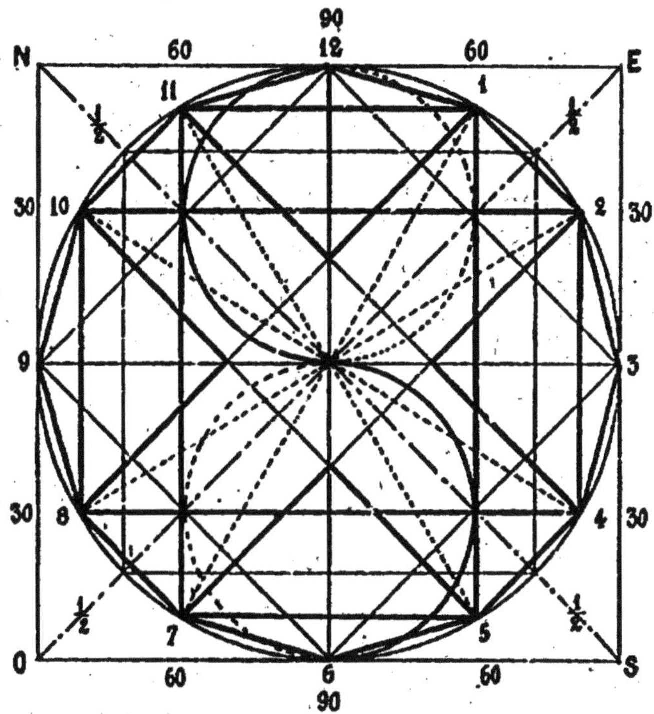

Fig. 9. — Figure schématique du carré cosmogonique contenant les concordances des 12 heures de jour : avec les nombres de degrés correspondants sur le cadran d'une montre pour lire d'un coup d'œil les aspects du jour.

avec les orientations	60	90	60 au zénith
et les forces verticales	60	90	60 au nadir
les forces horizontales	30	30	au N.-O. et S.-E.
complétant la croix verticale	30	30	
et des forces diagonales	30	60	au nord
faisant entre elles la			— sud
croix de saint André			— ouest
			— est
des puissances cardi-	45	45	N. O. E. S.
nalices sortant du cercle	45	45	

par rapport au cœur central humain, et à la force horaire *plastique* Z en huit dans son double trajet inverse antagonique et complémentaire de jour solaire, de nuit lunaire : E.-O., *flux solaire* : N.-S., *flux lunaire*.

l'orientation et la polarisation sont déterminées dans le carré cosmogonique orienté.

On voit alors qu'un nombre de degrés obtenus par la main droite ou gauche, peut être reporté sur les moitiés *droite et gauche* du cadran horizontal, latéral, antéro-postérieur d'une montre; on détermine de suite son point d'orientation, montrant l'angle où l'influx de cette force orientée agit soit en hauteur, largeur, épaisseur; d'autre part, si l'on a soin de repérer et de reporter les arcs de cercle biométriques sur le cadran latéral, le cadran horizontal et le cadran vertical antéro-postérieur droits et gauches autour de la masse entière du corps humain, on établira les points orientés d'influences cosmogoniques que l'on envisagera alternativement à droite et à gauche; on aura ainsi la zone de polarisation où travaille le flux de vie c.-à-d. le *moment vital* relativement à l'heure et à l'orientation, bien distinctement établi pour l'homme droit inférieur et antérieur, et pour l'homme gauche supérieur et postérieur.

Voyons ce que renferme ce carré cosmogonique.

En hauteur, vu de face :

1° *L'axe vertical*, humain, cérébro-plantaire.

2° *L'équateur humain* horizontal, latéral, manu cardio-mammaire principalement considéré en biométrie, comme les deux branches recourbées d'une croix, que l'on peut comparer à un aimant.

3° *Les lignes de longitude.*

Verticales { antérieures des génitaux aux narines;
postérieures de la nuque au sacrum.

4° *Les lignes de latitude :*

Horizontales { antérieure de droite à gauche
postérieure de gauche à droite

5° *Les lignes d'inclinaison diagonales.*

Antérieures { de la hanche gauche S.
à *l'épaule droite*, N.
de la hanche droite, O.
à l'épaule gauche, E.

Postérieures { de l'épaule droite, N.
à la hanche gauche, S.
de l'épaule gauche, E.
à la hanche droite, O. (fig. 7, page 104).

6° *La rotation de la force diagonale,* E.-O. (cours solaire) va de l'est à l'ouest et par rapport au corps humain, passe en arrière de l'épaule gauche E., à la hanche droite O.; la rotation O.-E., dans le sens de la terre, rencontre en avant l'épigastre et passe de la hanche droite O. à l'épaule gauche E. : *c'est la ligne des boucles et du bâton à 7 nœuds.*

7° *La rotation de la force diagonale* S. N. (cours lunaire) va de l'épaule droite N, en arrière, à la hanche gauche S. et remonte en avant de la hanche gauche S. à l'épaule droite N. : *c'est la ligne de séparation des forces droite* OUEST, *gauche* EST *du Serpent magique.*

8° *La révolution cyclique* en 8, de *la force vitale plastique,* parcourant les 8 aspects de la vie en 24 heures, *se boucle sur un point organique bien défini comme* heure, orient et *nombre de degrés multiples pairs* de 5°; c'est par certains points multiples impairs de 5°, que les forces pathogènes de l'homme s'échappent, se désindividualisent, et que les forces Z diabaliques étrangères et errantes, ou venues d'autres milieux, envahissent le composé combiné humain, passent à travers ses systèmes orientés, en coupent l'harmonie et le névrosent par un frisson, une vibration angoissant et tremulant tout son être.

8° *Le cercle du cadran des 360° inscrit dans le carré orienté.*

Un nombre de degrés droit ou gauche exprime la synthèse des forces qui existent dans tel angle ou carré, leur heure, leur orientation, leur polarisation, leur degré d'énergie vitale, leur résistance dans le temps et l'espace.

L'arc de cercle orienté, son nombre biométrique est bien l'expression vibrante du corps fluidique de l'homme « la vibration de l'âme humaine, suivant Pythagore ».

LE VOILE ÉTHÉRÉ

J'ai recherché quelles pouvaient être les preuves de la connaissance de l'atmosphère fluidique de l'homme, dans l'antiquité.

Sous le nom de voile d'Isis, Manteau de Tanith, Robe de Perséphone, Toile d'Araignée, Voile d'Argent, la connaissance en était manifeste dans la mythologie et les centres initiatiques.

Les travaux de mon ami, Emile Soldi, sur la Langue sacrée, les études de M. Deshayes sur les attitudes, les plis et les couleurs des vêtements se sont complétés par les recherches que j'ai faites au musée Guimet, en appliquant aux statues de l'Inde ma double méthode du cadran des 360 degrés et du carré cosmogonique; on inscrit par exemple une divinité dans un cercle de 360°, comme l'est la statue de Schiva; on voit à quel nombre de degrés, une des nombreuses mains correspond sur le cercle; et la signification de la position est exprimée par les objets qu'elles tiennent dans une orientation précise. Enfin, par la méthode du carré cosmogonique orienté appliquée à ces statues, on se rend compte de la connaissance orientée des forces de la nature, cachées sous ces attitudes si contournées, qui expriment en même temps l'aspect et les attributs de la force cosmogonique qu'elles représentent; on peut ainsi remarquer que les plis des vêtements correspondent au vortex ascendant de la jambe droite et descendant de la jambe gauche, etc... De même la position orientée des pieds dans le carré cosmogonique est une leçon d'adaptation des forces de la nature transmise par une danse sacrée. Je ne prends pour exemple que cette image d'un brahme en vision astrale, et en position de purification: son attitude penchée, le pouce et l'index tirant sur le lobule de l'oreille pour assurer l'audition intérieure; ses yeux voient de haut et loin, son sourire fin et muet indique sa satisfaction; il regarde au sud-ouest l'adaptation et l'harmonie universelle qui le ravissent; la poitrine est nue, le souffle retenu; arrêtée aux reins par un triple tour, la robe éthérique, le voile du membre inférieur droit est replié de telle sorte qu'il ne touche pas la terre; sa jambe est relevée, et le pied droit en l'air se trouve loin du sol terrestre, dans l'angle de la transformation; tandis que le pied gauche dans l'angle de la dissolution s'appuie sur une fleur de lotus émergeant de l'onde liquide.

En traçant une ligne partant des doigts ouvrant l'oreille, à la jonction du coude et de la face interne du genou droit, point de pénétration des forces Z passionnelles, et en continuant le tracé horizontalement du genou au gros orteil droit par une ligne horizontale de droite à gauche, et verticalement ensuite de la réunion de la main gauche du genou gauche et du cou-de-pied droit, au pied gauche sur le lotus sortant de l'eau, on a la figure suivante :

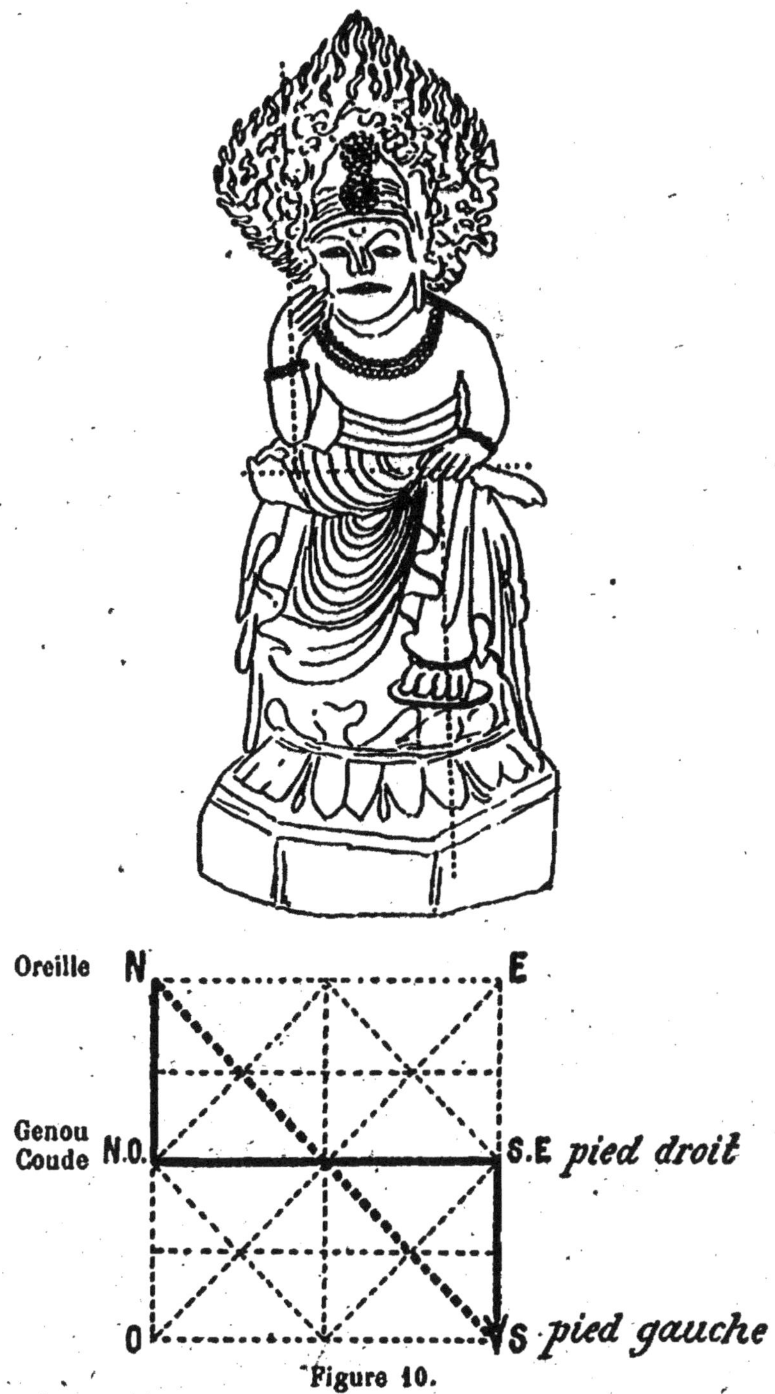

Figure 10.

Le cou-de-pied droit actif, le genou gauche sensible sont en contact, avec la paume de la main gauche ; ils forment un carrefour de forces expansives qui s'extériorisent horizontalement par les orteils droits mis dans l'angle orienté de la transformation S.-E. ; tandis que descendent les forces gauches de la conception et de la sentimentalité directement par le pied gauche qui élimine ses fluides dans le cœur d'une fleur de lotus émergeant de l'eau, venant faire sa fleuraison au dessus de l'onde liquide, dans le rectangle inférieur gauche de la dissolution : on voit que dans cette orientation sud le voile éthérique baigne la surface de l'eau suivant une perpendiculaire par laquelle les fluides intestinaux se dissolvent ; tandis que la mentalité supérieure flamboie de spiritualité, de conscience de l'au-delà, et qu'apparaissent au purifié des visions provoquant l'extase, la béatitude. Dans l'octogone orienté de la grande Vie, le Brahme a sa petite vie tournée vers le sud-ouest, l'*amour universel* adaptant tous les antagonismes des forces complémentaires dans une union parfaite qui ravit le visionnaire.

Comme comparaison démonstrative de ma méthode du carré cosmogonique, après avoir inscrit la statue de la vision astrale, j'inscris la statue de la Charité, si gracieusement faite à l'âme en besoin de spiritualisation et en recherche d'évolution.

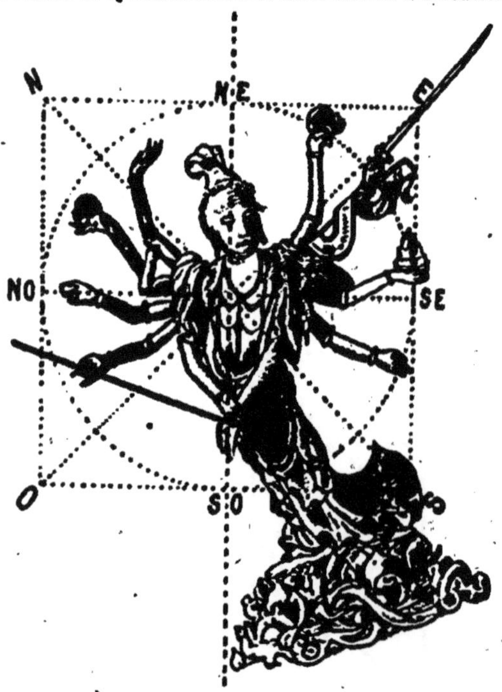

Figure 11.

La Charité est représentée avec ses attributs orientés et situés sur le cadran; l'ensemble donne son attitude générale : ce qu'elle fait et ce qu'elle évite.

Sa main gauche (att. 40) attire et appuie sur son cœur la hampe d'un étendard enroulé sur l'oriflamme duquel sont inscrits les besoins et les chutes des âmes; elle leur présente (Rep. 10) la méditation, la prière sous forme d'un temple pour leurs bons instincts. Elle leur indique ensuite la transformation.

Quant à elle : partant de la *transmutation* dont le souffle gonfle la robe et la pousse à la dissolution, elle marche dans la voie du *sentiment pur* au-dessus de l'éther et sur la fleur du lotus; elle réunit les antagonismes et joint les mains opposées dans une attitude de détente pacifique. Elle évite et se gare dans sa marche de (S O) l'amour sexuel la vie génitale, et (O) de la vie du philosophe, sèche et occulte, ainsi que de la personnalité physique ; elle travaille en N O calmement, paisiblement, fait son œuvre, pratique la Charité en présentant la boule spirituelle du bout des doigts; elle donne après avoir ouvert la main droite et bénit ensuite avec les forces du Nord, la main haute levée, 60° le malheureux dont elle écoute attentivement la plainte : ses facultés supérieures sont orientées vers la foi, le courage; tandis que sa volonté en N E communique avec la volonté du Créateur 90°.

Sa main gauche sort du cercle du Vortex à 60° 2 heures et projette la *libération spirituelle* pour l'âme déchue.

L'épée indique la direction à suivre, la marche à l'Est de l'évolution et la ligne de séparation comme le trait partant du genou gauche indique la barre qu'il ne lui faut pas passer.

Au Trocadéro, la table cubique de Copan, les fresques de Palanqué, le temple de la Croix, le pylone et le serpent humain emplumé montrent la science de l'éther des Toltèques et des Aztèques (Marquis de Loubat et Peabody).

Ces données ne sont pas de simples hypothèses, la nature se charge de les réaliser dans le passage de l'eau à l'état solide dans la formation de la glace. L'observateur peut en suivre le processus et dessiner les formes des cristaux qui affectent des carrés, des croix verticales, diagonales, de saint André, des formes allongées, horizontales; c'est la vie des cristaux prise en elle-même, avec son mode de production, sous l'influence des forces qui déterminent leurs formes.

En hiver, sur les vitraux des serres, près des plantes, sur la face extérieure des carreaux, la congélation dessine extérieurement des réseaux analogues à ceux que nous donne la même force éthérique agissant sur les plaques sensibles.

Voici quelques considérations sur les formes des cristaux de glace (*La Nature*).

« Les flocons blancs recueillis sur du drap noir et examinés au microscope montrent de prestigieuses étoiles à six rayons se coupant sous des angles de 60 degrés, avec des dispositions très variées. Scorosby, dans les mers polaires, en a défini 96 variétés.

« Par une curieuse antithèse, l'encre, notre noire matière première, cristallise comme l'eau et donne des fleurs d'encre analogues aux fleurs de neige qui sont, pour nos savants, un si curieux problème. Le docteur E. Trouessart leur a consacré une très attachante étude. Voici comment on les obtient :

« On prend une lame de verre et l'on y dépose une goutte d'encre que l'on étale aussi régulièrement que possible ; on laisse sécher, puis on examine au microscope avec un grossissement de cent à deux cents diamètres. On voit bientôt se

Fig. 12.

former des fleurs, figures régulières, géométriques, délicates, dont les cristaux, d'un blanc parfait, se détachent élégamment sur le fond noir ou violacé du liquide séché. Les croix, les fleurs, les calvaires, se produisent avec une étonnante variété dont notre dessin donnera une idée. »

Les arcs-de-cercle du vortex zoéthérique, extérieurs à nos mains, et décrits par les aiguilles aux extrémités de la ligne cardio-bimanuelle, délimitent et définissent les huit potentialités diurnes et les huit potentialités nocturnes, que peut présenter la vitalité humaine, grâce aux huit influx de forces cosmiques de jour et de nuit, dans les huit angles formés par les branches respectives de la croix verticale et de la croix diagonale, inscrits à huit orientations différentes, dans le carré que nous avons appelé *cosmogonique*, contenant lui-même un cercle cadran de 360°.

Les nombres de degrés 30° 40° etc., du cadran correspondant *extérieurement* à droite et à gauche à telle ou telle heure du jour et de la nuit, à telle ou telle orientation différente, à une force influençant tel ou tel de nos organes; intérieurement ces nombres spécifient les lignes rectrices de notre propre vitalité, verticales, horizontales et diagonales, suivant le nombre de degrés obtenus à droite ou à gauche, de jour et de nuit; ces flux de polarisation atomique intérieure vivifient ceux de nos organes qui se trouvent ainsi influencés par la force de cette orientation spéciale.

Les chiffres droits et gauches spécifient de plus les *heures où se boucle* la force plastique, le nœud fluidique sur cet organe orienté, ainsi que les *moments de passage* où s'individualisent en nous les forces cosmogoniques de cet orient.

Le nombre de degrés orienté droit ou gauche, diurne ou nocturne, synthétise toutes les données, relatives aux échanges entre la vie cosmogonique et la *vitalité cosmo-humanifiée*, suivant l'heure de la journée, la révolution des saisons et l'orientation de la force cosmogonique influençant et s'individualisant en nous.

Le nombre de degrés droits et gauches marqué par les aiguilles doit être reporté et tracé en *sens inverse* sur un cercle de 360° dont le diamètre horizontal passe par la ligne cardio-axillaire; on part comme point de départ des extrémités des branches horizontales droite et gauche de la croix verticale figurées par les mains droite et gauche de l'homme biométré, qu'on peut supposer appuyé sur cette croix :

On mettra ainsi en sens inverse, à des hauteurs différentes correspondant aux nombres de degrés obtenus à droite et à gauche, les mains droite et gauche qui se trouveront alors ma-

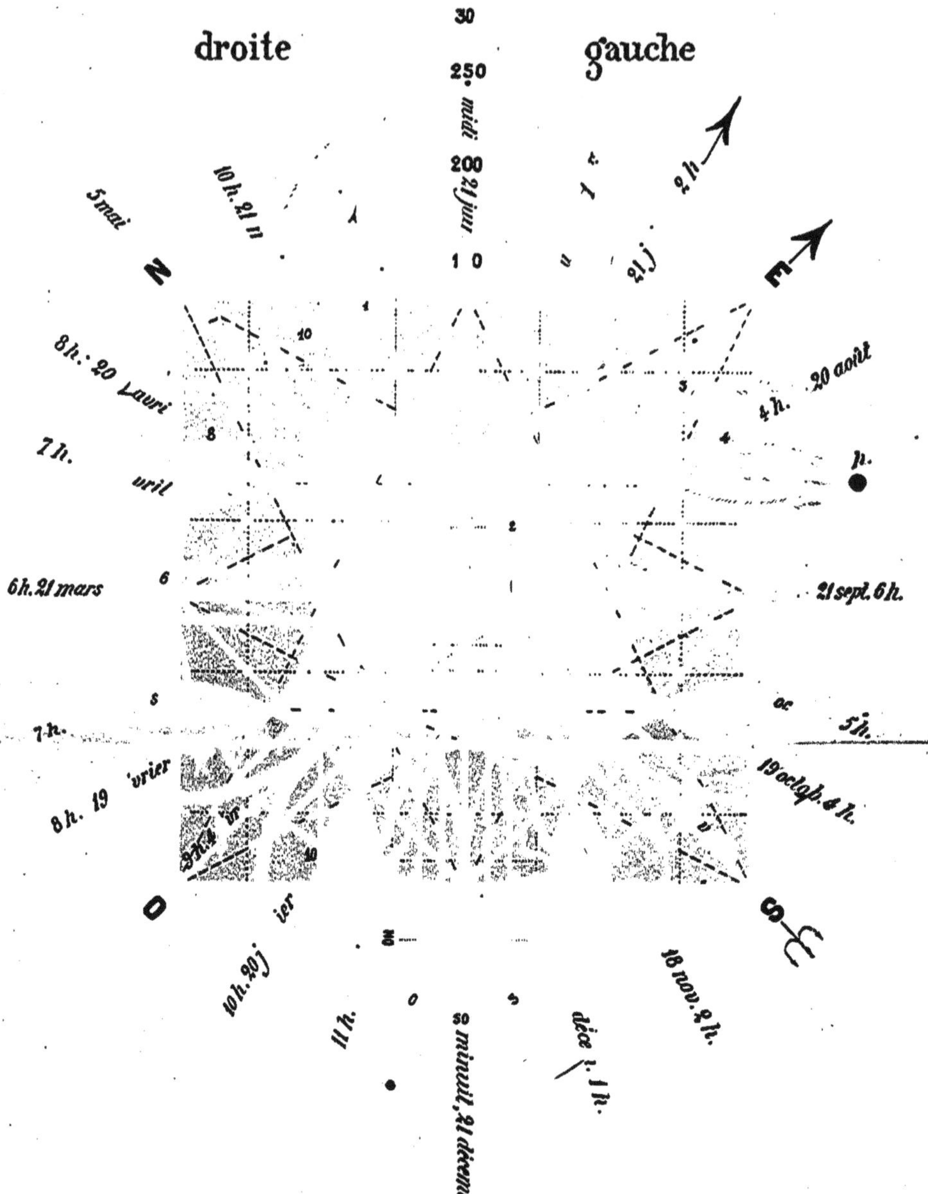

Fig. 13. — Carré cosmogonique S O N E. d'après la Révolution zoéthérique des temps NOUVEAUX dits CHRISTIQUES. Les temps ANCIENS tournaient O N E S.; l'homme est orienté de face regardant S O, il suffit de le retourner dans le cadre pour qu'il soit vu de dos regardant NE ou le mettre de profil à droite et à gauche regardant NO ou SE.

1° L'homme dans le carré cosmogonique est divisé par la croix verticale en quatre hommes secondaires : droit, gauche, supérieur, inférieur. — 2° Chaque épaule correspond au foyer d'un carré, NORD à droite, EST à gauche. La réunion des deux carrés donne le parallélogramme de l'homme supérieur dont le foyer se trouve à la tête au sommet du chignon des orientaux. — 3° Chaque hanche correspond au foyer du carré OUEST à droite, SUD à gauche. La réunion des 2 carrés forme le parallélogramme de l'homme inférieur, dont le foyer est entre les jambes aux genoux. — 4° Le coude droit et le foie correspondent au foyer NORD-OUEST du parallélogramme de l'homme droit, fait de la réunion des carrés NORD et OUEST de l'épaule et de la hanche droites. — 5° Le coude gauche et la rate correspondent au foyer SUD-EST du parallélogramme de l'homme gauche, fait de la réunion des carrés EST et SUD de l'épaule et de la hanche gauches. — 6° Les 4 foyers E S O N limitent dans un carré central l'homme, les jambes excepté ; c'est le tableau de l'homme traversé par les forces orientées comme temps, heures, dates : *Verticales* psychiques, *horizontales* physiques, *diagonales* animiques, formant les 8 voies de pénétration des fluides de l'Univers. — 7° Les forces diaboliques qui traversent ces parallélogrammes en partant des cornes de la figure octogonale à 8 côtés concaves faisant *le tapis des forces diaboliques*. — 8° Enfin le cadre du tableau comprenant 12 carrés *périphériques* contenant les forces éthériques, le mouvement de leur rotation, orientée suivant les 8 points cardinaux. — 9° La voie issue de ce monde le 21 juillet : en résumé, il faut considérer 4 carrés NORD de l'action volontaire, EST de la conscience éclairée, OUEST de la philosophie occulte, SUD de la métamorphose de la vie, sur le tapis des forces Z, sur la toison d'or de l'Ether.

thématiquement orientées sur le cadran des 360° enfermé lui-même dans le carré N. S. O. E., et qui donneront une attitude.

Les mains ainsi disposées se trouvent aux points de pénétration des flux de force, dans tel ou tel des 8 carrés dont 4 appartiennent à la croix verticale et dont 4 appartiennent à la croix diagonale.

On voit de suite si la puissance observée appartient aux carrés et orientations de la croix verticale N.-E., S.-O., N.-O. S.-E. ou aux forces et orientations de la croix diagonale : N. S. flux lunaire ; O. E. flux solaire.

On observe les vortex droit et gauche qui entourent l'homme, et influencent son attitude corporelle comme son geste par les nœuds qu'ils forment aux foyers éthériques de ces carrés.

Le trait de vie passe par les mains ainsi disposées; il est souvent représenté dans des statuettes anciennes par une flèche mise sur un arc bandé dans tel ou tel sens; la barbelure est au cœur, la pointe indiquant l'orientation est un arc de cercle révélateur.

Le tracé de polarisation qui nous parcourt sera donc obtenu par une ligne réunissant la main droite à la main gauche, placées sur un cadran entourant l'homme, et en contact avec les cycles éthérés : les arcs de cercle droit et gauche formeront le schéma droit et gauche de l'atmosphère vibratoire qui gravite autour de nous, nous anime; il est l'expression extérieure du jeu des forces qui travaillent en nous-mêmes, et qui nous impriment notre attitude, manifestation de notre tempérament.

Les courbes de ce vortex s'individualisent et se désindividualisent *à des niveaux différents du corps*, à droite et à gauche de l'arbre de la croix verticale, figurée par l'axe humain passant par la tête et les pieds, qui nous sert de pivot vertical autour duquel nous tournons de droite à gauche ou de gauche à droite.

Cet *axe vertical*, sépare l'homme droit de l'homme gauche, tandis que la ligne *cardio-axillaire bimanuelle* le sépare en homme supérieur et en homme inférieur par les branches

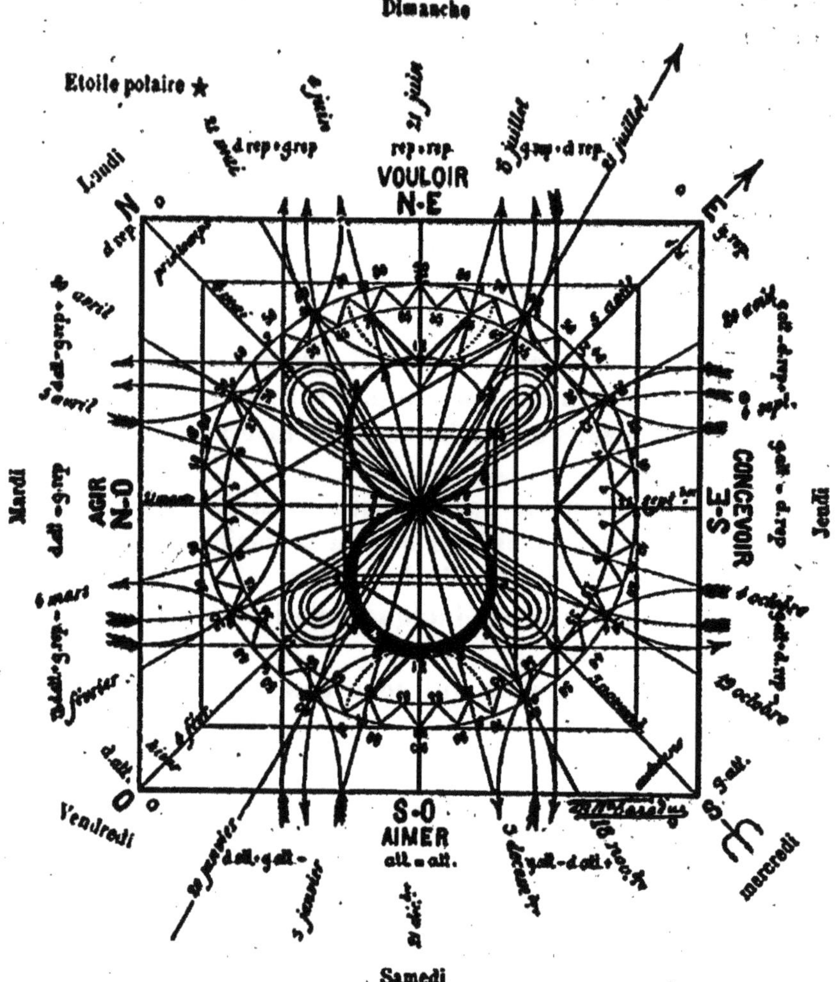

Fig. 14. — Synthèse précise du carré cosmogonique donnant :

1° Le cadre périphérique des vibrations de l'Ether, leurs directions aux différentes orientations et époques ;

2° Le double cercle : *supérieur* des nombres multiples pairs, vibrations bonnes, et *inférieur* des nombres multiples impairs, vibrations mauvaises ;

3° La forme carrée du corps fluidique astral avec les 4 boucles S.-O. N.-E. des forces diagonales ;

4° La croix de Malte représentant les forces verticales et horizontales DIVINES.

5° Le 8 ouvert à l'est de la force plastique dans les 24 h. et les 12 mois.

6° La topographie des formules par rapport aux différentes orientations de l'espace, époques de l'année, heures du jour.

7° Le corps fluidique de l'homme peut être orienté dans une de ces huit orientations ; ses vibrations animales, animiques et mentales sont alors influencées par les vibrations élémentaires, élémentales et mentales de cet orient.

horizontales de la croix, correspondant au cœur comme centre et comme extrémités aux mains droite et gauche qui marquent le zéro, à droite et à gauche, double point de départ utilisé pour la démarcation des arcs de cercle sur le cadran.

Cette croix verticale est formée par la juxtaposition de 4 parallélogrammes dans chaque plan : plan latéral droit et gauche, plan vertical supérieur, inférieur, plan horizontal antérieur, postérieur, avec leurs foyers de forces, situés à l'intersection des bissectrices de chacun des parallélogrammes, que nous allons examiner séparément.

Les parallélogrammes cosmogoniques latéraux droit et gauche contiennent l'homme droit et l'homme gauche en hauteur, largeur, épaisseur.

Les parallélogrammes cosmogoniques *verticaux* contiennent le supérieur : l'homme supérieur au-dessus de la ligne cardio-axillaire ; l'inférieur : l'homme inférieur au-dessous de cette ligne.

Les vibrations de l'homme droit se trouvent également dans les parallélogrammes *droit*, *antérieur* et *inférieur ;* celles de l'homme gauche dans les parallélogrammes *gauche*, *postérieur* et *supérieur*, si bien que les vibrations de la main droite correspondent à l'homme droit, inférieur et antérieur et aux foyers de forces qui se trouvent dans ces parallélogrammes et dans leurs carrés droit, inférieur, antérieur ; les vibrations gauches correspondent à l'homme gauche postérieur et supérieur qui est influencé par les foyers des parallélogrammes et des carrés de même orient.

Les quatre parallélogrammes DIRECTS sont donnés par les branches de la croix verticale. N.-E., S.-O., S.-E., N.-O., ils correspondent aux formules :

Parallélogrammes :

N.-E. rep | rep. de la conscience en expansion psychique du vouloir, savoir, pouvoir.

S.-O. d att | g att. de l'amour en attraction et en fusion sexuelle.

S.-E. d rep | g att. de la vitalité en transformation involutive.

N.-O. d att | g rep. de la vitalité en évolution active.

C'est la croix de vie, signature chrétienne, l'*arbre de Vie.*

1° PARALLÉLOGRAMME LATÉRAL DROIT DES FORCES COSMOGONIQUES, ATTRACTIVES, comprenant et influençant l'homme droit depuis les organes génitaux sud-ouest minuit, la jambe et la main droites, jusqu'à la fontanelle supérieure nord-est midi 90° ; il comprend : le carré de l'homme *latéral droit* inférieur avec son pied droit, et le carré latéral droit supérieur avec son bras droit, c'est-à-dire le demi-homme droit, bon marcheur, travailleur, actif, volontaire, décidé, énergique, courageux.

1° *Le carré inférieur droit, situé à droite en avant et en bas ;* il contient les vortex de la jambe et de la cuisse droite la force *diabalique* du petit orteil, qui impriment à l'homme un tempérament génital, passionnel, égoïste et personnel, remuant et violent (personnalité partant du pied droit), et l'homme hépatique, égoïste, hypocondriaque, occupé principalement de sa santé.

2° *Le carré supérieur droit situé à droite en avant et en haut*, contient l'homme susdiaphragmatique et les forces du coude au corps, fort des poumons, en bonne santé de souffle, respiration active, solide, chanteur, gymnasiarque, coureur, travailleur du bras droit, c'est-à-dire capable de volonté, de résolution froide, de foi active pour créer et détruire.

Le foyer du parallélogramme est orienté au N.-O. correspondant à la *création.* La vie qui crée, la providence qui pondère, en un mot à l'organisation harmonique; c'est l'Orient de la vie créatrice et réparatrice, Spiritus Vitæ de Paracelse. La force qui crée à droite, au coude droit, en avant à 6 heures du matin au 0 de la ligne cardio-axillaire droite, correspond à l'épigastre, au foie.

Le foyer du carré inférieur droit — situé sur la bissectrice de ce rectangle à 45° ouest, à 9 heures du soir, correspond à la hanche et au trochanter droits autour duquel se trouve le grand vortex des forces ouest, que l'on peut utiliser comme centre de force dynamique chez beaucoup de femmes et de névrosés pour des pratiques hypno-magnétiques ; certaines affections spasmodiques de l'estomac crampes gastriques et oppressions nerveuses de la poitrine, asthme nerveux sans cause apparente peuvent être soulagées par une forte révulsion faradique sur le trochanter droit; on dissipe ainsi ce vortex qui trop puissant chez la femme à puissante hanche s'irradie, et peut influencer la génitalité, névroser surtout le graud sympathique abdominal, vers 9 heures du soir. D'autre part en orientant la hanche droite à l'ouest, face au sud-ouest, un sensitif trop expansif étudiera sur lui les forces de cette orientation; il se rechargera de forces de contraction et d'attraction magnétique qui le voilera; en se mettant dans le mouvement de la rotation terrestre, du laxum les plis éthériques passent au strictum; l'homme resserre ainsi ses potentialités trop expansives, comme il arrêtera ses déperditions fluidiques en pivotant de 180° et en présentant son trochanter gauche à l'ouest; on sait que la hanche droite est sensible au rhumatisme, au morbus coxæ senilis; la gauche à la coxalgie.

Le foyer du carré supérieur droit est situé au nord à 9 h. du matin; il passe par le col huméral de l'épaule droite à 45° au-dessus de la ligne cardio-axillaire à 45° de N.-O.; c'est l'orientation de la force froide qui arrête, et fixe; elle rend la volonté inflexible, froide qui réalise; elle glace l'épaule droite des névrosés actifs ou cardiaques.

Cette orientation convient surtout aux fébricitants, aux gens épuisés, aux poitrines faibles; elle est sous l'influence des forces dites lunaires et rend lunatiques ceux qu'elle influence de ses vibrations glacées; elle est funeste aux obsédés, aux maniaques obsédés, aux névrosés actifs, bonne pour les alcooliques, les impressifs et les gens à sensibilité excessive qu'elle arrête.

La formule Rep. 30° d^{te}, 0 g : 8 heures est une formule de suractivité nerveuse froide sous l'influence d'une énergie fixe mise en mouvement; c'est la raison en acte, le sectarisme de l'action. (Gens bilieux, maigres, nerveux, froids, résistants secs).

La force diabalique supérieure droite bonne pénètre le rectangle supérieur à 10 heures par 60° susaxillaire droit par la masse susépineuse antérieure de l'épaule droite qu'elle peut revitaliser chez les phtisiques sensitifs. — C'est la force de communion télépathique de force froide mais bonne, et ressentie sur l'épaule droite revivifiée, sortant à 2 h. 60° gauche. Mauvaise par le frisson et le froid humide, elle entre à 10 h. 20 en avant sur le sommet du poumon droit ; elle ressort à 1 h. 40 par 65° sur l'épaule susépineuse postérieure gauche.

Voyons la force diabalique du côté droit ascendante qui va du carré inférieur en arrière au carré supérieur droit en avant.

A 7 h. 20 du matin, par le rebord externe du foie, à 15° au-dessus du 0 droit de la ligne NO passe la force rectrice droite ascendante d'*engorgement*, force qui fluxionne, engorge : foie, poitrine, tête ; à 8 heures 20, à la racine thoracique du grand pectoral droit 30°, passe et sort la force diabalique de *dégagement* allant du sud au nord-ouest ; en arrière elle descend de l'activité créatrice du foie à la dissolution dans le carré inférieur gauche rectal ; elle passe à 8 heures 1/2 du matin, de droite à gauche et d'avant en arrière, de l'estomac droit antérieur 8 heures 1/2 du matin à 2 heures 1/2 de la nuit, en arrière ; heure de la crise en diarrhée qui dégage le foie ; 8 h. 20 est l'heure de *détente nerveuse* pour les arthritiques qui reposent bien le matin.

Cette force aide à la dissolution ou disparition gauche (point de Cruveilhier) des affections thoraco-hépatiques ; elle se produit par un flux de bile, une décongestion hépatique pulmonaire et un dégagement cérébral. — Conclusion hygiénique : il faut être levé avant 7 h. 20 ; le mieux est d'être debout à six heures, heure de toutes les voies, de toutes les forces, et de la prière du matin pour le croyant et le sachant.

Entrée de la force qui lie : à dix heures 20 du soir, à 65° sous-axillaire droit, entre la force diabalique qui lie et établit les communications fluidiques passionnelle et génitale. Elle pénètre par le petit orteil du pied droit, le mollet, monte à la rotule, envahit l'aine et le mont-de-Vénus, les organes génitaux, pour sortir par l'aine, la face extérieure du genou et le gros orteil gauches, à 1 heure et 1/2 du matin dans le carré sud de la dissolution ; le dégagement de la cuisse et du genou gauches doit avoir lieu à cette heure par l'aimant et par un bain chaud salé qui amène une grande détente du système génital ; chez les hypersexuels l'entrecroisement des jambes et des pieds, est une cause d'excitation sexuelle comme dans la valse ; par contre, j'ai vu un épileptique spontanément faire avorter ses crises de clonisme de la jambe droite en appliquant le pied droit sur le genou gauche ; bien des personnes dorment ainsi chastement.

2° — Parallélogramme des forces supérieures. — Il contient : l'homme supérieur allant de l'épaule deltoïdienne droite, 9 heures du matin, à l'épaule deltoïdienne gauche, 3 heures de l'après-midi ; le carré droit supérieur comprend : 30° droit et supérieur qui correspond comme région à l'épaule du biceps, à 8 heures du matin comme heure, et au nord-ouest comme orientation : 40° à la masse deltoïdienne ; 45° 9 h. à l'acromion ; 50° à l'épaulette 9 h. 20 ; 55° sommet du poumon 9 h. 40.

60° correspond à 10 heures du matin ; l'œil à 70° ; 11 h. 20 (télépathie auditive et visuelle).

90° correspond au front médian à midi comme heure, au N.-E. de la rose des vents, au larynx comme verbe.

Les forces supérieures diabaliques qui traversent ce parallélogramme sont à 10 heures 20, 65° droit sus-acromal ; c'est la communication réceptive télépathique ; à 1 heure 1/2, c'est la projection verbale par la force diabalique de télépathie psychique émissive ; de 11 heures 20 à 1 heure, c'est la force télépathique mentale d'en haut : foi, grâce, prière 80 à 90°.

Entrée à 10 h. 40, 70°, et 11 h. 20, 80° par l'écaille, l'oreille et l'œil droit, la force de communication télépathique auditive d'hallucination vraie, voie objective de certains phénomènes psychiques, visions télépathiques connues des mystiques, des psychiques évolués mettant leur volonté et leur foi en action, dans cette orientation, à cette heure, et à ces dates.

Elle sort à 70° au-dessus de 0 cardia-axillaire gauche, à 1 heure 20, heure de la projection de la pensée pure, à 2 h., de la paix projetée avec foi, de la communion supérieure pour les consciences purifiées et libérées ; c'est la VOIE.

Communion télépathique dans les deux cas : à droite, réception de formes et des influences fluidiques, émission psychique à gauche ; il ne faut pas confondre le passage de la force diabalique de télépathie psychique s'exerçant de 10 heures 40 à 1 heure 20 avec l'entrée et l'issue des forces diagonales cosmiques en croix de saint André qui se croisent à l'épigastre N. S. et O. E. : N entrant à 9 heures par la tête de l'épaule droite, et E sortant par la tête de l'épaule gauche à 3 heures.

Voici les correspondances entre les heures, les orientations, le nombre de degrés et nos organes, ainsi que la signification des forces qui se trouvent dans ce parallélogramme supérieur.

9 heures du matin correspond au 45 biométrique de la ligne cardio-axillaire, est situé au NORD de la Rose des Vents. Sa situation par rapport au corps humain est à la base du muscle deltoïde droit, l'acromion. La signification de la force zoéthérique à ceniveau est la réalisation de l'activité, la force horizontale active devenue acte. C'est le Nord cosmique.

A 10 heures, 60° sus-cardio-axillaire, situation au susépineux droit. Signification de la force Z : c'est le N. pneumique de la cavité thoracique, l'orientation de la force diagonale réalisatrice, volonté froide, irréductible en actes. (Exemple : Main droite mise sur l'épaule droite de l'interlocuteur à convaincre).

De 10 heures 40 à 11 heures 20, de 70 à 80 degrés au-dessus de la ligne cardio-axillaire, la communion avec les guides, la vision et l'audition télépathique de l'ouïe, de l'œil ; heure et orientation de l'hallucination vraie télépathique.

Midi, 90 degrés sus-cardio-axillaire gauche, communion divine, chute des forces verticales de grâces spirituelles, du schin sur le front du purifié.

A 1 heure 20, 70° sus-axillaire gauche, projection volontaire de la pensée par l'œil, la parole, émission télépathique, par le souffle froid de la volonté projetée par dessus l'épaule gauche.

2 heures, dégagement spirituel de la vie, c'est l'angle orienté de la mort heureuse en pleine conscience; DE LA LIBÉRATION, comme N.-O. est l'angle orienté de la vie en bonne santé.

3 heures, 45° cardio-axillaire gauche; connaissance, intelligence : EST cosmique; acromion deltoïdien gauche.

Foyer du parallélogramme des forces :

90 degrés sus-cardio-mammaire de N.-O., de la rose des vents : tige pituitaire, œil interne, colonne de forces du Dr Javal. La formule de cette orientation est Rep. = Rep. égale expansion des mains en coupe élevées, vers le zénith. — 21 juin, couleur blanc. Midi.

Foyer du carré droit supérieur.

9 heures du matin, 45°. Tête de l'épaule droite.

Orientation nord. Date 5 mai, couleur bleu.

Formule Dte rep. + | Gche rep. Volonté résolue, foi qui agit.

Foyer du carré gauche supérieur.

3 heures après midi, 45°. Tête humérale gauche.

Orientation Est. Date 5 août. Couleur jaune or.

Formule Dte rep. | Gche rep. + Volonté intelligente illuminée.

3° PARALLÉLOGRAMME DES FORCES LATÉRALES GAUCHES, de *libération purification*, de *conscience*, de *connaissance*, de maîtrise de raisonnement, d'invention, de conception, d'imagination, de transformation, de dissolution et d'affection.

Il va de midi N.-E. 90°. Narine gauche, aux organes génitaux S.-O. inférieur ; minuit il comprend la tête, l'épaule, le poumon, la rate, la hanche, la cuisse et le pied gauches.

Foyer du parallélogramme.

Vortex gauche descendant du coude, de la rate, à 6 heures du soir. 0° formule orienté d rep=g att.

Foyer du carré supérieur gauche.

3 heures après midi. Epaule gauche.

45 de la ligne cardio-axillaire; formule de ce carré 0 dte | g. rep 45.

Foyer du carré inférieur.

3 heures du matin, grand trocanther gauche à 45 degrés sous cardio-axillaire gauche, formule de ce carré. 0 d[te] | g. att. 45.

Passage des forces. — Passage de la force S.-E. descendant du carré supérieur gauche postérieur dans le carré inférieur gauche antérieur à 3 h. 20 du soir, par la pointe du cœur gauche, flanc gauche; heures du dégagement cardio-thoraco-splénique en avant et à gauche par la rate : *A 4 heures du matin, invasion de la rate et du cerveau gauche conceptif*; métamorphose des formes — pensées, matière des rêves nocturnes; rentrée des formes astrales; souvenir des visions de la nuit, fantômes hypnopagiques au réveil : phénomènes dus à l'élasticité, la force éthérique plastique se dilatant au lever de l'aurore, lâchant ses vibrations de cauchemars de crises, de frayeurs à l'heure de la transmutation, de 3 à 4 heures matin, ou de visions *suivant la nature de l'aura humain.*

3 h. 20, passage de la force diabalique ascendante de transformation se manifestant à 9 h. 40 du matin dans le carré droit supérieur au-dessus de l'épaule et de la tempe droite de la tête, en action *auto-suggestive, auditive, visuelle, verbale, mimique, expressive, troubles digestifs*, se réfléchissant sur la vitalité cérébrale. Hallucinations intestinales nocturnes.

2 h. 20 du matin, passage de la force diabalique de dégagement du foie, de la poitrine droite par crise intestinale diarrhéique; pénétration de cette force à 8 h. 20 dans la matinée, à la vésicule biliaire.

4° Parallélogramme des forces inférieures, au-dessous de la ligne cardio-mammaire, comprend l'homme inférieur; poumons inférieurs, foie, estomac, rate, organes génitaux, membres inférieurs. Formule att | att.

Foyer du parallélogramme inférieur.

Minuit S.-O., à 90° de N.-O. et de S.-E. 21 décembre, couleur rouge.

A 180° de midi, correspond à l'amour, l'union bi-sexuée des antagoniques complémentaires. Formule att=att.

Double fusion, adaptation sexuelle.

Organes génitaux (Lingam vertical, Iona horizontal).

Foyer du carré gauche inférieur.

3 heures du matin S., 45° sur la bissectrice du carré S à 45° sous-cardio-axillaire gauche.

La formule orientée 0 | att 45, force de TRANSFORMATION.

Ce *carré* gauche inférieur comprend : l'imago-formation (imagination, création des formes, rêves, invention).

La transformation, MÉTAMORPHOSE.

La dissolution, la force qui délie,

La sentimentalité projetée ou extériorisée.

L'adaptation des antagonistes complémentaires.

—S.-O. minuit, 90° du 0° axillaire gauche.

Amour, fusion bisexuelle, adaptation amoureuse dans la nature, figurée par l'enroulement entrecroisé des extrémités inférieures des deux serpents du caducée.

Foyer du carré inférieur droit.

Pénétration de la force affective fluidique entre personnes de sexe différent ainsi reliées par une veine fluidique de télépathie, qui fait sentir, venir.

L'attraction cohésive.

L'organisation physique matérielle,

Le développement de la personnalité physique :

A 45° au-dessous du N.-O.

A 45° au-dessous de 0° sous-axillaire droit.

9 heures du soir. — Grand trocanther. 5 février. Couleur marron.

Les quatre PARALLÉLOGRAMMES OBLIQUES que nous allons décrire sont séparés par les deux branches de la croix diagonale N. S. — O. E. et correspondent aux orientations des 4 points cardinaux N. S. O. E. et aux attitudes de ces orientations données par les formules suivantes :

Carré N-d rep. | 0	orientation	*de l'action volontaire.*
Carré E-o | rep. g	—	*de l'illumination de la conscience.*
Carré O-d att | 0	—	*de la concentration philosophique.*
Carré S-o | g att	—	*de la métamorphose de la Vie.*

Parallélogramme oblique inférieur droit Ouest comprend :

L'homme génital, passionnel, d'action impulsive, d'organisation, d'attraction magnétique puissante, de charme qui lie et d'amour sexuel, de sentimentalité affectueuse.

Foyer des forces. Ouest. 45° droite inférieure antérieure.

Petit doigt de la main droite sur le courant O. E., grand trocanther, le pouce sur l'aine droite réunissent les courants de 9 heures et de 10 h. 20, du membre droit et des organes génitaux. Entrée des forces de dégagement 8 h. 20 du matin.

A 9 heures du soir, passage du grand courant cosmique Ouest-Est par le trocanther droit et par l'acromion gauche, 45° sus-cardio-axillaire, foyer du carré supérieur gauche à 3 h. après midi.

A 10 heures du soir, 60° au-dessous du 0 cardio-axillaire droit et à 60° du nord-ouest de la rose des vents, force d'extériorisation astrale.

L'homme énergique, médium, actif, silencieux, philosophe, occultiste, télépathique.

Parallélogramme oblique, droit, supérieur Nord, contenant l'homme hépathique, pulmonaire, cardio-cérébral comprend : foie, poumons, cœur, larynx, tête; va de l'aisselle droite, activité du bras droit jusqu'à l'acromion de l'épaule gauche.

Homme de santé, fort, ayant du souffle, actif, volontaire, de décision arrêtée, penseur, conscient et raisonnant ; c'est l'*homme de volonté active*, N. 40°, 9 heures du matin formule D^te^ Rep. + G Rep., couleur bleue.

Foyers. — Epaule droite, Nord ; 9 h. hanche droite O ; foie N.-O.; tête N.-E ; épaule gauche E.; main droite, petit doigt au N., action depuis 7 heures du matin jusqu'à 3 heures de l'après-midi.

Parallélogramme oblique gauche supérieur Est.

L'homme de foi, psychique, savant, inspiré, méditatif, se trouve compris dans le parallélogramme oblique gauche supérieur avec la formule D Rep. — G Rep + contenant l'homme psychique, d'inspiration spiritique, de volonté, de foi, de raison, d'imagination, d'invention et de transformation, le *pur psychique* allant de l'épaule droite, 9 heures du matin au grand trocanther gauche, 3 heures du matin, orientation E en rapport avec les forces de l'EST.

Foyer. — A l'épaule gauche 3 h. après midi 45° gauche au-dessus de la ligne cardio-axillaire ; passage des forces diaboliques horizontales 10 h. 20 du matin à 1 h. 20, et descendantes de 2 h. 20 à 4 h. 20 après midi. Couleur jaune or.

Parallélogramme oblique gauche inférieur Sud, contenant l'homme logique, conceptif, imaginatif, inventif, sentimental, amoureux, dissolvant, ondoyant et variable.

Va de l'épaule gauche 3 h. après midi à la hanche droite 9 h. du soir. Orientation S, — 3 h. du matin : 3 h. 20 invasion fluidique, métamorphose, changement durant la nuit.

Foyer. — Hanche gauche, rate, flanc gauche, membre et pied gauches.

Heure de passage des forces 4 h. 20 du soir et du matin, force descendante : 2 h. 20, force de dissolution destructive : 1 h. 20, force de déligation télépathique, du dénouement fluidique sentimental, du dégagement de l'emprise passionnelle.

Les 4 carrefours de forces dans les quatre carrés :

N. E.
O. S.

se trouvent à l'intersection des bissectrices des 4 carrés, formés par la croix verticale, et sur les lignes de N.-S. et O.-E. de la croix oblique, bissectrices du carré cosmogonique.

Le nombre de degrés droit ou gauche, le sens d'orientation de la formule, indiquent le point d'entrée de la force zoéthérique en nous, la *direction* du flux des forces rectrices polarisées dans le corps humain, en différentes latitudes ou niveaux de nos systèmes organiques, au-dessus et au-dessous de la ligne cardio-axillaire 0-0° considérée comme équateur cardiaque divisant le cœur, les poumons en quatre parties en quatre souffles droit, gauche, inférieur, supérieur.

Ces niveaux sont déterminés eux-mêmes par l'arc de cercle biométrique droit, orienté à droite, en bas et en avant, et de l'arc de cercle biométrique gauche, orienté à gauche en haut et en arrière, le corps humain étant supposé accroupi au centre d'un cercle de 360° de circuit, dans le carré des forces cosmogoniques, avec l'attitude de la momie Astèque enveloppée.

ÉTIAGES-NIVEAUX DE LONGITUDE DU PYLONE HUMAIN VUS DE PROFIL

La main droite correspond aux carrés *droit supérieur*, *inférieur* et *antérieur* des parallélogrammes des forces latéral droit, antéro-postérieur et inférieur; la main gauche aux carrés gauche supérieur, postérieur, inférieur des parallélogrammes des forces latéral gauche, postéro-antérieur et supérieur.

5° Les niveaux de longitude correspondant à la coupe du corps humain, passant par l'apophyse xiphoïde et la convexité du diaphragme droit et antérieur; il comprend la région pneumo-hépatique droite antérieure à partir de la ligne cardio-axillaire faisant l'équateur 0-0°, cardio-pulmonaire, la corde de la momie envoilée.

10° Correspond à la région *épigastrique* susombilicale, au *plexus solaire* côté droit, hypocondre droit, côté antérieur, épigastre, jusqu'au pli gastro-intestinal.

15° A la région abdominale ombilicale le nombril antérieur au flanc droit jusqu'à la ligne sus-pubienne l'épine iliaque antérieure.

20° Comprend la région pubio-génitale et le trocanther.

25° Région de passage face interne des cuisses, et genoux jusqu'à la jarretière.

30° Aux jambes, aux mollets.

35° Aux chevilles.

40° Aux pieds, *à la pointe* des orteils.

Dans le parallélogramme gauche vertical.

La main gauche correspond aux carrés *gauche supérieur* et *postérieur* du parallélogramme des forces latérales gauche supérieur et postérieur.

5° Correspondent à la région claviculaire à partir de la ligne cardio-axillaire.

10° Au larynx glande thyroïde, plexus et 2e ganglion cervical.

15° A la bouche, à la langue, aux amygdales au bulbe, à la nuque.

20° Au nez, cornet inférieur génital, oreilles, cervelet.

25° Aux yeux, au carrefour émotif de Luys et au pressoir d'Hérophile.

30° Au front, à la fontanelle postérieure.

35° A la fontanelle antérieure.

40° Au synciput, à la tonsure.

Ces considérations bien établies, nous allons maintenant, déduire de nos expériences :

1° Que la vibration zoéthéro-humaine *est vivante,* de substance *sensible et élastique,* et qu'elle est chiffrée mathématiquement par les 360° du cadran.

2° Ses points d'entrée et de sortie ouvrent en sens inverse une double orientation différente et complémentaire, qui est déterminée par les extrémités libres des arcs-de-cercle *droit antérieur et inférieur,* et *gauche supérieur et postérieur.*

Les points de pénétration indiquent le passage du flux de force dans l'intérieur des parallélogrammes vertical, horizontal diagonal ou des 16 carrés secondaires, qui en hauteur, en largeur et horizontalement, contiennent les 8 segments différemment orientés du corps matériel de l'homme de jour et de nuit. Ces mouvements de transfert ont lieu dans la vitalité de l'homme droit à l'homme gauche, comme dans les mouvements normaux de transfert de l'homme inférieur à l'homme supérieur, ascendant des organes génitaux aux narines, ou descendant de la nuque au sacrum.

La ligne réunissant les extrémités des arcs-de-cercle établit en hauteur, largeur et épaisseur, les traits de polarisation des forces zoéthériques ; la diagonale du carré cosmogonique N.-S., va en avant du S. au N., elle monte par la hanche gauche, la rate, le creux épigastrique et l'épaule droite et descend en arrière par l'omoplate droite, la 4e vertèbre dorsale, le rein gauche, l'os iliaque et le grand trocanther gauches (figure 7) : ligne de SÉPARATION en sautoir.

La diagonale du carré cosmogonique O.-E., monte en avant du tronc humain, de O en E elle passe par la hanche droite (grand vortex du trocanther droit), la vésicule biliaire, le creux épigastrique, la pointe cardiaque, l'épaule gauche et descend en arrière de l'E. à l'O. par l'omoplate, la 4e vertèbre dorsale où elle croise l'autre diagonale N.-S., passe au rebord postérieur du trocanther droit; les diagonales cosmiques se croisent en avant à l'épigastre, en arrière à la région dorsale, aux hiles pulmonaires : ligne des nœuds des boucles des roses du pylone.

Nous observerons ensuite l'allure, la puissance, la persistance, la direction de la vibration :

1° Dans sa partie zoéthérique ou extra-cutanée;

2° Dans sa partie animique ou intra-corporelle, qu'elle anime et dont les organismes sont rattachés par le double arc-de-cercle aux puissances cosmogoniques spécifiées par le nombre observé : nous tournons sur notre axe (tête, N.-E., pieds, S.-O.), dans l'espace suivant des écliptiques, et nous présentons ainsi successivement et progressivement en un an, aux diverses orientations du carré cosmogonique, tandis que la force plastique nous parcourt en un double huit postéro-antérieur ♉ de jour, et antéro-postérieur de nuit ☊ alternativement bouclé en bas et en haut.

Le sens général de la formule nous donne donc : 1° *L'état expansif ou contractif* de nos potentialités internes dont elle délimite l'étendue et l'élasticité;

2° Nos mouvements vitaux intérieurs et nos tempéraments, qui sont chiffrés par les 5 classes de formules biométriques;

3° La nature même normale ou anormale des vibrations de notre substance allant de la contraction à l'expansion de l'élasticité vitale, suivant des progressions définies exprimées par des nombres multiples pairs, ou adéfinies par des nombres multiples impairs de 5°.

Ainsi la formule par son sens nous révèle la direction extérieure de la rotation du vortex éthérique, et la polarisation du flux de force dans l'intérieur du corps humain dont les différentes polarisations sont révélées par le sens directeur de la formule prise plus spécialement à l'heure correspondante.

Qu'existe-t-il donc en réalité?

Un nombre de degrés, mesurant un arc de cercle; cet arc de cercle, réductible en millimètres, nous donne la courbe du vortex zoéthérique, qui constitue à droite et à gauche l'atmosphère curviligne des vibrations humaines, connues sous le nom d'aura, d'œuf aurique, de zone d'influences, de voile éthérique dont la caractéristique est d'être élastique et sensible et surtout malléable par une *volonté maîtresse.*

Le sens du mouvement est attractif, c'est-à-dire venant vers nous, et répulsif c'est-à-dire émanant de nous ; qu'il aille de droite à gauche ou inversement, il donne le sens directeur du flux des forces allant toujours de l'attraction à la répulsion, c'est-à-dire de la contraction à l'expansion.

Révolution totale. — Les arcs de cercle droit et gauche du vortex zoéthérique donnent l'amplitude intrinsèque ou extra-cutanée des vibrations, la longueur d'onde caractéristique de notre enveloppe dite aura; tandis que la partie intrinsèque ou intra-corporelle de la vibration établit le tracé rectiligne de polarisation atomique horizontale, diagonale et verticale dans les organes du corps humain, avec les points cutanés d'entrée et de sortie de la vibration zoéthérique, l'heure de la révolution plastique en 8 dans les 24 heures, et le point de la révolution annuelle hominale.

La portion homo-organique de la vibration zoéthérique, nous fournit donc le sens de polarisation atomique en nous de la VIE devenue notre *vie* qui, exagérée dans certains cas, mais alors, nettement sensible et perçue, fait dire au malade : « Cela tourne, cela monte, descend, étouffe, convulse, tout s'échappe », etc., suivant les lignes géométriques, d'un parallélipipède ne correspondant pas toujours avec les trajets de nos nerfs.

La réunion de la portion *aurique* ou *extra-cutanée*, se continuant avec la portion animique *intra-cutanée*, constitue la vibration totale ZOÉTHÉRIQUE HUMAINE; *la vie humaine fait ainsi partie intégrante de la vie cosmique à laquelle elle est rattachée par un échange et une continuité de vibrations qui fusionnent et assurent l'adaptation harmonique de notre vitalité* avec la vie, suivant des tempéraments variables, en rapport avec des orientations différentes.

La formule indique le sens orienté, les flux de force et les organes où elle passe dans les parallélogrammes opposés, complémentaires et symétriques dans la hauteur, largeur, épaisseur du corps humain fluidique comparable à l'obélisque de Louqsor.

Les formules par leur sens de polarisation indiquent les mouvements giratoires du vortex et de transfert dans les quatre segments orientés du corps situés dans les quatre carrés formés par la croix verticale à l'intérieur du pylone humain.

1° *Formule dte Att = Gche Rep.* Mouvement de droite à gauche, antérieur; il passe en avant : att 10 = rep 10, va de N.-O. foie 6 heures 20 matin, par l'épigastre, 6 h. soir à la rate S.-E., 3 heures 20 matin; et d'avant en arrière; de bas en haut, de l'épigastre au dos (figure 7).

Formule droite G Att — D Rep.+, mouvement ascendant oblique antérieur : vers le Nord (carré N).

Va de S. 3 heures nuit, hanche gauche.
par le creux épigastrique;
à N. 9 heures, matin, épaule droite;

Formule D Att. — Rep. +, mouvement ascendant oblique antérieur : vers l'Est (carré E).

Va de l'O. 9 heures soir, hanche droite;
par l'épigastre, 6 heures matin;
à l'E. épaule gauche, 3 heures après midi.

2° *G Att = D Rep.* — Mouvement postérieur. Il passe en arrière de gauche à droite; d'arrière en avant; de haut en bas; passe dans le dos : g att 10 = d rep 10, va de la rate S.-E. par la colonne 6 h. soir au foie N.-O., tourne de l'est à l'ouest.

G Att + d Rep. va de l'E. épaule arrière 3 heures, par 6 soir à l'O. hanche postérieure 9 heures du soir mouvement en arrière descendant de l'épaule gauche à la hanche droite antérieure;

G Att — d Rep. + va du S hanche gauche postérieure 3 heures matin, par 6 heures matin, à 9 heures, aisselle droite antérieure; mouvement vertical ascendant antérieur.

En résumé, les deux arcs de cercle droit et gauche donnent par leur nombre de degrés :

1° La direction orientée du mouvement de notre vie . . . . { gauche droite / arrière avant

2° Les points de pénétration et d'issue des forces zoéthériques orientées et différenciées suivant l'heure en forces verticales, horizontales, diagonales, diabaliques droites et gauches ;

3° Les niveaux étagés de longitude du corps humain ou le trait de vie passe dans l'humanité composée de quatre sous-corps : génital, digestif, pneumique, cérébral combinés ensemble, ou polarisés dans un sens, mais unifiés en une seule résultante, l'HOMME dominé lui-même par le super-homme spirituel extra-corporel (figure 7) ;

4° Le sens idéographique de nos vibrations, c'est-à-dire la valeur des vibrations physiques de l'homme droit antérieur et inférieur, actif, créateur, en santé matérielle ; la valeur psychique de l'homme gauche postérieur, supérieur : le penseur, le savant, l'homme moral ;

5° Le rapport entre nos vibrations momentanées et l'heure cosmogonique à laquelle elles doivent se produire pour :

1°	L'homme génital	droit sexuel	gauche sentimental
2°	Digestif	hépatique nutritif	splénique Forme fluidique
3°	Pneumique	Souffle droit contractif froid (Lunaire)	Souffle gauche expansif chaud (Solaire)
4°	Cérébral	Actif volontaire de foi	Impressif, conceptif mémorial.

Dans la double révolution horaire quotidienne, dans les douze heures de jour et de nuit, passant par les douze parallélogrammes ayant chacun une heure, une orientation et un organe correspondant.

5° La révolution cyclique de l'année cosmogonique vivante se faisant en 12 mois du 25 décembre au 25 décembre, et passant par toutes les orientations du cube cosmogonique contenant l'œuf fluidique qui renferme le corps de l'homme en croix, les bras orientés et dirigés par le vortex qui le fait tourner, vibrer et vivre ; il lui imprime ainsi son attitude représentée et effectuée dans ses trois dimensions vers une des 8 vies dans le carré cosmogonique.

Les attitudes sont en rapport avec notre état d'âme; elles se traduisent par les gestes des mains, qui sont orientés dans les attitudes d'amour, de passion ou de colère en des points précis comme direction, hauteur, nombre de degrés sur le cadran qui entourerait l'homme horizontalement, verticalement et antéro-postérieurement; c'est sur ce triple cadran que nous pouvons lire tout le geste et l'attitude de la vie, le mouvement orienté de l'âme vivante s'exprimant par des hauteurs d'arcs de cercle et des directions de bras sensiblement orientés dans le même sens que les statues Indoues.

La règle est bien précise : pour établir sur le corps les points de correspondance complémentaire révélée par la formule biométrique : il faut rechercher dans les trois demi-hommes c'est-à-dire droit, antérieur, inférieur, et gauche supérieur, postérieur, l'angle d'orientation symétriquement opposé et y tracer les niveaux de latitude et de longitude indiqués par les nombres dans les trois dimensions; à droite, en avant en bas, et à gauche, en arrière et en haut, d'après la formule.

Chacun des points complémentaires se trouve situé à gauche, en haut et en arrière, si le correspondant est à droite, en bas et en avant; symétriquement ou assymétriquement si les arcs sont ou ne sont pas égaux ; harmoniques ou non, s'ils sont multiples, pairs ou impairs de 5°.

Dans les maladies nerveuses cette question des correspondances complémentaires opposées est aussi importante que celle de l'heure relativement au traitement appliqué : points fluxionnés, anémiés, névralgiés anesthésiques, etc..... qu'on a appelés les sympathies, les déplacements homologiques, les fluxions compensatrices, les antipathies morbides, le génie maladif, les points hystérogènes, les phénomènes critiques, évacuateurs amenant la fin de la crise ; les aura, les agents pathogènes obsessifs sont éliminés par l'angle complémentaire opposé horizontalement, verticalement, diagonalement dans chacun de nos quatre grands systèmes, pour les quatre hommes *génital*, *digestif*, *pneumique*, *cérébral* dans les trois zones *animale*, ANIMIQUE et MENTALE de son atmosphère.

CHAPITRE VI

LE CORPS FLUIDIQUE

Forme géométrique du corps fluidique humain, sensible et élastique, délimitée par le vortex périphérique révélé lui-même par la formule biométrique. Les longueurs d'arc de cercle, droit et gauche, nous fournissent par leurs cordes millimétriques les côtés droit et gauche de la forme géométrique du corps fluidique humain dont chaque orientation est en rapport avec une force éthérique vive qui tend à s'individualiser dans le corps éthérique humain qu'il influence et fluidise.

§ I. — FORME GÉOMÉTRIQUE DU CORPS FLUIDIQUE

Pour tracer géométriquement la forme élastique du corps fluidique humain d'après la formule observée, il faut pointer sur une croix verticale dont les branches sont préalablement divisées en 45 millimètres correspondants à 90 degrés, à partir de leur intersection considérée comme cœur central et 0 :

1° Le nombre de degrés fournis par la main droite divisée par 2 sur les branches *droite* et *inférieure.*

2° Le nombre de degrés divisés par 2 sur les branches *gauche* et *supérieure*; réunir ensuite ces 4 points entre eux, ce qui donne un losange.

3° Tracer par les points ainsi obtenus, les lignes parallèles limitantes verticales de latitude, et horizontales de longitude; ces lignes sont d'égales dimensions, lorsque les arcs droit et gauche sont égaux, elles forment alors un carré. Les deux parallèles limitantes horizontales rencontrent les deux limitantes verticales en quatre nouveaux points que l'on réunit au cœur central; ces lignes forment alors huit angles différents comme aires ou surfaces, lorsque les arcs de cercle sont inégaux; elles deviennent les bissectrices des 4 rectangles lorsque les arcs de cercle sont égaux.

Les 8 aires ainsi obtenues correspondent à nos 8 potentialités qui auront des dimensions respectivement proportionnelles au nombre des millimètres fournis par la corde de l'arc ayant servi à les construire.

Il faut réunir par un pointillé les 4 points obtenus sur la croix verticale formant un losange aux quatre points donnés par les intersections des parallèles limitantes dans les carrés orientés N. S. O. E, avec les quatre extrémités libres des arcs de cercle droit et gauche inférieurs et supérieurs. Ces derniers points sont ceux d'entrée et de sortie du trait de vie droit et gauche indiquant les heures auxquelles il passe dans les angles orientés de nos facultés, enfin la polarisation de la vie en nous.

Prenons un exemple d[te] rep. 60 | g. att. 40.

Le sens de cette formule va de gauche à droite, du carré inférieur gauche au carré supérieur droit; elle a été prise en position éthéronome avec les forces orientées cosmiques, épaule gauche au Nord, droite à l'Est; elle est remise pour lecture en position homonome de face.

Réduisons le nombre 60 degrés en millimètres, nous aurons 30 millimètres à marquer, dizaine par dizaine, sur les branches droite et inférieure.

Réduisons le nombre 40 degrés gauche en millimètres, nous aurons 20 mill., à pointer sur les branches gauche et supérieure.

Par ces 4 points nous faisons passer les parallèles limitantes de 10 mill. en 10 mill., nous en aurons 2 à droite et en bas et 2 à gauche et en haut.

Nous aurons obtenu ainsi 25 petits carrés : 9 dans les carrés droit et inférieur, 6 dans le carré droit supérieur, 4 dans le carré gauche et supérieur, 6 dans le carré gauche inférieur avec la formule D. rep. 60 | G. Att. 40.

En réunissant au cœur O. les points des 4 angles nouveaux créés par la réunion des parallèles N.-O., S.-E., on détermine un nombre de triangles qui correspondent à nos 8 potentialités et dont les lignes limitantes de longitude horizontale et de latitude verticale correspondent aux lignes rectrices de la vitalité de nos organes situés au-dessus et au-dessous de la ligne cardio-axillaire N.-O., S.-E.; la même figure appliquée

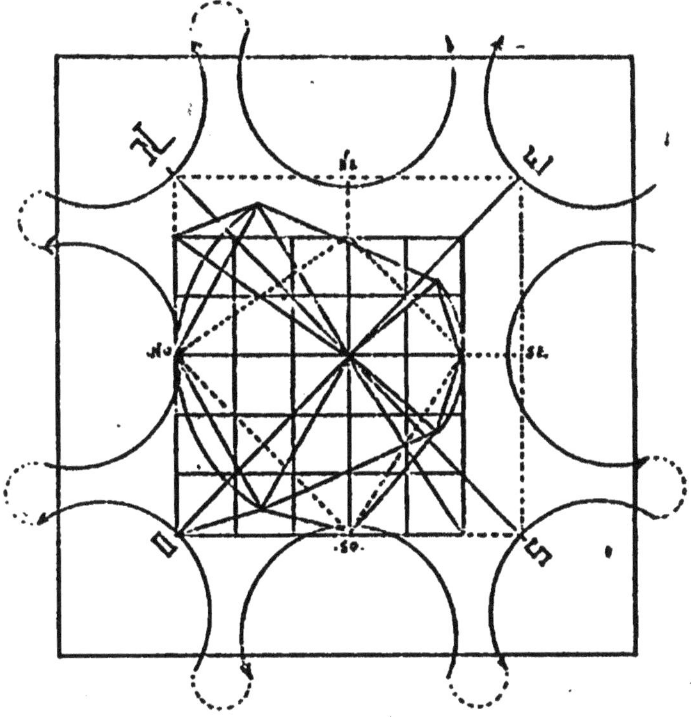

Fig. 15.

au crâne donne le dispositif des facultés, la force de la cérébralité. Bientôt par une étude comparative du nombre et du développement de ces petits rectangles, on peut juger du développement des facultés de nos potentialités, de leur équilibre entre elles, ou de leur défaut de proportionnalité, enfin du degré normal ou anormal de l'état des organes qui correspondent au chiffre indicateur des lignes.

Ces petits schéma sont des figurations millimétriques de nos facultés. Ils indiquent nos propensions, nos aptitudes, et permettent de nous rendre compte de notre progression morale, du point de notre évolution, du degré de santé physique pour le corps, et psychique pour le cerveau.

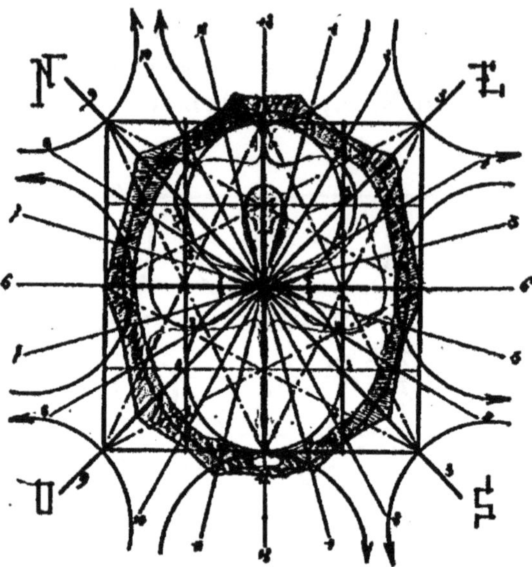

Fig. 16. — Coupe d'un crâne enfermé dans le carré des forces cosmogoniques (Voir chapitre VII).

Il y a donc un rapport entre la forme centrale et la longueur de la courbe zoéthérique :

Duodécagonale, avec deux arcs de cercle droit et gauche de 30° donnant le cadran des 12 heures.

Octogonale, avec droit et gauche de		45°	Formes géométriques indoues.
Sexagonale, avec —	—	60°	
Pentagonale, avec —	—	72°	Formes géométriques égyptiennes et assyriennes.
Carrée, avec —	—	90°	
Triangulaire, avec —	—	120°	Forme hébraïque.
Ellipsoïdale, avec —	—	180°	
Sphéroïdale, avec —	—	360°	Forme du corps spirituel.

Plus l'arc-de-cercle est grand, plus grande est la valeur de la vibration ; il existe assurément une progression mathématique entre les dimensions géométriques des arcs-de-cercle réductibles en millimètres, et la valeur de la faculté ou potentialité orientée, que délimite et définit cette déviation.

La figure donnée par l'arc de cercle de 30° semble le prototype de la force éthérique terrestre.

Le corps humain est contenu dans un corps fluidique formé lui-même d'une atmosphère de vibrations extra-cutanées, perceptibles parfois pour quelques voyants, mais enregistrables pour tous par l'observation de la déviation qu'elles impriment à l'aiguille biométrique.

Les vibrations ont une *longueur d'onde* que l'on peut *apprécier* par l'arc de cercle, parcouru par l'aiguille. Nous avons appris, d'autre part, que l'intensité de ce mouvement était accusée par la durée de l'arrêt de l'aiguille dans sa position de déviation, comme par la lenteur avec laquelle elle revient à sa position de départ.

Tous les mouvements vibratoires qui constituent l'atmosphère extérieure pour aller au cœur central, passent à travers les organes-niveaux du corps désignés par les chiffres 10°, 20°, 30°, horizontalement; 40°, 50°, 60°, diagonalement; 70°, 80°, 90°, verticalement.

Leur direction est double, soit qu'ils se rencontrent en allant du cosmos vers le cœur, soit qu'ils radient en allant du cœur vers le cosmos.

Toutes les observations faites semblent indiquer que ces vibrations affectent un tracé différent, suivant qu'on les envisage à l'extérieur, ou à l'intérieur du vortex qui entoure le corps.

A l'extérieur en effet, c'est le vortex cosmique, la force éthérique elle-même, qui agit; elle se replie en une courbe, une boucle régulièrement établie; tandis que la *force vitale intra humaine* en rapport intime avec le sujet, agit d'une façon plus rectiligne, plus personnelle.

L'union des deux figure un trait terminé par un crochet inversé à celle de ses extrémités en attraction (1); lorsqu'elles repoussent l'aiguille vers l'extérieur la courbe affecte la figu-

(1) Le jupiter athénien est représenté comme un marchand de cro-

ration convexe d'arc tendu ou du pétillement s'extériorisant d'un fouet lamellé (voir la planche n° 1).

Inversement lorsque la force cosmique extérieure nous pénètre de droite et de gauche, elle constitue un double treillis formé par les vibrations droites et gauches, possédant des mailles d'autant plus régulières, que les forces droites et gauches poussant l'aiguille, donnent des chiffres pairs droit et gauche égaux en un déplacement attractif équilibré et de même allure.

Cette formule d. rep. 60 | g. att. 40, tracée comme il est dit donne 1° la figure de nos potentialités comprenant les 8 aspects orientés ou facultés intimes de la personne, l'assiette de son tempérament ;

2° *La forme de polarisation* indiquant la direction du mouvement giratoire des facultés de la personnalité, le sens du vortex péri-humain, les heures de nos facultés, l'époque, dates de leur développement.

Les heures ou la force psychique entre à gauche en arrière et en bas et sort en avant à droite en haut, ou la force psychique imagine à gauche et en bas, et réalise à droite et en haut.

3° Le rapport entre le carré des forces Z avec la forme de notre polarisation donne notre progrès ou notre perte, ce que nous déplaçons d'une orientation pour la porter à une autre. — La vie étant à la fois temps ou heure, espace, ou lieu organe, et orientation d'un mouvement giratoire — polarisation en un mot.

4° Le rapport entre les forces agissant dans le sens de la croix verticale et dans celui de la croix diagonale : *Solaires* mâles de O.-E. Lunaires femelles N. S.

Influx des influences cosmiques. — Pour faire géométriquement *le tracé de l'influx cosmique* que la formule du vortex zoéthérique nous révèle par son nombre de degrés, et le sens de son orientation dans le carré cosmogonique comme dans les rapports qu'il affecte avec le corps humain ; il faut sur

chets en S allongé. Osiris tient un crochet ou une crosse de la main gauche qui sera plus tard la corne du pasteur épiscopal, et un fouet de la droite, pour projeter par le bâton du commandement, l'ordre donné.

une croix verticale perpendiculaire, dont les branches sont orientées aux 4 points cardinaux N.-O., S.-E., N.-E., S.-O., tracer une circonférence de 30 millimètres de rayon en partant du cœur comme point central.

Sur ce cercle on inscrit une série de 172 traits, en scie circulaire à 36 dents : On part du *nord-ouest* pour la main droite et du *sud-est* pour la main gauche considérées comme zéro, de telle sorte que chaque trait correspond à 5 degrés à 20 minutes, à 5 jours du mois, à 140 jours de la vie : 3 traits, ou une dent 1/2 correspond à 1 h., au 1/2 mois, à une année 2 mois, le cycle de vie à 800 mois, au chiffre 666.

A l'intersection des deux lignes perpendiculaires de la croix, considérée comme le cœur humain, supposons un pivot d'aiguilles mobiles dans tous les sens, placé de telle sorte que le centre des aiguilles soit perpendiculaire au cœur ; et que comme une montre, il possède deux aiguilles suspendues et superposées, une affectée à la main droite et l'autre à la main gauche.

Supposons nos deux aiguilles repérées aux deux zéros situés aux branches horizontales de la croix verticale.

Faisons décrire à l'aiguille droite, à droite en haut en bas, et en avant, un arc de cercle égal à celui que la main droite a obtenu 60°, et faisons décrire à l'aiguille gauche, à gauche en haut en bas et en arrière un arc de cercle égal à celui qui a produit la main gauche 40°.

Nous aurons les deux arcs de cercle obtenus l'un à droite au-dessus de la ligne horizontale cardio-axillaire dans le parallélogramme de forces, latéral droit, dans les carrés vertical supérieur et horizontal antérieur ; l'autre à gauche au-dessous dans le parallélogramme des forces latéral gauche, et dans les carrés vertical inférieur et horizontal postérieur.

En reliant par un trait l'extrémité de l'arc de cercle droit supérieur, et antérieur donné par l'aiguille de la main droite, en bas en arrière, à l'extrémité gauche de l'arc de cercle donné par l'aiguille de la main gauche, on a le tracé de pénétration de l'influx éthérique droit et gauche avec son orientation ; en réunissant au cœur central les extré-

Fig. 17. — Explication du vortex éthérique. — Vortex éthérique dextrogyre présentant les flux de force éthérique droite a grande courbure, à point de départ inférieur ; et des flux de force gauche supérieurs à petite courbure tournant en sens inverse et différemment orienté. Leur point de départ serait au sud-ouest de la plaque pour les premières, les secondes à l'est ; la ligne de séparation de ces deux directions de vibrations est très nette ; elle passe par les deux points de repaire indiqués.

Ces vibrations droites et gauches différemment orientées, différentes de longueur de courbure et de sens vibratoire, circonscrivent une forme centrale dans laquelle pénètrent des lignes de force directrices qui travaillent dans différents sens, et tentent à esquisser la charpente fluidique d'une forme centrale qui rappelle une face faite de quelques traits. Ce cliché est très instructif; c'est une esquisse spontanée d'une forme fluidique produite par un double tourbillon d'éther ; il a été obtenu dans le cours de nos recherches respectives par la main droite du docteur M. A. qui pour avoir un résulat plus manifeste, a concentré sa pensée sur le souvenir qui l'émotionne le plus, la mort d'un être cher.

Cette plaque photographique a été ainsi impressionée dans l'obscurité sans lumière ni électricité, par l'imposition de la main droite, sans contact avec la plaque, sans mouvement, à la suite de tristesse, durant la nuit, à 10 heures du soir, en février 1 ‑. é ue de la rsonnalité marquée.

mités de ces dents de scie, chiffrant la longueur d'arc ; on a la figure de cette polarisation formée par le double trait de la polarisation du flux de vie dans le corps humain, et dans la figure géométrique du corps fluidique dont les facultés sont figurées par les 8 triangles orientés qui possèdent des dimensions respectives. On a ainsi les surfaces proportionnelles des potentialités ou facultés orientées du composé combiné humain, la polarisation de la vitalité au moment de la prise de la formule vers telle puissance orientée du cosmos périphérique ; enfin en reliant tous ces points entre eux en passant par le cœur central, nous avons les lignes de pénétration des influences éthériques qui vont spécialement au cœur, l'actionnent, le contractent, le dilatent 60 fois par 60 secondes, c'est-à-dire 3.600 fois par heure ; comme elles le troublent, le gonflent, le spasmodifient, l'arrêtent suivant la nature des vibrations pathogènes N., S., O., E., qui le pénètre à ses heures d'activité de jour et de nuit.

Rapport entre le mouvement éthérique cosmique et le mouvement éthérique humain. — Lorsqu'on a obtenu 1° la forme du corps fluidique par sa coupe horizontale mise sur plan ; 2° la zone orientée de l'influx vital ; on peut superposer sur ces deux résultats acquis, une troisième figure exprimant l'état cosmogonique du cosmos qui nous entoure dans le moment de la prise de formule ; cette troisième étude est fournie par le repérage de la situation spontanée des deux aiguilles sur le cadran, dans les 4 rectangles de 90° orientés au N, S, E, O : exemple lorsque les aiguilles sont, la gauche sur le double 0 vertical, la droite sur le double 0 horizontal ; la superposition fictive de l'aiguille gauche sur la droite donne une croix verticale ; les aiguilles sont entre elles perpendiculaires ; elles peuvent être en croix de Saint-André dans le cas où les branches sont à 45° l'une de l'autre ; le plus souvent elles se croisent aussi spontanément entre elles à des angles différents, suivant les époques.

Si l'on considère que chaque aiguille forme le côté commun à deux parallélogrammes de force : droit et gauche, lorsque l'aiguille est verticale : supérieur et inférieur lorsqu'elle est horizontale : en repérant chaque aiguille sur le cadran on pourra tracer les deux parallélogrammes qu'elle représentait dans n'importe quelle position sur chacun des cercles gradués ; on établit ainsi les 4 parallélogrammes indiqués par le dispositif spontané des aiguilles droite et gauche (l'aiguille considérée comme le côté commun à deux parallélogrammes) : avant la prise de formule on pourra obtenir la figure orientée des forces cosmogoniques par rapport aux quatre points fixes nord, sud, est, ouest, et considérer ensuite le changement produit sur ce dispositif cosmique connu par notre propre vortex de vibrations.

Avec ces données on arrive à comparer les dispositifs cosmogoniques du cosmos pris avant notre formule, avec le dispositif cosmogonique de l'homme révélé par elle, et établir les rapports entre le grand et le petit mouvement éthérique, de notre milieu ambiant et de l'atmosphère humaine s'influençant réciproquement dans le temps et dans l'espace, s'individualisant dans l'homme dans sa substance éthérique, dans le temps et l'orientation de la vie humaine, comme le zoéthère-vivant périphérique au globe se traduit par le mouvement giratoire et alternativement contractif et expansif de la sensibilité élastique du flux de vie. Si donc sur un seul cadran de 360 degrés enfermé dans un carré orienté N.-S., O.-E., on place les deux aiguilles dans la position exacte qu'elles occupent respectivement sur chaque cadran, on les voit généralement se croiser sous un angle de n. degrés; quelquefois, elles sont parallèles.

Traçons ces deux traits en grosses lignes; reportons en petites lignes sur ce même cadran les deux dispositifs nouveaux obtenus par l'intervention de nos mains, nous aurons deux nouvelles lignes qui se croisent généralement : marquons-les par deux petits traits, nous aurons les angles orientés vers les forces du carré cosmogonique représentant le respectif dispositif orienté 1° du mouvement éthérique cosmique de notre ambiance en gros traits, 2° le dispositif orienté du mouvement zoéthérique ou vital dans l'homme, et le trait de vie, sa polarisation actuelle.

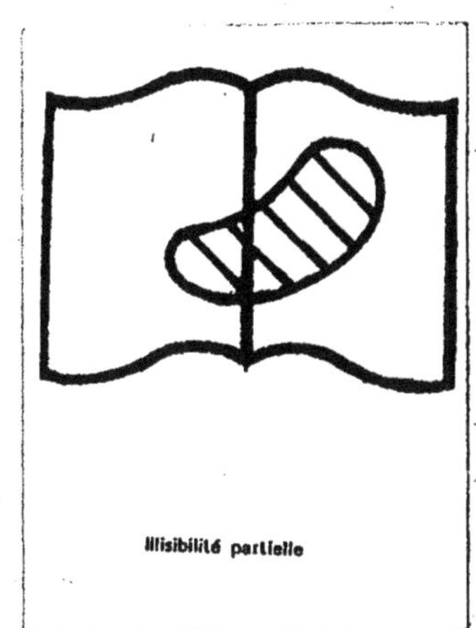
illisibilité partielle

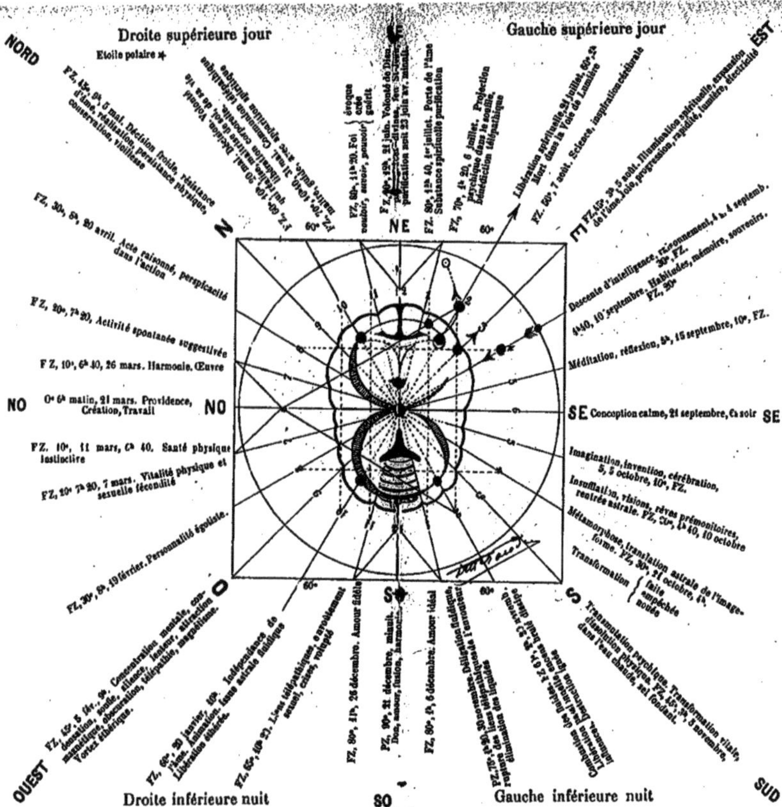

Fig. 18. — CARRÉ COSMOGONIQUE FAISANT NIMBE (cercle autour d'un cerveau schématique vu de face obliquement ou d'arrière en avant).

Il y aurait, sans doute, de nombreuses lois à tirer du rapport du mouvement spontané des aiguilles à droite et à gauche par le vortex zoéthérique, mouvement sur lequel les taches solaires et les perturbations sysmiques ont une influence, mouvement de la chromosphère solaire avec les mouvements de notre propre photosphère ou atmosphère éthérique, de notre vortex vital.

C'est à ceux des astronomes et des mathématiciens qui s'intéresseront à cette double question, que reviendra l'honneur d'établir cette double étude, et d'en tirer la grande formule fixant le rapport entre le mouvement cosmogonique et le mouvement de la vie humaine dont je ne fais que signaler le terme qui nous concerne en *démontrant les lois du mouvement vital pour l'homme par la formule biométrique.* Quel Mécène scientifique tentera la solution du problème dans un observataire à la fois cosmogonique et humain?

On peut concevoir ainsi les relations entre le mouvement de la terre et les mouvements fluidiques autour du corps humain. La terre tourne de gauche à droite sur son axe NS de l'ouest à l'est.

Les forces éthériques tournent autour du corps humain regardant le nord dans notre hémisphère, de gauche à droite, de son Ouest talon postérieur gauche, à son Est antérieur droit épaule ou main droite étendue, en passant par le milieu du dos ; elles redescendent, ensuite, en passant par le plan antérieur jusqu'aux orteils antérieurs du pied gauche regardant le nord.

A un moment donné il se produit un mouvement giratoire de 180 degrés dans une reptation progressive qui met l'homme face au sud ; la force ouest alors entre par le petit orteil droit, passe au creux épigastrique, se recourbe à l'épaule gauche et redescend en arrière au talon droit où elle s'élimine.

Que nous fassions face au sud ou au nord, on suit l'écliptique solaire allant de l'ouest à l'est, passant par 10 h. du soir et 2 h. après midi ; tandis que l'écliptique lunaire va du nord au sud dans le sens opposé, du talon gauche par l'épaule droite aux orteils antérieurs gauches, et fonctionne en une direction et orientation complémentaires opposées, et symétriques au cours solaire passant par 2 h. du matin et 10 h. de la matinée. Les modifications de l'éther durant les 24 heures, temps de la rotation terrestre, sont ainsi expansives ou contractives: les heures de l'expansion maximum sont 1, 2, 3 ; dont la contraction commence : 4, 5, 6; dont la contraction se fait : 7, 8, 9, — dont la contraction est au maximum : 10, 11, 12; la contraction nocturne baisse 1, 2, 3, — l'expansion commence : 4, 5, 6. Début de l'activité : 7, 8, 9. — Tension de l'expansion 10, 11, 12 heures.

Le carré droit supérieur Nord contient les heures 6, 7, 8, 9, 10, 11, 12 avant midi (épaule et bras droits), *activité.*

Le carré gauche supérieur Est contient les heures 12, 1, 2, 3, 4, 5, 6 après midi (épaule et bras gauches), *conceptivité.*

Le carré droit inférieur Ouest contient les heures 6, 7, 8, 9, 10, 11, 12 avant minuit (hanche et jambe droites), *attractivité.*

Le carré gauche inférieur Sud contient les heures 12, 1, 2, 3, 4, 5, 6 après minuit (hanche et jambe gauches), *transformativité, métamorphose.*

Je termine en donnant ci-dessus dans le carré cosmogonique le nimbe avec la topographie des *vibrations céphaliques,* suivant les trois classes de vibration 30°, 60°, 90°; leur signification, leur orientation et leurs moments horaires sur le cadran des 360°.

Je mets ici cette page afin qu'il soit possible de mieux saisir le mouvement vibratoire qui entoure le cerveau antérieur et postérieur, droit et gauche, et qu'on fasse l'étude du cerveau fluidique animé par les vibrations zoéthériques dans les trois classes animales ou organiques, animiques ou physiologiques, mentales ou spirituelles.

J'ajoute que la courbe du casque cérébral peut ne plus être une circonférence, mais prendre une forme conique ascendante dont on retrouve l'expression dans les coiffures des statues hiératiques de l'Inde, de l'Egypte, de l'Assyrie partout, où dans les grands centres initiatiques existait la connaissance des lignes rectrices de la vie; connaissances qui sont perdues à l'heure actuelle, mais dont les cultes religieux substitués aux centres initiatiques ont gardé le rituel symbolique et la coiffure sous forme de Mitre et de Tiare.

Autour du centre cérébral, de la glande pinéale en arrière, dans le foyer du parallélogramme postérieur, de la tige pituitaire en avant dans le foyer du parallélogramme antérieur, autour de ces deux organes qui semblent attendre une future évolution, se groupent à des orientations différentes et différemment dynamisées des vibrations éthérées, les forces Z d'après une loi de *complémentarisme antagonique, symétriquement distribuées dans le carré cosmogonique.*

Crookes est très affirmatif au sujet de la « *valeur distincte des vibrations de l'éther* ».

Je m'en suis convaincu en mesurant cette valeur par l'arc de cercle orienté qu'elles impriment à une aiguille enregistreur et en en mettant la tête entre les deux biomètres.

La mythologie ancienne était pleine de la notion de ces forces éthérées qu'elle divinisait au lieu de les étudier scientifiquement.

L'Eglise elle-même en reconnaît l'existence lorsque, tournée vers le nord-est, elle invoque la chute de forces éthérées : « rorate de cœlo de super nubes, flumina »; ce qui tombe ce n'est pas de l'eau, mais une pluie de grâces dont elle fait sa force. On trouverait je crois, dans la franc-maçonnerie *scientifique*, des notions relatives aux forces cosmogoniques, mais j'ignore cette question.

La science indoue m'est plus connue; et la recherche de ce côté semble devoir être fécondée par mes études au Musée Guimet. Je rappelle que l'expérience a démontré combien le cerveau était un appareil cohéreur des forces éthériques, télépathiques, impressionnable par les vibrations de l'éther contiennent et qui transmettent les influences psychique, morale, les projections de volonté, les forces spirituelles. J'ai dressé ce tableau expérimentalement d'après mes recherches sur la psychométrie, les orientations religieuses cosmogoniques, les données mathématiques et géométriques de la loi du complémentarisme antagonique. J'ajoute que j'en *ai vérifié le bien fondé* depuis 13 ans et sur 5.000 observations. On comprend que l'homme mis au centre de ce cadre puisse s'orienter vers les 8 orients pour obtenir d'être aidé, par leurs vibrations. S'il est sensitif, il ressentira l'effet, l'induction fluidique de l'éther ; s'il n'est pas sensitif cette étude lui est fermée ; cette sensation lui échappant, il la subira mais inconsciemment; rien à faire pour lui dans cet ordre d'idées ; son activité devra se porter vers la vie sportive, la lutte, les armes, le labour, les camps, la chasse, les études physiques et chimiques, la vie matérielle terrestre mais non éthérique pranique comme disent les Indous. — Le cerveau, appareil cohéreur des vibrations de l'éther, des forces Z, dès *qu'il s'est spiritualisé,* arrive au rapport conscient avec ces vibrations, dont il fait son profit; il les enregistre et les *assimile à sa conscience et connaissance.* L'alcool, le tabac en trop grande quantité, un sang épais ou impur, s'opposent par contre à la dynamisation spirituelle du cerveau.

L'eau, le poisson comme alimentation, la prière, la méditation, les efforts progressifs de volonté, de foi psychique, nous permettent d'entrer en relation plus directe avec les forces Z du Cosmos.

Une hygiène sexuelle semble, somme toute, préférable à un excès dans n'importe quel sens ; la contagion et la contamination fluidique par le complémentaire conjoint dans le duo d'union sexuelle est bien plus à envisager, et sérieuse dans ses conséquences psychiques, que les conséquences simplement physiques envisagées à tort d'une manière exclusive ; par contre, la chasteté est nécessaire pour adapter certaines vibrations éthériques subtiles et pures ; dans la télépathie clairvoyante, le cerveau physique du voyant a la faculté de transformer *à sa volonté* en images et tableaux la vibration *télépathisée* elle-même, qu'il a reçue. Je puis affirmer la véracité de la production de ces images par la vibration, d'après mes recherches personnelles sur ce côté de la psychologie humaine qu'on appelle la PSYCHOMÉTRIE qui métamorphose la vibration fluidique en image hallucinatrice véridique.

CHAPITRE VII

DÉDUCTIONS PRATIQUES
APPLICATIONS AUX MALADIES NERVEUSES

La méthode biométrique appliquée à la mensuration de la vitalité chez les neurasthéniques et les névrosés, les obsédés.

La biométrie nous apporte ainsi qu'on vient de le voir une nouvelle méthode de constater les forces Z, qui meuvent et régissent le corps humain, et d'étudier nos propres fluides ; elle permet par suite d'apprécier la nature des forces d'un organisme ; cette étude du vitalisme humain m'a amené à l'appliquer à la thérapeutique, et à créer des procédés de traitements tout spéciaux qui soient en rapport mieux adapté avec l'état des forces rectrices dans le corps humain.

En me basant sur *les données précises* fournies par la biométrie, j'ai donc dû modifier mon ancienne pratique électrothérapique pour la façonner et l'adapter mathématiquement aux besoins d'une *dynamique vitale* mieux connue dans *sa sensibilité, son élasticité et son orientation, et sa topologie,* traiter les maladies nerveuses, si différentes, avec une connaissance plus complète des courants vitaux de la personnalité humaine.

Après avoir constaté que le composé combiné humain était un accumulateur des forces Z ou zoéthériques, j'ai été tout naturellement sollicité à me servir des transformations secondaires de la force, les plus en rapport avec les nervosités constatées, c'est-à-dire des modes de l'énergie, chaleur, froid, électricité, magnétisme, pour recharger l'appareil humain, suivant la nature du déficit reconnu ; rétablir et assurer en nous le jeu des mouvements dont la révolution horaire a lieu en 8; d'autre part, pour des raisons inverses, j'ai dû créer des procédés inverses de *désélectrisation*, de *déconden-*

sation, qui débarrassent l'organisme des forces anormales, des vibrations pathogènes ou anormalement distribuées et polarisées dans le corps humain, pour y substituer ensuite un équilibre de bons fluides, de vibrations harmoniques qui soient en rapport avec la fonction normale et intelligentiée.

On comprendra donc qu'en regard des méthodes d'électrisation ordinairement employées, des méthodes de condensation et de transformation de la nutrition, en présence d'états nerveux où l'hypertension vitale est observée à la place de l'hypotension neurasthénique, il était aussi logique de chercher *à décondenser, à décharger un hypertendu, un hypervibrant*, qu'il l'avait été de condenser un *hypotendu*, un *hypovibrant*, en un mot d'agir avec une certitude plus marquée ; grâce à ma méthode biométrique, j'arrive à mesurer l'énergie de la vitalité physique et psychique de nos potentialités, et à constater l'état de contraction ou d'expansion du vitalisme de nos organes.

Je puis donc affirmer que dans tel cas il faut user des méthodes opposées de décondensation, de désélectrisation, et que pour d'autres enfin, il faut remettre l'équilibre et l'harmonie, dans le mouvement vital des grands segments du corps humain, c.-à-d. orienter différemment le malade, pour le fixer, le condenser, l'épandre, le transformer.

La biométrie en clinique fait donc intervenir un nouveau facteur qui, jusqu'à présent, n'avait pas été compris dans la symptomatologie, c'est *le mouvement vital lui-même* qui donne les renseignements suivants sur la vie humaine :

1° La rapidité, la puissance du mouvement de la force fluidique expansive en nous qui se détend dans une des 8 orientations ;

2° La fixité et la durée de la contraction de la force éthérique tendue en nous ; son essence différemment spécialisée.

3° La résistance du vortex qui fait la cohésion moléculaire dans nos organes, le strictum et le laxum de la vitalité physiologique des organes, la respiration fluidique intérieure de nos organes.

Avec cette méthode, ces données deviennent mathématiques

et aussi précises que la prise de la température par le thermomètre pour le froid et le chaud.

Jusqu'ici, avec des expressions différentes, en cherchant à apprécier approximativement le degré de la santé d'une personne, on accusait bien la chose, en disant que tel ou tel malade avait un tempérament résistant, un bon fonds de santé, un moral abattu ou fort ; on en déduisait qu'il guérirait vite ; mais il n'existait aucune classification, aucune méthode, aucune mensuration, qui permît de parvenir à cette science nouvelle : « *L'enregistrement de la vitalité humaine* » *dans une triple étude diagnostique, du tempérament, du degré de vitalisme de leur organisme* apprécié *par l'enregistrement des forces vives qui nous animent, et du contrôle de notre Evolution psychique.*

Répétons que les chiffres pairs 10° etc., indiquent une bonne nature des forces vives qui nous animent, qui s'individualisent en nous, un bon fonds de vitalisme chez un homme bien portant, et même chez un malade momentané, dont la vitalité reste cependant en harmonie avec les lois et la révolution de la vie cosmique ; de même que 37° pour la température du corps reste une température normale même chez une personne indisposée, et 60 à 70 une bonne pulsation.

Attraction 20° à droite sera donc d'un pronostic plus favorable que attraction 25° ; car, dans le premier cas, la force vive qui pénètre le système nerveux est une force harmonique qui dynamise normalement, tandis que, dans le second cas, attraction 25° est une force désharmonique adéfinie, assymétrique, qui dissocie la synergie du système nerveux, le rend hystérique et névrosé.

Le sens du mouvement fluidique attractif ou expansif de la main droite est aussi à considérer, au point de vue de la réfection matérielle, de la rénutrition normale.

Attraction 40° à droite par exemple, indique une réfection de l'organisme, préalablement atteint ; aussi pourra-t-on dire, que la vitalité matérielle de l'organisme rentre dans l'ordre normal, lorsque 25° attraction droite sous l'influence de la thérapeutique, devient attraction 40°.

Il faut vérifier ensuite le degré de persistance ou l'énergie de la force vitale; et l'on comprendra que pour l'organe atteint, le retour à l'ordre normal sera d'autant plus complet et assuré, que le nombre obtenu aura une puissance de fixité plus considérable, c'est-à-dire que l'aiguille reste fixée sur le chiffre 40° ; c'est un fait d'observation répété sur mes malades (voir l'observation Des.).

En règle générale, si une mauvaise vibration s'individualise en nous à gauche par exemple, il faut, pour rétablir la santé, que nous la rejetions du côté opposé, antagonique et complémentaire à son entrée, que nous la désindividualisions par le côté droit directement opposé comme organe, direction, temps, heure, courant vital.

Il faut en outre que la libération de la vibration anormale se produise dans la sphère où on l'observe : animale, animique ou mentale.

Il faut donc arriver par la thérapeutique à extérioriser, à désindividualiser la force Z anormale, à dissoudre l'influence cosmique mauvaise ou pathogène pour notre existence, afin que notre être soit libéré aux heures et aux orients voulus dans les trois plans, et soit guéri en un mot au physique comme au moral des mauvais fluides obsessifs.

Lorsque les appareils enregistreurs ont constaté un état de faiblesse locale ou générale, il faut y remédier en rechargeant aux heures et aux orients voulus le corps humain, considéré comme un accumulateur déchargé ou mal équilibré, mal combiné.

La biométrie, suivant la nature des vibrations, indique ou contre-indique l'emploi de tel ou tel procédé électrothérapique et le règle d'après l'allure et le caractère du mouvement vital en nous.

Elle fait le diagnostic de nos vibrations, et contrôle l'usage des moyens dynamiques qui leur sont applicables et comment ils doivent l'être.

Exemple : les moyens indiqués par la formule : D. Att | G. Att (attraction double), c'est-à-dire la Franklinisation, sont absolument contre-indiqués, avec la formule : D. Rep | G. Rep, double répulsion.

Pour l'une la recharge, pour l'autre l'arrêt de l'expansion fluidique. Il serait absolument illogique de mettre un hypervibrant dans un bain d'électricité statique tensive qui convient bien au contraire aux neurasthéniques détendus et hypovibrants.

Le bain statique, d'une durée d'un quart d'heure, amène des transformations dans la formule à mesure que le bain se prolonge, ce qui montre qu'il ne faut pas craindre de donner ces bains assez longs, tout en contrôlant leurs effets.

Un exemple fera mieux comprendre :

Transformation de la formule biométrique par l'électricité statique simple :

Dr B., D. 0 | G. Att. 5°, fatigué, dépondéré.

5 minutes de bain négatif.				D. Att 10	G. Att 5
5	—	—	10 minutes.	D. 0	G. 0
5	—	—	15 —	D. Att 5	G. Att 5
5	—	—	20 —	D. 0	G. 0
5	—	—	25 —	D. Att 5	G. Att 5
5	—	—	30 —	D. 0	G. Att 5
5	—	—	35 —	D. Att 5	G. 0
5	—	—	40 —	D. 0	G. Att 15
5	—	—	45 —	D. 0	G. Rep. 2. Att 5
5	—	—	50 —	D. 0	G. Rep. 5°.

On voit la recharge du corps fluidique se faire peu à peu en quelques minutes ; la formule accuse une diminution d'appel de forces d'attraction éthérique, à mesure que la durée du bain statique se prolonge, c'est-à-dire que l'atmosphère vibratoire s'imprègne d'effluves électriques, nous en imprègne nous-même et donne de l'expansion à notre corps fluidique.

On constate d'abord la formule d'équilibre, entre les forces extérieures et le corps fluidique D. 0 | G. 0 puis les formules de recharge D. 0 | G. Att, et G. Att | D. 0 dans leur apparition, après la recharge successive des côtés gauche et droit le corps fluidique devient expansif, et donne des formules d'expansion, de tension psychique D. 0 | G. Rep 5.

Redynamisation. — *Aspiration des forces de l'Energie. Réfection de la puissance pulmonique cardiaque et sanguine.* — Pour redynamiser un sang altéré ou une circulation affaiblie, dans les maladies diathésiques constitutionnelles, les anémies graves, les scrofules à sang froid, je me sers de l'aspiration des forces énergitiques ; chaleur, électricité, lumière, magnétisme réunis en un seul appareil.

Voici un cas de dépression profonde rapidement remis. Clément, 35 ans, très courbaturée après un voyage et un désespoir excessif d'amour abandonné.

Mai 1892, 4 heures soir : D : Att : 85 | G : Att : 5 : vie brisée.
5 h. aspire forces 10 m : D : Att : 45 | G : 0.
aspire 20 m : D : Att : 20 | G : 0.
6 h. 1/2 aspire 30 m : D : Att : 10 | G : Rep : 10.

La nuit est bonne; le lendemain, la formule de réfection de la force physique et psychique persiste.

D : Att : 15 | G : Rep : 10.

Conclusion en trente minutes d'aspiration de forces faite dans l'intervalle d'une heure et demie la formule Att : 85 | Att : 5 est devenue Att : 10 | Rep : 10 c'est-à-dire d'hypotension vitale physique est passée à une moyenne vitale normale plus pondérée, et y est restée Att : 15 | Rep : 10. Le désespoir était parti, le désir de vivre reparu.

Interprétation de la formule biométrique. — Dans la dégénérescence alcoolique du cœur, j'ai pu rétablir les puissances vitales des centres cardio-pulmonaires très compromises.

Mr D., alcoolique, délirium, teint hâve, feuille morte, oppression, pouls très mou, syncopal, fatigue excessive 134 liv.

Att : 80 | Att : 15. Hypotension vitale et désir psychique, grande confiance 80°.

Douche statistique chaude cardiaque. Strychnine.

Aspiration de forces, durant un mois. Amélioration.

Rep : 20 | Att : 25 ; — Rep : 10 | Att : 5 formules de réfection matérielle : guéri, 140 livres. Att : 5 | Rep : 5.

L'aspirateur de forces à froid est un revitalisant des appareils pulmonaire et cardiaque remarquable, comme la douche statistique chaude stomacale est un remontant des potentialités digestives.

SÉANCE D'INHALATION DE FORCES

Fig. 19. — Appareil condensateur de force pour le cœur et le poumon (chaleur, lumière, électricité, aimantation).

Le même appareil à chaud porté sur le creux épigastrique est un reconstituant dynamique du plexus solaire décondensé dans le *traitement des dyspepsies chroniques rebelles, des gastropathies, par la douche électro-magnétique chaude sur l'estomac pratiquée à jeun ou en pleine digestion, recharge du plexus solaire, du centre réflexe sécréteur* (1).

Dans les formes atoniques rebelles de la dyspepsie stomacale, comme dans les manifestations de la neurasthénie ou de l'influenza gastro-abdominale, depuis plusieurs années j'ai eu l'idée de réunir tous les modes de l'énergie : chaleur, lumière, effluves statiques, aimantation en un faisceau de forces projetées sur l'estomac, grâce à un appareil, avec lequel ces agents dynamiques puissent être réglés, c'est-à-dire augmentés ou diminués d'intensité.

Méthode. — Le point de départ de cette méthode thérapeutique des dyspepsies est basé sur la connaissance du bien-être que la chaleur lumineuse principalement, l'aimantation, et l'électricité donnent aux personnes atteintes de gastropathie. La conclusion a été leur groupement thérapeutique.

Par leur association dans cet appareil que j'avais appelé synergique, mais que couramment les malades réclament sous le nom de douche chaude électrique (2), les modes de l'énergie groupés ont pleinement réussi à donner satisfaction aux besoins d'énergie éprouvés par nos viscères pour l'effort digestif impuissant. Les gastropathiques, les malades souffrant des plexus du grand sympathique abdominal, refont ainsi leur vitalité abdominale doucement sans choc ni ébranlement nerveux.

Description. — L'appareil aspirateur pour la poitrine, doucheur de forces pour l'estomac consiste en un aimant d'une puissance de 60 livres, entre les branches duquel un bec de gaz est allumé dans une lampe de Mica, dont l'action calorique peut être évaluée de 40 à 50 degrés. A l'extrémité de chaque pôle se trouve un demi-peigne conique en cuivre doux, dont les dents émettent des effluves électriques bleutées

(1) Communication au congrès de Boulogne 1899, à la Société française d'électrothérapie, juin 1900.

(2) Cette douche est sans eau.

dans un cône de lumière et de chaleur réfléchies, entourées elles-mêmes d'un champ magnétique de 50 centimètres de rayonnement.

Un réflecteur circulaire nikelé projette l'ensemble lumineux et calorique sur la région épigastrique, sur les reins au niveau des gros noyaux du plexus solaire, qui se trouve ainsi simultanément illuminé, électrisé, aimanté et réchauffé à travers les vêtements ou mieux à nu.

Par l'intermédiaire du corset entr'ouvert chez la femme du du gilet déboutonné chez l'homme, l'estomac reçoit une réelle douche dynamique composée de chaleur, d'électricité, de lumière, d'aimantation, pendant 15 à 20 minutes en débutant progressivement. Les facteurs chaleur, électricité, sont modifiables et réglables suivant le désir des malades. Les dilatés demandent plus de chaleur à la période de frigidité, tandis que les nerveux se chargent d'électricité plus volontiers les uns que les autres. Il suffit de tourner le robinet du bec de gaz, comme de serrer les tampons graissés d'or mussif, pour obtenir plus de chaleur et plus d'électricité.

Reste la question de la pénétration ; j'ai pu la réaliser en grande partie par un procédé que j'ai appelé les courants P. Il suffit pour les produire de relier l'armature extérieure d'une bouteille de Leyde de 2 litres, par un fil caoutchouté au pôle + de l'aimant et l'effluve prend une énergie pénétrante, devient incisive mais sans douleur (l'étincelle d'une couleur or jaune rougeâtre est par contre intolérable, elle reste sans application pour le malade).

La recharge du plexus solaire de l'estomac se fait :

1° L'estomac étant en pleine digestion de suite après le repas pour digérer.

2° L'estomac étant vide, après digestion effectuée.

1° **A plein.** — Cette douche électro-magnétique se prend de suite après le repas chez les dyspeptiques atoniques atteints d'insuffisance chimique et motrice qui ne peuvent faire les frais digestifs de leur repas.

Elle détermine un resserrement progressif de l'organe à mesure que la recharge dynamique de tout l'appareil gastrique provoque le chimisme et la motricité de l'organe affaibli, incapable de l'effort digestif avant son intervention.

En pleine digestion lourde, difficile, l'estomac de bois devient léger et facile; la respiration est allégée, rendue possible.

Chez les épuisés, les dilatés gastriques amaigris et constipés avec ptose, chute de l'intestin, rétention des matières, clapotement de l'estomac, dans tous les cas de faiblesse motrice de l'estomac, la recharge synergique des nerfs tiraillés, affaiblis, décondensés de force, se produit avec une sensation agréable de réfection locale, de bien-être du ventre et de la région diaphragmatique (facilité respiratoire, liberté du cœur et digestion gastrique). La constipation s'efface, si elle ne dépend pas d'une ptose intestinale, d'une faiblesse de la défécation, ou de la paralysie du releveur de l'anus.

1° **A jeun.** — La recharge électro-magnétique se fait chez les gastro-succhoréiques acides; dans l'intervalle des repas au moment où les accès se produisent par surproduction acide et elle calme les crises de douleur.

Enfin dans la forme si répandue de la neurasthénie gastro-abdominale, suite d'influenza, par exemple, avec retentissement parétique sur les nerfs de la région sacrée, faiblesse et douleurs de jambes.

Les contre-indications positives de la recharge électro-magnétique sont : l'ulcère, le cancer de l'estomac.

Je termine en répétant que la recharge électro-thermo-magnétique des plexus nerveux de la vie abdomino-animale par les modes de l'énergie réunis, est un puissant moyen de revitalisation des organes de la vie inférieure, lorsqu'ils sont épuisés comme dans les formes de dyspepsie chronique, alors surtout que les autres moyens, même électrothérapiques, restent sans effets. La recharge est insensible, elle se produit sans douleur : douce et forte comme action, elle est pénétrante et persistante en nous, où, suivant besoin, elle accumule ses différentes énergies calorique, lumineuse électrique et magnétique, en un réel repas de forces pour l'estomac, qui digère ensuite sans effort ni fatigue des aliments qu'il n'aurait pu tolérer; le repas de forces fait faire la digestion du repas substantiel, d'où la nécessité d'électriser, au sortir de table, l'estomac des dyspeptiques rebelles incapables de l'effort gastrique, qu'ils aient été préalablement ou non soumis suivant le cas à la digestion galvanique au point de vue du réflexe chlorhydro-pepsique; dans les deux cas l'électricité pendant digestion s'impose; souvent j'emploie le repas de forces et la digestion galvanique l'un après l'autre.

Lorsqu'on répète la prise des formules biométriques, on voit, à mesure que l'amélioration se produit, la formule se transformer peu à peu dans des conditions se rapprochant en général de l'exemple suivant :

D : Att : | G : Att :
D : O : | G : Att :
D : Att : | G : Rep :
D : Rep : | G : O :
D : Rep : | G : Rep :
D : O : | G : Rep :
D : Att : | G : O.
D : O : | G : O.
D : Rep : | G : Att.

Un fait remarquable est à observer : avec ces transformations de formules, la personnalité matérielle se modifie ; les urines troubles au début deviennent normales, puis l'expansion psychique se produit ensuite.

L'appétit, la circulation, la marche, les forces se rétablissent progressivement, ramenant la gaieté, l'activité psychique, la joie de vivre. Le malade passe par une période d'urines troubles, de légère fièvre électrique, brûlant les produits mal élaborés ou trop anciens, qui encrassaient le sang et les humeurs. Le poids diminue mais la vitalité matérielle est accrue ; des matériaux nouveaux sont vitalisés et mieux assimilés, l'expansion fluidique a lieu. La formule D : Att : | G : Rep : est alors atteinte.

Il y a transformation vitale dans l'être ; le malade en a la pleine sensation, la formule le montre. Une nouvelle personnalité à formule nouvelle se crée; elle est définitivement établie lorsqu'à une diminution de poids succède une formule d'expansion psychique; et qu'ensuite poids et formule expansive prennent une légère et progressive augmentation.

On est alors en présence d'un malade complètement transformé par le traitement; il a perdu d'abord son poids matériel, uriné ses vieux matériaux par l'action désassimilatrice électrique sur le double vital qui s'est modifié, comme l'indique la formule, et de ce fait la vitalité psychique se trouve libérée, facilitée, accélérée; le changement de la personnalité physique a lieu en premier; ce n'est qu'ultérieurement que le psychique est modifié; le contraire se produit par la suggestion et la verbo-thérapie, la personnalité psychique est changée la première, et son action modifie la vitalité fluidique qui actionne l'organe physique en dernier ressort.

La douche cérébro-lumineuse (association de l'effluve statique et de la lumière électrique) est l'un des meilleurs procédés d'électrothérapie cérébrale applicable aux migraines, fatigues et surmenages provoqués par le travail dans le cerveau enténébré n'y voyant plus par les excès, les écarts de régime ou les vibrations pathogènes; dès que l'énergie cérébrale tend à décroître il faut la mettre en pratique sans attendre la déchéance psychique; elle est fortifiante et sédative à la fois et semble produire l'éréthisme des dendrites et la recharge fluidique des neurones; après la décondensation elle agit chez les obsédés avec précision, pour refaire de bonnes vibrations à la cérébralité qu'elle illumine et réjouit.

La personne est placée sur le tabouret négatif; le doucheur lumineux abaissé à 0 m. 05 cent. de la tête, la machine mise en mouvement. Cette douche électro-lumineuse très agréable ne donne *ni étincelle ni commotion*; c'est un souffle puissant avec aigrettes multiples que l'on envoie durant dix à quinze minutes tous les jours ou tous les deux jours en même temps que le malade est plongé de la tête au cœur dans une intense lumière électrique; elle est fréquemment combinée avec la friction sur les voies d'issue des forces fluidiques gauches, tempe, rate, genoux, pied gauches; en humectant légèrement la boule d'ébonite, on tire non pas des étincelles mais un vrai flot de fluides et d'effluves du point du corps touché, dégagé.

CHAPITRE VIII

ATMOSPHÈRE FLUIDIQUE PATHOGÈNE

I. — Vibrations pathogènes mensurées par les arcs de cercle chiffrant des nombres de degrés multiples impairs de 5.
II. — Destruction des courants de névroses, dégagement de l'atmosphère des obsédés des vibrations pathogènes qu'elle renferme.

§ I. — VIBRATIONS PATHOGÈNES TÉLÉPATHIE MORBIDE

Les données qui peuvent être tirées de l'étude de l'atmosphère d'un sensitif sont les suivantes :

I. *Son impressionnabilité* est d'autant plus grande, que la déviation de l'aiguille biométrique est plus considérable comme écart, plus rapide comme déplacement, et plus courte comme durée.

Plus l'écart est grand, plus le mouvement est rapide, moins longue est la durée du déplacement et du retour, plus le sensitif est d'une délicatesse physiologique susceptible de le mettre en rapport avec un nombre varié de vibrations, qui peuvent influencer sa sensibilité physique, animique et mentale.

II. L'influence manifeste de ces vibrations invisibles mais réelles, *est perçue exclusivement par les sensitifs*. Leur action n'est pas sentie par les natures matérielles ; elle est à peine sensible pour beaucoup de personnes, qui n'y attachent aucune importance ; mais chez les sensitifs qui *la perçoivent pleinement*, elle produit un résultat dynamique *considérable* influençant leur vitalité tout entière ; l'effet chez eux ne semblerait pas être en rapport avec la cause, si à la question de *quantité*, on ne devait substituer la question de *qualité* de la vibration, et si d'autre part, on n'était obligé de tenir compte de la nature éminemment *impressive* d'un sensitif; il est réellement comparable à l'antenne négative d'un télégraphe sans fil; il faut d'autre part connaître toute la puissance d'irradiation expansive de la vibration *mentale* projetée dans le zoéther, surtout par une volonté irréductible.

Certaines personnes sont des centres passifs de réceptivité, pour des vibrations possédant un caractère réellement *pathogène*, qu'elles attirent, accumulent, transportent avec elles, et dont elles cherchent instinctivement à se décharger sur autrui; elles peuvent ainsi transférer à d'autres sensitifs plus faibles et moins résistants, des vibrations de névrose empoisonnant leur âme et l'esprit de tout leur entourage.

D'autres impressifs semblent, au contraire, jouer le rôle d'antennes *positives* d'émetteur; ils projettent à une plus ou moins grande distance leurs vibrations *pathogènes* par une *télépathie morbide*, qui se polarise et s'oriente en une direction voulue, ou déterminée par la sympathie ou l'antagonisme des fluides de deux personnes, vibrant à l'unisson ou à l'opposé.

On sait que certaines constitutions sont plus facilement frappées par les maladies épidémiques; ce sont des terrains d'ensemencement, favorables au développement bacillaire dans les affections contagieuses; il en est de même pour certains tempéraments impressifs, qui sont si sensibles à l'action de ces vibrations pathogènes, qu'ils semblent avoir la faculté spéciale de les condenser en elles; je connais des personnes dont la vibration est un poison réel pour d'autres.

Le cas de Mme X. est bien connu, elle ne peut plus trouver de médecin, de masseur, même de magnétiseur, depuis que l'un d'eux a succombé et que tous les autres ont été contaminés ou malades.

La vitalité des sensitifs est plus facilement contaminée que d'autres, par cette sorte de vibrations anormales, car la plupart des impressifs ne savent ni éliminer ni opposer la moindre barrière à ces influences, qu'ils subissent dans leur corps fluidique du fait de l'invasion préalable de leur atmosphère, où elles restent fixées jusqu'à ce qu'elles aient impressionné le corps physique lui-même, ou qu'on finisse par les éliminer; aussi deviennent-ils rapidement des déprimés, des phobiques, ayant une peur excessive de tout ce qui peut les toucher, les influencer.

L'auto-suggestion (1) vient ultérieurement décupler l'importance de leur obsession, jusqu'à produire la perte de la personnalité volontaire; toute lumière spirituelle spontanée s'éteint en eux; la nuit se fait dans le cerveau, qui continue à condenser autour de lui toutes les mauvaises vibrations ambiantes. Les formules biométriques nous permettent de préciser, par la longueur d'arc de l'onde zoéthérique, le point de pénétration de la vibration pathogène et le trajet que ces forces affectent en nous, et en particulier dans l'ovoïde crânien, ce qui intéresse surtout les psychopathes pour la cure de leurs psychoses.

Il faut maintenant se rendre à l'évidence et arriver à comprendre, que l'homme fluidique environné de son atmosphère vibrante, des foyers des forces cosmogoniques, peut être d'autant plus exposé à devenir le jouet de ces forces extérieures encore peu connues, mais possédant une orientation fixe, une révolution fatale et un déterminisme préétablis, qu'il a une sensibilité plus affinée, susceptible, par conséquent, d'entrer

(1) « La sœur Saint-Fleuret dont on a tant parlé a, pendant sa maladie, l'horreur de tout objet religieux ; le voisinage d'un Christ, d'un livre de dévotion ou d'une image pieuse, la plonge immédiatement dans un accès presque rabique et chose incroyable, elle n'a pas besoin de voir ces objets, elle les sent, elle les devine quand on les approche d'elle, si cachés qu'on les tienne et elle se précipite aussitôt vers eux pour les détruire ne pouvant absolument pas les souffrir.

« Cette maladie, qui n'est, au point de vue médical, qu'une déviation de l'hystérie, a eu comme prodrome une prédisposition naturelle, qui est devenue aiguë par l'influence du milieu ambiant, mais elle n'a rien de surnaturel, c'est la résultante d'une véritable auto-suggestion (Extrait du *Matin*). » L'antagonisme invincible de certains fluides, influences et substances est un phénomène vital indéniable qui constitue dans la société des délimitations politiques, religieuses, sociales, si tranchées, des mondes différents.

en rapport avec un nombre de vibrations plus variées et différentielles, et qu'il ne sait pas se diriger au milieu de ces forces en cours, ni se protéger soit par l'action prédominante de sa volonté, soit par la formation d'une zone de vibrations protectrices, l'entourant de toute part et formant une sorte de coque suivant l'expression hindoue, soit par sa propre transformation ou transposition sur un autre plan éthérique orienté.

Ces données acquises, il semble logique de rechercher les moyens qui permettent de diriger ou d'extérioriser, de transposer ces forces chez les sensitifs vibrants, afin que le mouvement de leur organisme n'arrive pas à être faussé dans son mécanisme.

De même que le rhumatisant cherche une orientation sèche et chaude, choisit un climat qui le garantit du froid humide; tandis que le goutteux se garde de l'humidité chaude, le poitrinaire des vents froids du nord-est, le sensitif cherche instinctivement une orientation appropriée à la nature des vibrations de son émotivité, favorable en même temps, à la sensibilité physique de son système nerveux si impressionnable, il devient physiquement et psychiquement très intuitif.

Les uns sont en déplacement constant et changent de place, jusqu'à ce qu'ils aient rencontré *momentanément* l'endroit où ils se trouvent bien : Ne voit-on pas, de même, les pauvres psychopathes, se plaindre d'éprouver des malaises vagues et indéfinissables lorsqu'ils sont dans certains milieux défavorables et miso-vibrants pour eux, comme le théâtre, les réunions publiques, où ils se sentent mal à l'aise dans des positions, mal orientées pour leur écoulement fluidique.

Au point de vue mental, il est possible d'exercer une influence particulièrement bienfaisante sur ces névrosés, mais il faut avant tout les comprendre, ne pas voir en eux des imaginatifs (expression déguisant notre ignorance), leur être progressivement sympathiques, se les adapter peu à peu, pour ne rien briser brusquement en eux, mais réussir à leur faire modifier leurs propres vibrations déséquilibrées et à les moduler dans une direction de vie nouvelle supérieure.

On sait combien certains impressifs éprouvent un sentiment de recul, en présence de personnes vibrant à l'opposé d'eux-mêmes. Heureux sont les sensitifs qui savent *se transposer*, c'est-à-dire *changer leur Ether*.

A la suite d'appels trop répétés, faits inconsciemment ou non à certaines forces vives orientées du Cosmos, par des caractères réputés irréductibles et fixement polarisés vers elles, au détriment et à l'exclusion des autres forces, également nécessaires au cours normal de leur existence, certains névropathes, sans se douter de l'excessive tension qu'ils ont imprimée à leur organisme dans un sens unique, sont arrivés à troubler l'harmonie et la révolution de leur vitalité ; elle verse alors, dans le sens de la force exagérément développée en eux, ou qui n'était pas compatible à leur tempérament ; ils deviennent ainsi complètement névrosés, une vibration faussée constitue leur vie et fait corps avec eux.

Dans les unions conjugales, c'est surtout l'incompatibilité des vibrations qu'il faut considérer, c.-à.-d. LA NATURE DE NOS FLUIDES ET NON CELLE DE NOS HUMEURS ; les tempéraments doivent *se compléter* l'un par l'autre, pour avoir la paix et l'harmonie dans une existence commune.

Dans ce domaine, la vibration est tout ; c'est elle qui, par son acuité anormale, provoque les transports, fait éclater la crise, produit les transferts, convulse le système nerveux, ou se décharge par l'écoulement fluidique et par les voies d'issue habituelle aux vibrations, ou se transpose sur un autre plan orienté.

On ne sera donc pas étonné de constater au point de vue mental l'antipathie profonde qu'exercent sur les hypervibrants certains centres d'activité, en dehors de toute agoraphobie ou vertige du mouvement, sans auto-suggestion, par pure influence.

C'est pour ce motif, qu'il est impossible à cette catégorie de psychopathes, désignés sous le nom d'obsédés, qui sont possédés par des vibrations antipathiques et antagoniquement orientées, d'entrer dans les églises, d'assister à des cérémonies religieuses, dont l'orientation et le sens des forces mises en branle, ne peuvent pas s'adapter à l'orientation de leur force personnelle ; pour eux la prière est une souffrance réelle, je l'ai constaté bien des fois (1). D'autres nerveux différemment orientés trouvent au contraire un réconfort dans la prière et s'imprègnent de ces forces vives, qui n'ont rien d'auto-suggestif, et qui calment leur âme, rassérènent leur esprit et les rendent heureux.

Il est quelquefois très difficile, parfois dangereux pour la santé des malades, de vouloir les faire passer brusquement d'une orientation à une autre, par une guérison trop rapide, ou au point de vue religieux par une conversion imposée. Dans les deux cas, c'est une affaire de temps, d'écoulement et de rejet des vibrations pathogènes progressivement remplacées par des fluides sains et normaux qu'il faut ancrer dans le composé humain ; tout doit se faire avec justesse, temps et à propos ; on évite ainsi les violentes réactions qui remettent tout en péril ; l'élasticité fluidique s'affirme moralement comme physiquement : la formule nous indique (2) :

1° La rupture de l'équilibre entre les 8 forces vives devant être sagement adaptées ainsi N.-E., S.-O., S.-E., N.-O., pour l'évolution de notre existence N.-S.-O.-E. qui nous pénètrent et se transforment en un mouvement giratoire descendant et ascendant pendant les 4 saisons du cycle de l'année.

2° La prédominance qu'une ou deux de ces forces exerce au détriment ou à l'exclusion des autres.

3° La nature anormale des vibrations pathogènes et des

(1) Une de mes malades, étant allée plusieurs fois à Notre-Dame des Victoires me disait : « Je me sens si misérable aux pieds de cette Vierge dont les douces effluves sont si bienfaisantes pour d'autres, elles me sont complètement incompatibles. Cette statue est chargée de fluides que je ne puis supporter. J'appartiens à un autre genre de vie, qui doit finir par le suicide » ; tandis que d'autres malades y sont fluidifiés par la grâce et les subtiles vibrations éthérées dévotionnelles de ce sanctuaire.

(2) En dehors de la formule, j'ai obtenu dans certains cas des spécimens de photographie des vibrations, qui feront les matériaux d'un futur ouvrage sur l'*Iconographie différentielle de nos vibrations.*

circuits de forces mal adaptées en nous, représentés par des chiffres impairs et inégaux se produisant à contre temps c'est-à-dire à l'encontre des époques habituelles aux formules et du mouvement cosmogonique.

L'observation nous permet de concevoir le corps humain comme entouré de cercles de vibrations qui peuvent se couper réciproquement en des points d'intersection et avec des orientations précises.

En ces points la force peut se nouer c'est-à-dire arrêter son circuit, s'enrouler sur elle-même, ou prendre à ce niveau une direction anormale, faire ce qu'en électricité on appelle un court-circuit.

§ II. — DÉCONDENSATION ELECTRO-FLUIDIQUE DANS LA NÉVROSE FLUIDIQUE

Ma méthode de décondensation se pratique ainsi :

Pour la tête dans les psycho-névroses, par la décondensation cérébrale.

Pour la névrose du corps, je me sers du dispositif suivant :

Une fois la formule prise, connaissant la direction des forces rectrices, que je suppose anormalement orientées, sachant leur point d'entrée, leur nœud, l'heure à laquelle pénètre la force diabalique, ce qu'elle a l'habitude de produire comme troubles convulsifs lorsque le malade réagit, et tend à éliminer l'agent morbide inhibiteur la veine fluidique de forces froides provoquant une crise d'arrêt, de paralysie, qui s'irradie sur tout l'organisme.

A l'heure choisie avant la pénétration, je fais la séance de décondensation, comme on donne du sulfate de quinine une heure avant la crise de fièvre ou de névralgie.

Je choisis mon heure, d'après la connaissance des courants de pénétration diurnes et nocturnes dans la vitalité humaine, sans tenir compte de l'état de veille ou de l'état de sommeil dans l'angle, et à l'heure antagonique marqués dans le carré cosmogonique pour les 4 segments du corps ou de l'organe humain.

Des épileptiques ayant leur crise à 5 heures du matin sont soignés à 11 et 1 heure; d'autres les ayant par des rêves se reproduisant à heure fixe, causant l'hallucination et la crise, sont réveillés avant la production du rêve, et décondensés sur les points indiqués par la formule de façon à faire faire un court circuit à l'Aura, avant le moment où elle tend à sortir de sa courbe et du système organique auquel elle appartient, pour se dévier et pénétrer dans un autre système organique dont elle envahit la vitalité. Celui-ci réagit contre cette invasion par l'explosion d'une crise cherchant à se débarrasser des fluides pathogènes ou étrangers à sa substance.

On doit ramener progressivement vers les voies, heures et orientations normales d'élimination, rejeter hors du corps et de l'atmosphère du malade, les forces qui le contaminent, l'obsèdent ou le dissolvent. Ce court circuit ramène la force envahissante dans son propre parallélogramme de force où elle reprendra son cours dans le système organique pour lequel elle est propre dans le corps comme dans le cerveau.

La circulation fluidique dans les 4 grands systèmes débarrassés de toute Aura, ou force étrangère diabalique (1), venue se jeter en travers de leur mécanisme, alors fonctionnera dans les 4 parallélogrammes de force d'une façon rythmique et harmonique entre eux et avec leurs substances dynamiques propres.

Pratiquement la décondensation se fait, les deux pieds du malade sur une seule plaque humide ou deux séparées, tandis que la main droite du médecin, protégée par un gant de caoutchouc, promène un tampon sec en ébonite sur les points et les lignes rectrices des quatre grands segments dans le sens indiqué par la formule : verticalement, horizontalement, diagonalement, en 8 vers les voies d'issue gauche antérieure et

(1) Diabalisme, formé des mots grecs δια à travers et βαλω je jette, est une force projetée et envahissante déviée de son système propre et passant à travers un autre sain qu'elle trouble, impressionne, influence suivant sa nature.

droite postérieure ; sur les nœuds il cause une douleur *faisant pousser un cri* lorsque le nœud intérieur a été touché, alors que le reste du segment est peu sensible.

Je me sers d'une tension faradique très grande, progressivement poussée jusqu'à ce que 1° l'anesthésie électrique ait disparu, 2° que le malade ait été impressionné par la décondensation électrique, au point que les courants normaux soient rétablis et la sensibilité faradique persistante, ce qu'indiquera une nouvelle vitalité et que la formule nouvelle précisera.

Au bout de 4 à 5 minutes, alors même que le malade vient de prendre un bain de propreté, il se produit un *dégagement fluidique* d'une odeur spéciale, qui nécessite l'aération et qui va en diminuant, à mesure que les fluides pathogènes sont éliminés et que la sensibilité cutanée se rétablit ; alors même que les soins de propreté n'existeraient plus, l'odeur des fluides s'améliore à mesure que la nervosité disparaît.

Cette odeur est tellement caractéristique et différente de l'odeur de la malpropreté, qu'un sensitif crisiaque mis dans la pièce où a lieu l'opération, ne sera nullement impressionné par l'odeur de la malpropreté, tandis qu'il prendra une crise ou aura le cerveau influencé par les émanations fluidiques de cette personne ; il fuira son approche par crainte de contamination des fluides pathogènes N. cérébraux, O. hépatiques, S.-O. génitaux, dont l'odeur fluidique est spéciale ; je détruis les plaques d'anesthésie crânienne en faradisant le cuir chevelu avec un peigne électrique spécial.

Il est nécessaire pour la santé du médecin sensitif que sa main soit gantée ; car elle se trouve dans l'atmosphère directe du névrosé et il doit, immédiatement après l'opération, se laver avec de l'eau très chaude en se frottant les mains avec du gros sel fondant, sous peine d'avoir des picotements, des rougeurs et des sensations de gonflement des mains ; en fondant le sel enlève les vibrations pathogènes qu'il a déplacées, dues elles-mêmes aux mauvaises influences. .

Un petit détail technique : il est nécessaire, pour les femmes qui font cette décondensation, de mettre un peignoir ouvert en avant et en arrière. Une fois que la peau est dégagée de ses mauvais fluides, elle prend une teinte lumineuse, une souplesse qui indique le retour des vibrations normales et en fait une peau belle et saine.

Pour détruire les nœuds invétérés, je me sers de l'igni-puncture cruciale, pratiquée à travers le derme jusqu'au tissu cellulaire sous-dermique, car c'est en cette région que se tracent ces sillons, ces cordes de fluides névrosés, qui doivent être piqués et ouverts pour que la substance de la névrose s'extériorise et s'élimine par la rupture du nœud, faite au point voulu ; ces pointes de feu sont très longues à guérir ; elles jettent peu mais restent rouges longtemps, tant que dure l'issue des mauvais fluides.

En faisant avec un fer Paquelin à pointes très fines portées au rouge blanc, dix petites pointes de feu formant la double croix verticale et diagonale, dans un espace de 2 cm. carrés, on a bien des chances de couper la veine fluidique ; pratiquée au cou, à la tempe, à la fontanelle postérieure, j'ai pu arrêter de grandes crises et guérir des malades absolument condamnés.

Tous ces faits sembleraient une théorie, née de l'imagination, si la médecine ancienne ne faisait mention de ces nœuds d'Aura, si Briquet et Charcot n'avaient cherché à détruire le nœud et l'aura par la compression, si enfin je n'avais pu, par ma méthode de photographies des forces invisibles de l'atmosphère humaine, arriver à obtenir ces nœuds fluidiques d'une façon très nette après une séance de décondensation.

Je cite ici le cas d'une jeune fille chez laquelle l'entrée des forces diaboliques se faisait par l'oreille droite, sous la forme d'hallucinations auditives et l'issue, par la pointe du cœur et la région pré-ovarienne gauche. Il suffisait de presser cette dernière pour amener une déchéance de tout son être qui déterminait cette sidération et une pâleur verdâtre, en voulant arrêter l'écoulement fluidique par compression.

Sa formule est D. O. | G. Rep. 5.

Voici quelques notes à ce sujet :

Tous les jours avant midi Mlle H. se sent sur le point de s'évanouir, son cœur défaille, ses jambes semblent fléchir tout d'un coup, au moment où elle se croit complètement bien. Elle est très fatiguée, devient très nerveuse du fait de ses crises répétées, sa mémoire s'affaiblit, son appétit est changeant, ses urines troubles, ensablées, d'une couleur foncée et d'une odeur forte, indiquent une dénutrition ; elle s'endort spontanément et bâille continuellement.

La région ovarienne gauche présente un petit ganglion nerveux, sous-épidermique qui pressé provoque une lipothimie.

Inquiète de sa santé, elle ne comprend pas que quelques troubles arthritiques aux doigts la plongent dans une pareille déchéance, elle se sent réellement malade.

Son attitude : tête à gauche, yeux en avant et en bas, bouche entr'ouverte, oreille droite tendue, est celle d'une extatique auditive, vivant dans un songe et perdant ses fluides par la pointe du cœur et le point ovarien.

Cette jeune personne éprouve des phénomènes psychiques depuis plus de dix ans.

Elle a depuis un an des phénomènes de télépathie spontanée avec une sœur plus jeune qu'elle, qui habite l'Angleterre ; elle n'a pas de visions, mais elle l'entend qui vient lui parler ; elle ne la voit pas ; elle sent si sa sœur est heureuse ou malheureuse, et vérifie le fait en écrivant à sa famille ; toujours il est juste.

Cette sœur est elle-même très impressionnable.

La nuit elle ne peut dormir sans une veilleuse ; elle entend autour d'elle des bruits de marche, des coups, éprouve une sensation d'oppression par une forme qui se penche sur elle, l'oppresse, la réveille en sursaut dans un souffle froid.

Elle ne peut rester seule dans une pièce, sans avoir peur, car elle éprouve la sensation d'avoir une personne dans son dos ; elle sent son atmosphère peuplée, et entourée de forces et de cercles, sans souffrances physiques.

Elle a renoncé à toutes ses pratiques religieuses, n'ose plus faire sa prière, ne va plus au temple ; la couleur rouge l'impressionne vivement et la déprime au dernier point. Elle ne voulait plus venir chez moi à cause de certaines housses rouges.

L'eau l'attire énormément, elle en rêve très souvent.

Je lui fais suivre un traitement de décondensation, pratiqué suivant des lignes diagonales de l'oreille droite, de la poitrine, au cœur et à l'ovaire gauche.

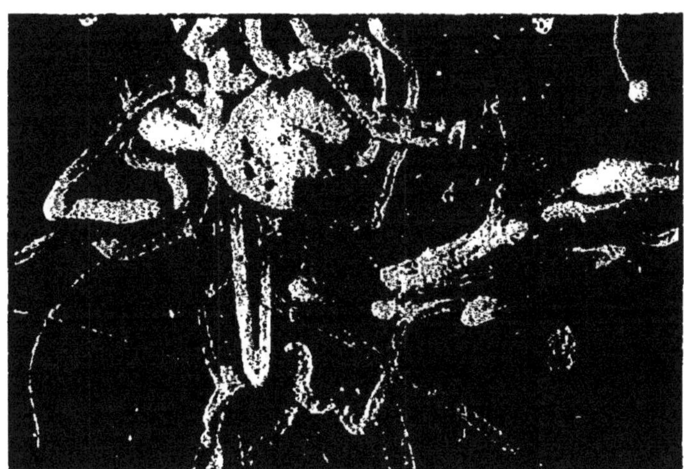

Fig. 20. — Tubes de télépathie auditive (photographies). Photographies 1° d'un élémenthal hallucinatoire auditif. Boule et extrémité d'apparence préhensive; 2° nœud de l'agent pathogène, de l'Aura névrosant.

Les syncopes disparaissent, elle reprend de la force; plus maîtresse de ses nerfs, la douleur du ganglion ovarien disparaît complètement, sa physionomie change, elle n'est plus absorbée, mais reste encore fatiguée.

En août je m'absente pour les vacances pendant un mois. Avant de partir je photographie son atmosphère de vibrations, par le procédé électro-lumineux.

Je trouve alors ce magnifique nœud de forces télépathiques verticales et horizontales diabaliques.

Sur 4 clichés elles apparaissent.

Je donne ici le premier obtenu, après le traitement de la décondensation et la disparition du nœud cardiaque et ovarien ; on y remarque le point où le tube est arraché ; le second présente la tête de ce *tænia* fluidique formé d'une boule de substance mentale, tandis que l'autre extrémité semble avoir un organe de préhension :

C'est en revenant de la campagne, quand les phénomènes d'obsession avaient disparu, que j'ai pu avoir la seconde photographie contenant l'élémenthal obsessif, le phénomène diabalique entier ; Mlle H., retournée en Angleterre, m'écrit qu'actuellement elle ne souffre plus que de ses douleurs arthritiques ; les autres phénomènes ont disparu.

§ III. — NÉVROSE PHYSIQUE, CORPORELLE IGNIPUNCTURE CRUCIALE DÉTRUISANT LE NŒUD FLUIDIQUE

L'ignipuncture cruciale. — Ces deux figures montrent l'homme entouré d'un réseau à mailles égales donné par les lignes rectrices verticale, horizontale et diagonale droite et gauche de la formule : G. Att 90 = D. Att 90.

On voit les lignes rectrices, verticales de latitude et horizontales de longitude droite et gauche, former des petits carrés, qui correspondent aux différents organes. Ils donnent la maille géométrique du voile éthérique, enveloppant les 4 grands systèmes organiques de l'homme qu'enserrent les vibrations exprimées par cette formule. J'ai fait représenter, sur ces deux planches, les déviations qu'affectent les forces rectrices diagonales ou diabaliques névrosées.

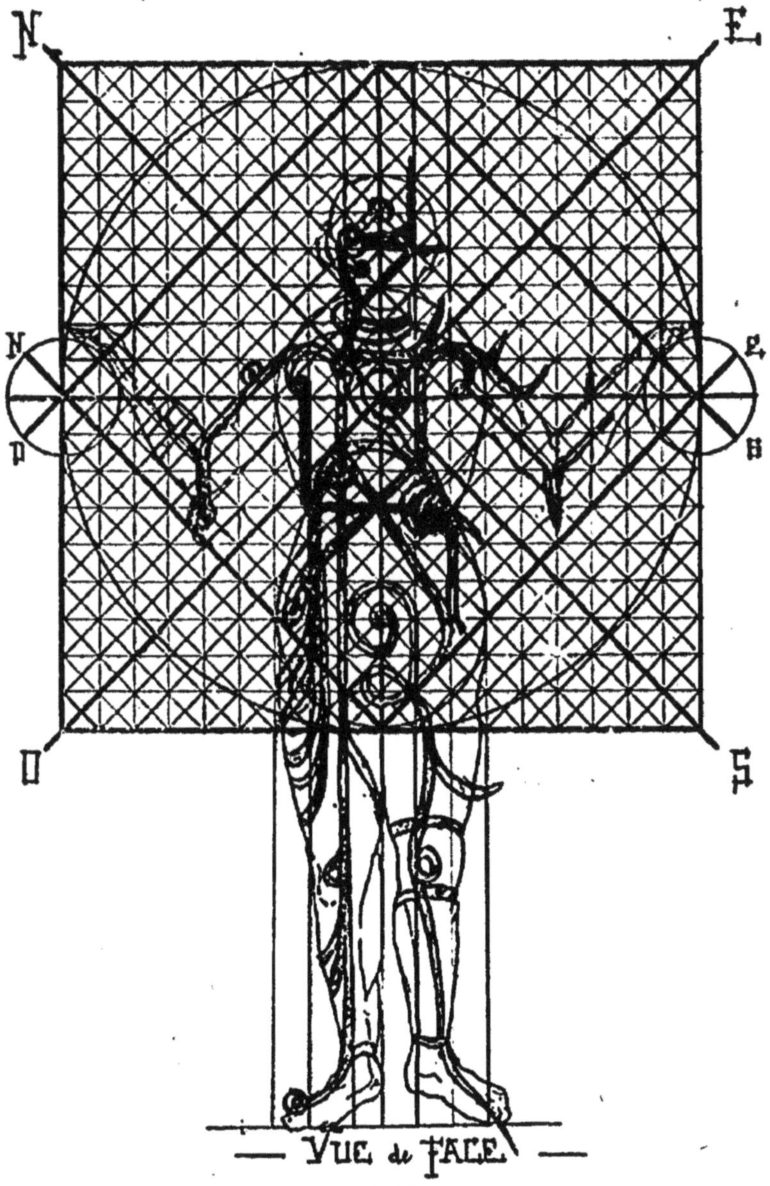

Fig. 21. — Face antérieure du corps humain
montrant les cordes fluidiques, les trajets parcourus par l'aura pathogène chez plusieurs névroses. Voile éthérique donnant les lignes de forces verticales, horizontales, diagonales avec la formule D^{te} 90 | G^{he} 90.

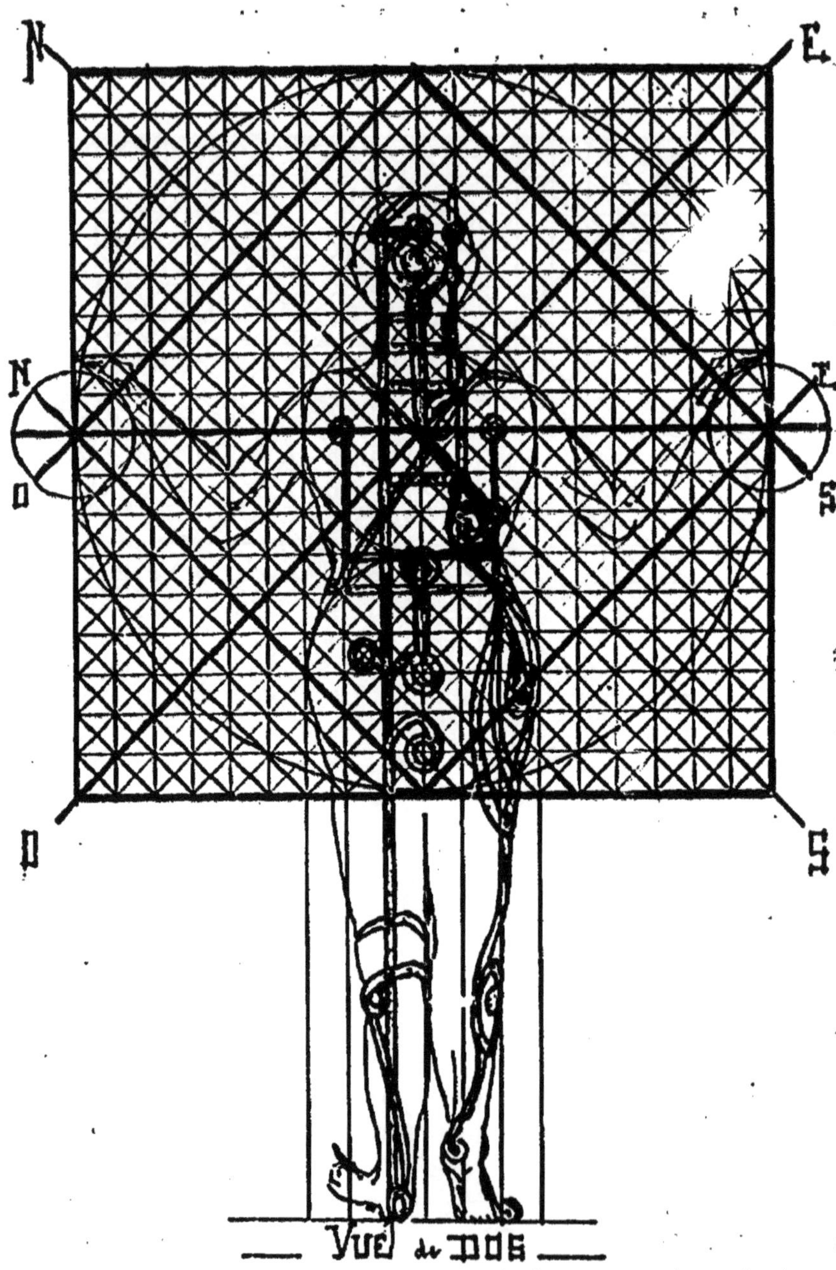

Fig. 22.

Ces deux figures représentent les tœnias fluidiques de plusieurs névrosés réunis ensemble en avant et en arrière du corps humain avec leurs trajets et leurs nœuds. J'ai pu sectionner ces tubes, détruire ces nœuds chez la plupart.

Sous la forme de rubans de cordes enroulées, dans un mouvement ondulatoire et serpigineux, des flux des forces diagonales, déviées de leur direction et de leur trajet en 8, s'engagent sur les lignes de longitude ou de latitude de l'homme droit, de l'homme gauche, de l'homme antérieur e de l'homme postérieur en dehors de leur orientation, se nouent et parcourent les voies des forces psychiques verticales, ou physiques horizontales; dans ces tubes circule une force convulsivante, inhibitrice, réfrigérante ou hallucinatoire, occasionnant des troubles de même nature connue, ils infusent force, adresse, courage, selon la substance intérieure du tube.

Ce tœnia diabalique fait dans le corps humain un tracé, un sillon sous-cutané, emmêlant et embrouillant toutes les voies que suivent les lignes rectrices normales, dans les 4 parallélogrammes de forces droit antérieur et inférieur, gauche postérieur et supérieur, comme un ver dans une pomme.

Ces deux dessins représentent réunies les auras névrosées de différents malades : c'est un schéma collectif.

On y verra leur direction; et on comprendra, qu'en agissant sur tel ou tel point, j'ai pu arrêter certains courants anormaux, en éliminer d'autres, rompre enfin des nœuds formés au niveau de la rate, à la pointe du cœur chez une malade angoissée, Mme Z., qui geignait constamment.

Au niveau de l'aine gauche dans la paroi vulvo-vaginale, j'ai trouvé souvent dans le repli de l'hymen un nœud de névrose, extraordinairement rebelle amenant jusqu'à du péritonisme; l'écoulement de la force angoissante par le pied gauche a été amené par la rupture d'un nœud situé au niveau de la bourse prérotulienne du genou gauche.

Chez Mr H. c'est en agissant au niveau du nœud hépatique et en décondensant la cuisse et le pied droits atteints d'anesthésie électrique, que j'ai empêché des crises épileptiques de suivre le trajet de cette force convulsivante, indiquée sur la figure de face, qui venait le frapper entre les deux yeux et provoquer la convulsion.

Sur la figure, vue de dos, j'ai guéri des crises asthmatiques en décondensant la hanche droite, et en brisant tous les nœuds de la force névrosée, qui convulsaient les fibres musculaires des bronches sur le trajet de la hanche droite O à l'épaule gauche E, ligne des nœuds en avant et en arrière.

A la base du crâne, dans les points marqués, j'ai arrêté par l'igni-poncture cruciale faite à l'écaille droite, des crises épileptiformes graves et au niveau de la fontanelle postérieure, des crises d'hystérie démoniaque.

En agissant sur l'arrière-gorge, la tousille et sur la face inférieure de l'apophyse basilaire, des crises d'épilepsie peuvent être enrayées. On brise le nœud convulsivant en ces points de la muqueuse.

L'igni-poncture cruciale au cou 2 g. cervical droit empêche la crise de monter. Dans le même ordre d'idées le Dr Raffegeau m'a fait part d'une observation très intéressante, où des pointes de feu sur l'amygdale avaient fait cesser des crises de sommeil léthargique avec somnambulisme, ayant résisté à toute autre médication. A mon avis, il a brisé ainsi le nœud fluidique et fait évacuer la force élémentaire, inhibitrice et hypnogène, circulant dans le tube de cette névrose physique.

§ IV. — TRAITEMENT DE LA PSYCHO-NÉVROSE PAR LA DÉCONDENSATION CÉRÉBRALE

Désélectrisation cérébrale. — Les obsédés déséquilibrés, impulsés par une idée fixe, les agités, les psychopathes, et les névrosés qu'il s'agit de décondenser, présentent au biomètre des formules unimanuelles :

D : 0 | G : Rep : 15.
D : 0 | G : Att : 45.

Ces deux formules d'obsession doivent être transformées en une formule d'équilibre et de pondération :

D : Att : 5 = G. Rep : 5.

Dans ce cas, les vibrations de la vie végétative sont attractives et centripètes, au même degré que les vibrations de la vie RELATIVE sont expansives et centrifuges, l'équilibre entre les deux pôles de notre vitalité physique (attractif) et psychique (expansif) est obtenu.

Cette méthode de désélectrisation cérébrale est appliquée

Fig. 23. — Appareil de décondensation cérébrale (désélectrisation de la tête), dans l'obsession psychique et de la rate dans la vésanie imaginative.

dans les cas de psychopathies nerveuses passionnelles, colère, idée fixe, monomanies, scrupules et basée sur le dispositif technique suivant :

Le malade est placé dans une tension électrique inductive

considérable mais insensible, en reliant la chaise isolée sur laquelle il est assis au pôle d'une bobine à radiographie de 7 centimètres d'étincelles, tandis qu'au-dessus de sa tête on abaisse, *mais sans contact* un disque à pointe d'argent surmonté d'une petite lampe électrique ; le disque est rattaché à l'autre pôle de la bobine, la lampe s'allume, le malade agit comme diaélectrique entre les pôles de la bobine ; les pointes rapprochées du sommet de la tête, soutirent l'excédant des vibrations anormales comme un *paratonnerre renversé* pourrait soutirer l'électricité du sol.

L'action en elle-même est insensible ; elle se traduit seulement par une vibration intime, allant du cœur au cerveau qui devient léger et lumineux ; l'état psychique du cerveau se trouve modifié : « *la raison y revient* », au dire des malades. On constate avec la décondensation des centres automatiques subconscients, la disparition des idées noires, du désir de suicide, de la colère chez des enfants violents ; l'hallucination de la passion est dissociée, la gaieté, l'activité reparaissent chez les mélancoliques ; le sommeil réparateur revient chez des agités psychopathes atteints d'insomnies, à mesure que l'obsession disparaît.

Par cette décondensation cérébrale j'ai pu empêcher plusieurs personnes de se suicider, et les guérir d'une façon radicale de cette idée fixe. En ce qui concerne le suicide par amour qui est si fréquent, j'ai rapporté devant le congrès d'électrologie de 1900 un cas de guérison d'amour malheureux avec amaigrissement de 25 livres, stupeur du système nerveux, insensibilité de toute la surface cutanée avec hallucination constante de l'image aimée. En trois séances de désélectrisation la vision a été détruite, l'image fluidique, le parasite vital le psychicone dissocié et la santé physique a pu reprendre en un mois le dessus sur *l'agent de hantise, le charme envoûteur étant détruit.*

Suggestion phonographique. — Les vibrations de notre vitalité sont bien affectées par les ondes électriques qui permettent de recharger ou décharger l'accumulateur humain, mais elles présentent cependant un caractère bien tranché qui les différencie des autres modes de l'énergie : les vibrations du sensitif névrosé sont placées sous la dépendance effective de ce que nous appelons les phénomènes psychiques, de l'idéation, l'imagination de notre subconscient personnel, comme sous l'influence de la volonté et de la conscience du vrai *Moi* de l'*Ego* conscient individuel.

Cette subordination de notre vitalité à notre ou à une volonté se traduit par des modifications profondes dans nos vibrations physiques et psychiques, constituant ainsi un phénomène du plus haut intérêt psychologique susceptible d'être mensuré par la biométrie.

En effectuant cette expérience chez des sujets entraînés par la suggestion, j'ai pu voir, en effet, les formules vibratoires varier d'un instant à l'autre, et passer de la gaieté à la tristesse; de la souffrance à l'état de santé, de l'indifférence à la passion suivant la nature de la suggestion et du principe volitif.

L'influence suggestive n'est donc pas niable; elle offre une grande force médicatrice chez les névropathes, les hystériques, les alcooliques et les vibrants dont la synthèse dynamo-vitale est facilement dissociable. Mais à notre époque, où l'on s'attache avec tant de raison au rigorisme scientifique, à la précision expérimentale, il était intéressant de connaître la valeur intrinsèque des différents facteurs de cet acte complexe qu'est la suggestion, en lui retirant, par exemple, le facteur fluidique humain suggestionneur, pour ne garder que le facteur suggestion agissant sur le sujet suggestionné et de constater dans ce cas les modifications résultantes dans les vibrations observées.

On écarte ainsi : 1° la valeur fluidique du suggestionneur : 2° l'état de rapport entre le suggestionneur et le suggestionné qui est toujours fonction de l'énergie physique et morale du suggestionneur, car ce sont deux tempéraments en présence, l'un est fort, l'autre faible et par conséquent subit l'influence du fort qui lui projette ses vibrations.

L'expérimentation m'a prouvé, par l'enregistrement concomitant des vibrations chez l'hypnotiseur et l'hypnotisé qu'il se produit entre eux un véritable échange de vibrations démontré par les formules; en Amérique cette étude a été très poussée.

Le versement magnétique de Mesmer se produit quelle que soit la façon dont le rapport a lieu : avec douceur, insinuation, persuasion, fermeté, altruisme, emprise du regard, violence, brutalité, télépathie; chacun agit suivant son tempérament et va impressionner son sujet de ses propres forces pour obtenir en lui cet état d'hypotaxie, c-à-d d'assouplissement et d'inhibition de la personnalité, dans lequel le sujet résiste le moins possible à l'implantation suggestive au greffage de la pensée.

J'ai donc cherché à créer, à côté de ces pratiques couramment employées, une méthode *mécanique* faisant intervenir seulement la valeur intrinsèque de l'idée contenue dans les paroles, reproduite par un instrument et suggérée ainsi sans aucune influence humaine particulière, ni fluidisation volontaire.

En voyant l'impression joyeuse qu'apporte le phonographe sur les esprits pondérés, j'ai pensé qu'il aurait les meilleurs résultats sur les cerveaux suggestibles; je m'en suis donc servi comme d'un instrument d'éducation et de suggestion mécanique, indépendant de tout rapport humain.

Cette méthode, qui évite toute fatigue au médecin hypnotiseur, écarte en même temps tout sujet d'appréhension pour les familles; elle a en outre l'avantage d'en permettre en tout cas une application répétée plusieurs fois par jour, en l'absence du médecin occupé ailleurs.

Le succès de cette méthode exige les conditions suivantes :

1° L'expectante attention du malade, laquelle est toujours nécessaire.

2° La valeur physiologique et morale de la chose suggérée qui, par sa vertu et sa hauteur d'action, doit vaincre l'impressivité maladive des centres automatiques, tout en améliorant la pensée et la conscience de l'obsédé.

Il faut observer du reste qu'on n'obtiendra rien, si ces conditions ne sont pas remplies, si le malade n'apporte pas son expectante attention, et si l'objet de la suggestion est contraire à ses idées philosophiques ou religieuses, car le malade en est blessé et ferme son cerveau à toute idéoplastie.

Sur plusieurs malades, ayant les mêmes idées morales, j'ai pu employer la même suggestion phonographique, parce qu'elle remplissait les mêmes conditions d'adaptation personnelle et de hauteur morale ; elles réussissent ainsi à relier la conscience supérieure momentanément séparée, aux centres automatiques inférieurs, et les impressionnent dans le sens nécessaire pour rétablir la personnalité du malade ; sous cette influence, celui-ci *s'émotionne lui-même ;* il prend d'autant plus de plaisir à la suggestion phonographique qu'elle se rattache à ses propres impressions redevenant normales. La séance devient agréable pour le névropathe, dont la cérébration se sent reprendre progressivement ses bases premières.

On voit en résumé que le choix de l'idée et du texte à employer pour cette suggestion, prennent une importance capitale pour que le traitement puisse trouver une aide dans la conscience supérieure, et rétablir chez le psychopathe les vibrations normales d'une personnalité saine.

Il est inutile d'ajouter que les paroles doivent être bien gravées, pour que l'audition en soit nette et précise.

Telles sont les grandes lignes de cette méthode de suggestion mécanique qui met directement en contact auditif l'automatisme dépondéré du cerveau psychopathe, avec une suggestion appropriée; celle-ci est formulée alors comme une bonne ordonnance, par la science du médecin ; elle est prise en dehors de lui à doses espacées et répétées, jusqu'à effet produit, comme une simple potion composée *secundum artem*.

Cette méthode présente, ainsi que je l'ai indiqué, l'avantage d'assurer une précision scientifique, plus satisfaisante, une mesuration et une application plus précises, au point de vue du facteur suggestif, toutefois elle n'infirme en rien les méthodes autres; elle ne peut du reste qu'aider à la propagation et à la divulgation du traitement suggestif qu'elle permet d'appliquer en l'absence du médecin, lorsque le sommeil hypnotique n'est pas indispensable chez des chroniques obsédées, comme le cas se produit d'ailleurs fréquemment.

Observations. — Parmi un grand nombre d'observations j'en rapporte trois ici, faites sur des obsédés dont la guérison est absolument radicale. J'ai continué à les voir et ils sont aussi bien, aussi capables de remplir leurs occupations que s'ils n'avaient jamais été frappés par la maladie.

I. Mme B. est amenée par son mari qui habite les environs de Blois. Cette dame ayant entendu parler de la précision que donne la méthode biométrique au point de vue de l'appréciation de la vitalité, me dit qu'elle n'est pas malade mais qu'elle est une criminelle digne de l'échafaud (elle passe ses journées avec l'obsédante pensée de savoir comment elle marchera pour s'y rendre); elle demande que l'appareil décide la question de savoir si elle a été folle, puisqu'on l'a enfermée pendant 18 mois, alors que pour elle sa persuasion est d'être une grande criminelle. 5 tentatives de suicide.

Le 21 novembre, je prends sa formule qui est :

D : Att : 35 | G : Rep : 5

La lecture de la formule nous montre qu'elle n'est ni folle, ni criminelle, que c'est une auto-suggestionnée, une illusionnée, une hystérique (consciente, frontale).

Le rapprochement de la formule donne 40 pour la somme et 30 pour la différence; ce qui me permet de lui prédire sa guérison. Elle est très intelligente, très douce et je gagne facilement sa sympathie.

Je la soumets de suite à la décondensation cérébrale et j'ai les formules suivantes :

D : Att : 20 | G : Rep : 5.

Après la deuxième décondensation :

D : Att : 10 | G : Rep : 5.

Il faut briser cette répulsion 5 à gauche qui est son dispositif instinctif.

Après la désélectrisation faradique, qui me permet de reconnaître des zones anesthésiques à gauche avec ovarie gauche j'ai la formule :

D : Att : 5 | G : 0.

Le lendemain la formule est un peu modifiée :

D : Att : 25 | G : Rep : 10

J'ai gagné 5 du côté psychique et 10 du côté physique ; après la décondensation j'ai :

D : Att : 5 | G : Rep : 10.

Le 23 l'état maladif a repris :

D : Att : 25 | G : Rep : 5.

J'applique encore le même traitement et j'obtiens :

D : Att : 20 | G : Rep : 5.

La malade commence à moins bouder, à choisir certains de ses plats, à faire quelques actes personnels de désir, de goût.

Le 26, la formule est :

D : Att : 15 | G : Rep : 15.

Elle commence à désirer certains objets, à faire acte d'instinctivité animale.

Après la décondensation cérébrale :

D : Att : 20 | G : Rep : 15

Elle prend une décision mentale, celle de rester à Paris et de laisser son mari, qu'elle déteste du reste, retourner en province.

Une rechute se produit avec la formule :

D : Att : 25 | G : Rep : 15

Nous ne perdons pas de terrain, le 30 nous obtenons :

D : Att : 15 | G : Rep : 5.

Je recours à la suggestion phonographique, elle n'aime pas ce traitement qui lui rappelle ses défauts dont elle a parfaitement conscience, elle est très vivement impressionnée à la seconde séance.

Enfin elle est mise dans une maison où elle est bien soignée, isolée de son mari, elle donne alors :

D : Att : 15 | G : Rep : 5.

Désir instinctif de guérir et de progresser.

Le surlendemain, j'apprends qu'elle a dormi ; le physique est mieux, elle mange et elle abandonne ses scrupules, ses remords et me promet de prier comme elle le faisait autrefois, pratique qu'elle avait abandonnée, se croyant damnée à l'avance, j'obtiens à la suite de son nouvel état d'esprit :

D : Att : 10 | G : Rep : 10.

Mme B. se sent toute transformée ; une crise morale se produit en elle ; elle comprend la valeur de mes suggestions phonographiques, de mes décondensations pour la soustraire à ses mauvaises vibrations et lui retirer toutes les idées qu'elle a dans la tête, à la suite de ses 18 mois de réclusion dans un asile départemental ; elle me promet de pardonner à son mari qui l'a fait enfermer ; elle se nourrit, s'alimente, cause, lit, retourne à l'église, s'entoure de bonnes forces et de bons sentiments, vibre avec eux et vient toute joyeuse m'annoncer qu'elle a pardonné à son mari, qu'elle lui a écrit, qu'elle prie pour lui, pour ses enfants, que le passé est oublié, qu'elle n'est plus hantée par ses images, que la désobsession est complète. Sa formule est alors en effet :

D : Att. 40 | G : Rep : 20

Le total donne 60 — libération, bonheur moral et la différence 10 retour à la fonction normale à la reprise de soi-même.

Le traitement a duré 3 mois depuis je l'ai souvent revue et elle se porte à merveille moralement et physiquement.

Deux ans après le traitement je reçois le 11 novembre 1902 la lettre suivante que je joins à l'observation :

Monsieur,

Je suis heureuse de vous faire part de ma nomination d'institutrice à Saint-G., où nous avons demandé à rester, nos enfants continuant à fréquenter comme externes le collège de Blois.

Ma classe compte une trentaine d'enfants de trois à sept ans qui m'occupent sept heures par jour.

Il faudrait que je puisse encore enseigner pendant dix ans, je n'ose l'espérer, cependant le temps fuit vite puisque deux ans déjà se sont écoulés depuis que confiante en votre savoir Mme Mazier vous adressa la pauvre désespérée que j'étais alors.

A cette époque, je me croyais rayée à tout jamais des cadres de l'enseignement, bien d'autres le croyaient aussi.

Aujourd'hui, le souvenir seul des mauvais jours persiste contrebalancé, il est vrai, par celui non moins vif des quelques mois où, renaissant à la vie, grâce à vos soins dévoués, je suis peu à peu redevenue moi-même.

Et je suis si heureuse de vivre! Les chagrins passés n'ont point étouffé en moi beaucoup des sentiments et des illusions qui sont généralement l'apanage de la jeunesse! Si un rien me met le cœur en deuil, un autre rien me met l'âme en fête.

Que vous avez bien fait, Docteur, de me guérir! les miens et moi nous voûs en serons toute notre vie reconnaissants.

Mon mari et moi nous vous prions, Monsieur et cher Docteur, de vouloir bien accepter l'expression de nos sentiments de respectueuse gratitude.

B.

II. Monsieur F. 23 ans, mère nerveuse, cinquième enfant, très impressionnable, physiquement parlant, est atteint de psycho-cérébrale d'ordre génital, il présente en même temps un beau caractère une conscience remarquable; l'automatisme cérébral a besoin d'être remis en ordre, et soutenu pour faire de lui un homme accompli.

A la suite de travaux excessifs dans les Ecoles d'études commerciales, il est atteint d'une neurasthénie avec casque et serrement de la nuque, occiput et des tempes. Son imagination est très frappée par des pertes séminales avec érection, qui arrivent deux fois par semaine, sans grande fatigue, souvent avec détente.

Il est d'une grande résistance aux exercices physiques.

Très frappé de son état que jusqu'alors aucune médication ne guérit, il sent qu'il vibre mal et m'écrit de Lyon pour me demander de venir prendre sa formule.

Celle-ci donne : D : Rep : 25 | G : Att : 25, l'aiguille en se traînant à gauche va jusqu'au chiffre 30 qu'elle atteint avec lenteur. L'interprétation est claire, je me trouve en présence d'un nervosisme génital en bas avec désir ardent et sensualisme supérieur, hystérie des parties postéro-inférieures du cerveau ; le tout cependant encore maintenu par l'activité volontaire et logique des parties conscientes et psychomotrices. Formules :

D : Rep : 25 | G : Att : 25
avec lenteur 30

En additionnant 30 et 25 nous arrivons au chiffre 55 âme troublée, vertige de l'imagination.

A l'examen clinique on trouve de gros testicules, qui fournissent une grande quantité de sperme, indiquant les besoins physiologiques normaux et quotidiens, que sa conscience n'admet pas, et dont il souffre physiquement et moralement. Il craint de ne pouvoir jamais se marier.

L'exaltation des reflexes tendineux est excessive, la jambe tressaute en l'air 2 à 3 fois au contact du tendon, dans une vraie crise de nerfs.

En cherchant vers les centres indiqués par le chiffre 25, on trouve fatigue oculaire, *casque* neurasthénique. Amnésie passagère et auto-suggestion relativement à sa maladie.

Je lui affirme qu'il n'est pas malade, qu'il n'a que des troubles génitaux du fait de sa continence, et qu'il s'est créé une obsession mentale par auto-suggestion sur son état moral.

Je lui conseille le traitement de la décondensation cérébrale et de la désélectrisation faradique du segment inférieur du corps humain ; la seconde formule est :

D : Att : 15 | G : Att : 10

elle exprime la nature normale du désir ardent d'une part et sa nature droite et loyale de l'autre, dont la collision a engendré les troubles nerveux et psychique, constatés par la première formule.

Au troisième jour les réflexes sont plus normaux, l'équilibre se produit entre l'activité physique et psychique

D : Att : 30 | G : Rep : 30

Une suggestion phonographique rétablit l'ordre dans son activité précédemment nerveuse :

D : Att : 40 | G : Att : 5

A la veille de son départ, M. F., dont le cerveau a repris toute son indépendance et s'est soustrait à l'agent de son obsession, donne :

D : Att : 60 | G : Rep : 20

dont l'ensemble accuse la confiance et la reprise de soi-même dans l'espoir d'être et de rester guéri.

Attraction : 60 accuse l'indépendance d'activité ; le nervosisme 25° a disparu.

Répulsion : 20 accuse l'expansion de la mémoire et de la cérébration subconsciente.

Le total des deux donne 80 espoir et confiance ; la différence donne 40. M. F. part, se sentant très bien physiquement et moralement ; il dort sans agitation ni érection ; il présente la formule :

D : Att : 50 | G : Rep : 25

Il extériorise donc par le côté gauche les 25° d'attraction du côté droit du début de sa maladie ; il se sent complètement dégagé de ses scrupules, de son auto-suggestion, de son obsession ; il a ensuite discuté avec moi les termes de sa nouvelle manière de vivre, plus en rapport avec les besoins physiques et moraux de sa nature fine, impressionnable, morale et ardente à la fois.

III. Voici une observation des plus intéressantes faite par le malade lui-même M. D...

Il me l'a envoyée avec le tableau des oscillations biométriques qui en font un complet document.

Depuis deux ans qu'il est guéri je l'ai revu bien des fois non plus comme malade, car il se porte admirablement bien, mais comme visiteur, heureux de m'exprimer sa reconnaissance pour la guérison obtenue.

PRÉAMBULE

Je n'ai jamais subi de maladies aiguës, jusqu'à l'âge de 15 ans, rien de particulier à signaler. Je suis d'un tempérament très nerveux et sensible à l'excès.

De 15 à 20 ans affaiblissement général. On m'ordonne des

douches, du bromure de potassium pour calmer les excitations nerveuses.

Vers 18 ans mon caractère change ; je deviens sombre, taciturne, aucune distraction ne me plaît.

Je n'ai jamais eu de maladie vénérienne, et je n'ai pas fait usage d'alcool.

J'ai fait 2 ans de service militaire, j'avais été ajourné au premier conseil de révision en raison d'un défaut de grosseur.

Je me suis marié peu de temps après mon retour du service (1892).

De 1892 à 1898 aucune maladie sauf quelques maux d'estomac. Chagrins de famille.

En janvier 1898 je suis atteint par l'influenza. Il en résulte pour moi un affaiblissement considérable.

Le Docteur conclut à la neurasthénie et me conseille une saison à Néris.

J'y vais en juin 1898, elle a pour effet de relever mes forces physiques, mais il me reste des troubles nerveux.

Cependant de 1898 à janvier 1901, je n'ai pas suspendu mes occupations pendant une seule journée, bien que depuis octobre 1900 je me sois tourmenté et fatigué moralement et physiquement.

En janvier 1901 l'influenza me surprend en voyage. Elle dure une quinzaine de jours et me laisse dans une dépression nerveuse considérable.

Je perds la notion du temps ; grande difficulté au travail ; inappétence, plus de sommeil : vertiges en marchant. Idées noires allant à l'obsession et à l'inconscience. Je me crois perdu. Les idées noires vont en s'augmentant au fur et à mesure des progrès de l'anesthésie cérébrale.

Mon docteur me conseille de voir M. le Dr Baraduc de Paris :

Je suis sceptique et j'attends encore un mois avant de partir pour Paris.

Les progrès de la maladie augmentant chaque jour, je me décide enfin, sur les insistances de ma famille, à partir et le 11 avril 1901 je me présente chez M. le Dr Baraduc qui, après un examen attentif et long, conclut à la possibilité de ma guérison.

Il me soumet aussitôt à la décondensation cérébrale pour briser l'obsession à laquelle je suis en proie (*période de dégagement*).

Cette obsession s'atténue au bout de 3 décondensations cérébrales.

Voici du reste les phases du traitement suivi :

11 au 19 avril. — Mauvais sommeil, obsession, vertige. Traitement : décondensation, suggestion hypnotique, faradisation.

19 avril, formule : D : Att. 10 | G : Rep. 5. — Bonne nuit, bonne promenade; sans obsession. Mal de tête en sortant de table. Traitement : douche cardiaque et sur l'estomac.

20 avril, formule : D : Att. 10 | G : Rep. 5. — Sommeil réparateur. Petite promenade, un peu de fatigue. Moral meilleur. Ne parle pas de la maladie, rit avec assez de facilité. Traitement : galvanisation, suggestion phonographique.

21 au 28, formule : D : Att 5 | G : Att : 5. — Bonne nuit. Mal de tête. Moins de défaillances cardiaques. Sensation presque nulle du vide dans la tête. Continuation du traitement indiqué.

29 avril. — Disparition de la fatigue des jambes. Défaillances cardiaques presque nulles. Nuit bonne. Absence momentanée de la conception pathologique. Persistance de l'anesthésie de la conscience.

Troubles oculaires. Je vois très bien et je crois ne pas voir.

1er mai, formule : D : Att : 10 | G : Att : 15. — Bon sommeil, jambes fortes. Estomac meilleur. Intestin bon. Je constate par moi-même que je vois de loin, que j'entends et que je me rappelle ce que je fais heure par heure.

L'idée maladive est moins marquée. Une nouvelle idée plus saine et plus juste tend à éliminer la fausse conscience. Traitement : Reprise de la suggestion phonographique. Continuation de la douche chaude sur l'estomac.

2 mai. — Sommeil bon. Un peu de courbature le matin. Je fais ma première sortie sans être accompagné.

4 mai. — Nuit mauvaise, appétit presque nul ; grand sentiment de faiblesse. Sensation de vide dans la tête plus grande. Je dis à M. le Dr Baraduc que je ne me sens plus la force de supporter plus longtemps cette sensation de faiblesse et de vertige. Il m'ordonne alors les prescriptions suivantes en vue de la renutrition phosphorée (*période de réparation*).

Matin et soir une friction sur la colonne vertébrale avec un tampon de ouate imbibé d'huile phosphorée de Virenque. Douche chaude cardiaque électro-magnétique à 3 heures.

Ajouter 2 œufs et un poisson de mer au repas.

A midi et le soir 5 gouttes de phosphovinate d'or Jolly, augmenter d'une goutte tous les jours.

5 mai. — Cette décision du docteur de changer le traitement me fait du bien ; bon sommeil. Promenade au Jardin d'acclimatation. Vide dans la tête, jambes assez bonnes. Pas de défaillance cardiaque, bonne digestion.

6 mai, formule : D : Att : 20 | G : Att : 10. — Bon sommeil, rêves. Vide dans la tête. Sensation de vibrations dans les jambes. Douleurs dans les yeux.

7 mai. — Sensation de vide dans la tête. Défaillance cardiaque, intestin bon. Jambe gauche un peu faible, les objets paraissent danser devant mes yeux.

Je ne parle plus de mourir et parle de ma famille.

8 mai, formule : D : Att : 40 | G : Att : 30. — Bon sommeil, défaillance cardiaque très atténuée, les mains moins humides. Les bruits de la rue, les paroles arrivent à mes oreilles avec beaucoup d'acuité.

9 mai, formule : D : Att : 50 | G : Att : 15. — Bon sommeil. Promenade d'une heure, jambes molles. Toute la journée je sens des piqûres dans les méninges droites, légères douleurs dans les oreilles, sensation de vertiges très accentuée. J'ai confiance dans le docteur, dans ma guérison. Un peu plus de gaieté.

10 mai. — Bon sommeil. J'écris à ma famille. Les idées viennent assez bien. Vertiges même au lit. Disparition de la faiblesse cardiaque.

11 mai. — Formule : D : Att : 50 | G : Att : 20. Bon sommeil. Vertiges, douleurs dans les oreilles. Piqûres dans les méninges.

12 mai. — Bon sommeil. Toujours la sensation de vertiges en marchant. Angoisse en traversant une rue.

Le cerveau est paresseux. Digestion laborieuse. Vibration accentuée dans les jambes.

13 mai — Formule D : Att : 40 | G : Att : 25. Bon sommeil. Vertiges continuels. Vibration dans les jambes. Douleurs dans les méninges.

14 mai. — Formule : D : Att : 45 | G : Att : 20. Je fais une promenade après dîner. C'est la première depuis mon arrivée à Paris. Bon sommeil. Légères piqûres dans les méninges. Les mains sont très humides. Jambe gauche un peu faible. Légère défaillance cardiaque.

15 mai. — Formule : D : Att : 50 | G : Att : 20. Assez bon sommeil. Les piqûres dans les méninges ont pris de l'intensité.

La sensation de vertige existe toujours et augmente même. Je sens par tout le corps un malaise impossible à décrire.

16 mai. — Bon sommeil. Sensation de malaise. Moral mauvais. Crise de découragement. Bonne digestion; promenade à pied pendant 2 heures. Après une heure de marche. Vertiges et fortes douleurs dans les méninges, qui s'atténuent après quelques instants de repos à la maison.

17 mai. — Formule : D : Att : 50 | G : Att : 15. Bon sommeil. Moral meilleur. Douleurs dans les méninges. Faiblesse cardiaque.

18 mai. — Formule : D : Att : 70 | G : Att : 20. Je fais une promenade après le dîner. La sensation de vertiges persiste. Mes jambes se dérobent, je réagis et ne tombe pas. Je rentre très affaissé. Vibrations dans les jambes et dans les pieds.

19 mai. — Bon sommeil. Moral meilleur. Promenade au bois de Boulogne. Je ne sens les piqûres dans les méninges qu'au retour de la promenade. Vertiges. Pas de faiblesse cardiaque. Digestion très bonne.

Pendant toute cette période c'est-à-dire du 7 au 19 mai en dehors des traitements phosphoriques, j'ai chaque jour une douche chaude électro-magnétique sur le cœur et l'estomac et une douche cérébrale.

20 mai. — Formule : D : Att : 30 | G : Att : 15. Sommeil un peu agité. Vibrations dans les jambes. Excitations dans les méninges. Pas de défaillances cardiaques. Vertiges. Je ne parle plus de ma maladie.

21 mai. — Formule : D : Att : 30 | G : Att : 15. Bon sommeil. Vertiges moins forts. Bonne journée, pas de défaillance cardiaque.

22 mai. — Formule : D : Att : 35 | G : Att : 10. Moins bon sommeil. Fatigue dans la matinée. Vibrations dans le corps.

23 mai. — Mauvaise nuit. Souffre de la chaleur. Fatigue toute la journée. Pas de défaillance cardiaque. Promenade de 2 heures. A ma surprise la jambe gauche traîne un peu. Vertiges.

24 mai. — Formule : D : Att : 20 | G : Att : 20. Bon sommeil. Idées saines. Plus de comparaison avec l'état précédent. Les picotements des méninges s'effacent progressivement. Je vais seul chez le docteur et je retourne seul.

Pendant la période du 20 au 24 mai, je prends trois bains aimantés. 3 séances de suggestions verbothérapiques.

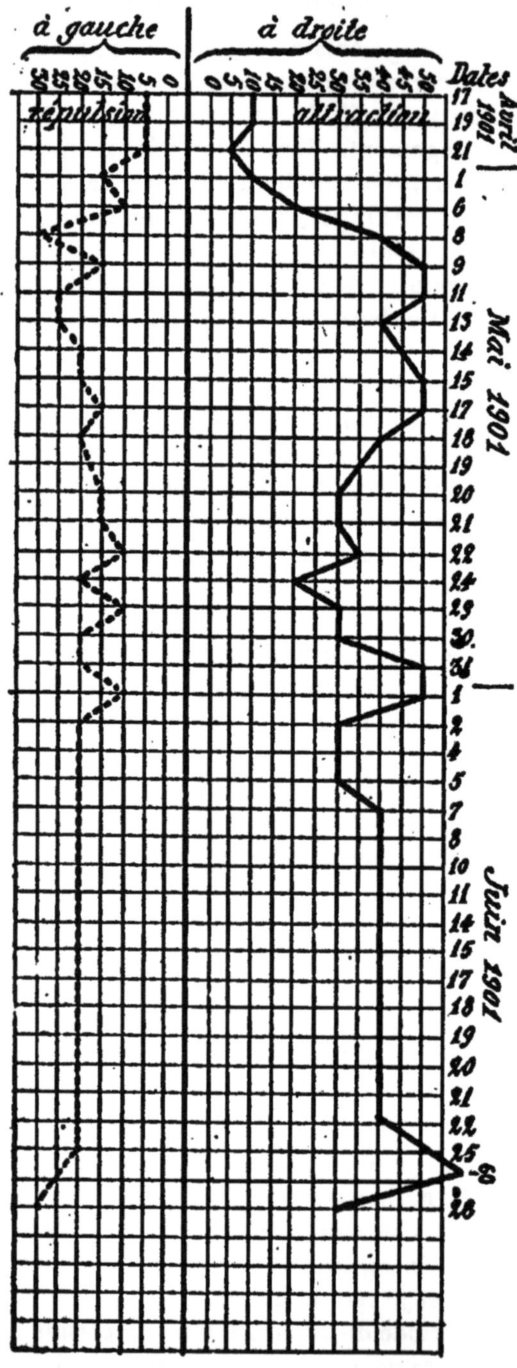

Fig. 24. — Tracé des formules biométriques pour les mains droite et gauche avec leurs degrés.

25 au 28 mai. — Je fais un voyage seul dans ma famille sans fatigue, heureux. Pas de défaillance cardiaque; la notion du temps s'améliore, presque plus de vertiges.

30 mai. — Formule : D : Att : 30 | G : Att : 20.

Bon sommeil. L'amélioration continue. Moral bon. Amélioration de la notion du temps.

31 mai. — Formule D. Att. 50 | G. Att. 20.

Bon sommeil. Amélioration générale (*période de reconstitution*).

2 juin. — Formule D. Att. 30 | G. Att. 20.

Acuité des sons atténuée. Angoisse de l'espace en hauteur, profondeur et largeur très atténuée.

4 juin. — Formule D. Att. 30 | G. Att. 20.

Plus de vertiges.

7 juin. — Formule D. Att. 40 | G. Att. 20.

Facilité de travail.

9 juin. — Même formule que le 7. Courses à Auteuil. N'ai plus peur de la foule.

Pendant cette dernière période mon traitement a consisté en douches cérébrales et en bains aimantés.

Depuis le 7 juin jusqu'au 21 ma formule biométrique, D Att. 40 | G. Att. 20 reste constante. Les aiguilles de l'appareil restent sous mon influence longtemps après la séance.

Le 27 juin l'attraction à droite augmente de 20° D. Att. 60 | G. Att. 20, mes forces physiques sont très bonnes, mes facultés aussi. J'ai trouvé le calme et la pondération dans mes actes et j'ai le sentiment très net d'une autre personnalité bien meilleure que la précédente pour ne pas dire incomparable. Je suis rentré dans ma famille dans un état de santé physique et moral, que je n'avais jamais connu jusqu'alors.

En résumé je considère que le traitement qui m'a été appliqué et qui peut se diviser en 3 périodes bien distinctes a eu les effets suivants :

Première période de dégagement. — *Durée. 3 semaines.*

Décondensation cérébrale.

Faradisation.

Douches sur l'estomac.

Galvanisation.

Douches cardiaques.

Suggestions hypnotiques.

L'obsession maladive s'atténue.

La défaillance cardiaque disparaît.

L'estomac reprend ses fonctions dans de bonnes conditions

Les jambes deviennent plus fortes.

Phonographiques.

Bains de pieds électriques.

Deuxième période dite de rénutrition. — *Durée 2 semaines*

Douches sur l'estomac, puis douches cérébrales et bains d'aimant.

Troisième période (reconstitution).

Douches cérébrales.

Bains d'aimant.

Suggestion verbothérapique.

J'ai retrouvé le sommeil.

La sidération se fait.

Le degré de vitalité est augmenté surtout depuis les bains d'aimant.

Les facultés reviennent progressivement.

Les vertiges disparaissent après quelques suggestions verbothérapiques.

La notion du temps s'améliore.

Les améliorations indiquées ci-dessus augmentent en intensité et la guérison est complète vers le 15 juin. Le traitement suivi depuis cette date a pour effet d'affirmer la guérison.

§ V. — TRAITEMENT DE L'ATMOSPHÈRE HUMAINE

1° Il consiste en l'élimination des vibrations pathogènes et le rétablissement des flux des forces Z verticales, horizontales, diagonales, suivant l'heure et l'orientation normales, dans chacun des parallélogrammes des forces appartenant à nos quatre grands systèmes cérébral, pulmonaire, gastrique, génital ; ce rétablissement propre à chaque tempérament a lieu par la forme spéciale de passe magnétique, électrique, aimantée et volontaire pratiquée dans les sens centripète, centrifuge, circulaire et diagonale correspondants aux deux arcs vibratoires orientés de son tempérament que la formule révèle (*période de dégagement*).

2° Le traitement de l'atmosphère vibratoire d'un névrosé par les forces de la nature tend à rétablir le cours normal des flux de forces verticales ou horizontales, diagonales, qui faussées comme orientation, sont sorties de leur direction normale de vie, et de rétablir la nature intime, l'essence idéographique des vibrations dans l'un ou les quatre grands systèmes : cérébral, pulmonaire, digestif ou génital du névrosé (période de réparation).

3° Il s'agit de le mettre en rapport avec les forces élémentaires élémenthales ou mentales normales du cosmos, qui lui conviennent, comme de le soustraire aux forces élémentaires, élémenthales et mentales anormales, qui ne conviennent pas à son tempérament ; il faut donc avant tout le reconnaître, faire son point, et établir l'orientation de son tempérament.

Cette orientation présente une huitaine de directions dont l'adaptation doit être faite durant la période de reconstitution.

Il est donc d'un intérêt capital pour les sensitifs et impressifs, de passer leurs 6 ou 9 heures de sommeil dans la direction du courant cosmique qui leur convient.

Dans le cas où l'on cherche à éliminer par les forces de la Nature des principes pathologiques, et surtout des vibrations pathogènes, on doit orienter le sensitif du N. au S., la tête au N., les pieds, surtout le gauche au S. ; on verra alors le sommeil revenir peu à peu, chez des personnes atteintes d'insomnie, ou disparaître des rêves nocturnes obsesseurs.

Le calme et le repos de la nuit sont, à coup sûr, beaucoup plus grands, dans cette direction, qui a suffi à bien des personnes pour remettre leur nervosité en état normal, par le fait simple de leur orientation dans le sens du nord au sud pendant la phase du repos nocturne.

Cette pratique appliquée surtout du 21 septembre au 21 décembre a une action réelle de dégagement en dehors de toute suggestion ; il faut être plus ou moins névrosé pour qu'elle réussisse, mais chez ces sensitifs névrosés le résultat est remarquable.

Au point de vue de la désobsession de certains de nos organes vibrant trop et mal, la médication doit s'exercer à son heure, à dix heures du soir, par exemple, de façon à ce qu'elle ait produit son effet à une heure 1/2 du matin, heure de l'élimination des fluides et des crises liquides. Un bain d'eau très chaude pris de 1 heure 1/2 à deux heures, des applications de sel fondant sur les reins et la croupe aident à l'élimination des fluides génitaux, si fréquents à notre époque chez les jeunes femmes, et empêchent l'ascension de ce serpent du désir qui agite et hyperesthésie les neurones de l'Eve moderne, et des obsédés sexuels; elle doit être pratiquée à gauche et en arrière. L'aimantation nocturne est faite dans le sens normal d'écoulement des forces, chez les épileptiques, les hystériques dont la tête, le cœur et les organes génitaux sont préalablement étudiés dans le carré cosmogonique, pour repérer leur orientation fluidique, de telle façon que leurs aura-crisiaques soient déviés et emportés par le passage des courants éthériques orientés de la nuit et du jour où on les a placés et simultanément par les passes aimantées *du dégagement fluidique.*

Pour dégager l'atmosphère vibratoire d'une sensitive, le médecin fluidiste trace dans l'atmosphère des vibrations, un courant fluidique avec le pôle positif d'un aimant dont il est armé ; il facilite ainsi l'écoulement de ses fluides dans le sens orienté où passe la force cosmique au moment de la séance, qu'il fait coïncider avec l'heure du courant. Il creuse ainsi dans l'atmosphère un sillon dont l'ensemble forme un signe, considéré jadis comme magique par les ignorants, alors qu'il établit dans une orientation scientifiquement reconnue un simple canal d'écoulement et de dérivation pour des fluides mal adaptés ; en même temps que le Dr agit, la malade de son côté apprend à vouloir *repousser* la vibration pathogène, et à vouloir l'*extérioriser* dans le sens où l'aimant opère. Elle doit exercer imaginativement une poussée extérieure de ses fluides *hors de son double* vers la pointe aimantée qui coupe les vortex qui l'enserraient. Lorsqu'il les a extériorisés, il entoure la sensitive de nouvelles et de meilleures influences par une invocation de foi faite avec précision et fermeté, LA FOI, LA VOLONTÉ, L'IMAGINATION DIRIGEANT L'ÉTHER.

Vouloir sa santé sans crise de nerfs, mais avec une volonté aussi sage que ferme, douce dans la forme, mais irréductible dans le fond, agit dans le sens voulu d'une façon remarquable chez les psychiques. Les pratiques de *cure de volonté* dans le traitement des névroses rendent de grands services ; mais il faut toujours avoir soin d'adapter ensemble l'orientation, la date de la séance, au passage de l'aura, aux heures où l'élasticité et la plasticité éthérique subit des modifications, soit dans le sens d'une contraction et d'une plasticité plus lourde ou d'une expansion et d'une plasticité plus légères, aux heures que j'ai indiquées sur la figure 14.

Il faut toujours commencer par les forces verticales et horizontales de haut en bas, c'est-à-dire commencer par la croix verticale, ensuite diagonale, pour terminer par les tracés que j'indique sommairement dans les orientations que l'on trouve d'autre part à la fin de ce chapitre.

Le signe de la croix *qui lie* en allant de gauche à droite, et *qui délie* en allant de droite à gauche, tel qu'il est employé dans les mystères chrétiens, est antérieur au drame du Golgotha, et a appartenu de tout temps comme signe de vie à la science des forces cosmogoniques; il en est de même de la croix diagonale représentant la croix des éléments dans le carré cosmogonique (voir la croix avant le christianisme, par l'abbé A).

Il est nécessaire de faire des applications à l'aine, au genou et au pied gauches orientés au sud, pour qu'à 1 heure 1/2 du matin, les vibrations pathogènes soient emportées par le courant des forces allant à la dissolution.

Quand on veut n'agir que par les simples forces de la nature, par la *cosmothérapie* sur un sensitif fébricitant, anémié ou neurasthénié, il faut l'orienter la tête au S., les pieds au N., de 9 heures du matin à midi; la nuit, tête S., pieds N., le poumon malade dans l'angle de la transformation; le courant transforme la vitalité du malade qui refait sa force à partir de 6 heures du matin; c'est en raison de ces forces que l'on voit tant de nerveux arthritiques ne reposer que de 6 à 9 heures du matin, à 8 h. 1/2 il y a un moment de réelle reconstitution pour leur état de neurasthénie.

Il faut bien se garder d'interrompre ce sommeil réparateur chez les asthéniques; du 21 mars au 21 juin, c'est pour eux la position de réfection; l'orientation des psychasténiques est au N.-O. N.

Au point de vue de la conception de l'imagination et de

l'invention, on doit s'orienter au S.-E. du 5 août au 5 octobre comme époque, date de 3 heures de l'après-midi à 6 heures du soir et de 4 heures à 6 heures du matin ; la face doit être dirigée au S.-E., la conception, l'invention, sont plus faciles.

Pour l'organisation judicieuse et harmonique d'un travail, la création d'une œuvre bien ordonnée, c'est le N.-O. qu'il faut regarder, et travailler, agir du 5 mars au 21 mai, ou la réalisation se produit de 6 h. à 10 h. matin. Cette orientation N.-O.-N. est celle que doivent rechercher tous les hyperconceptifs, les dépondérés, les névropathes, les psychopathes toujours en l'air; elle calme et fixe leur vivacité.

Le N.-E. est l'orientation de prière des églises et du rite chrétien de la messe ; le N, celui du solitaire, évoluant sa volonté au point de vue de la domination sur lui-même et de l'autorité sur autrui ; c'est l'orientation des spirites ayant un guide conscient et en communication télépathique véridique.

L'Ouest nous charme, nous attire, nous groupe par des liens de télépathie. Il est à remarquer que la civilisation et les villes s'étendent de l'E. à l'O. au soleil couchant.

Le S.-O. nous adapte, nous réunit dans une fusion de sentiments et d'amour ; le S. nous dissout, nous amaigrit, nous transforme.

Il est donc nécessaire de faire son point, suivant son tempérament, pour le sensitif, l'impressif, l'obsédé.

Quant à l'E, c'est l'orient de l'illuminé, mais notre humanité n'est pas assez évoluée pour aborder cette orientation ; elle doit rester encore fermée, éloignée. C'est la VOIE d'issue du principe de ce monde terrestre, dont on ne peut sortir que lorsque le corps fluidique est devenu assez subtil pour se soustraire à l'attraction magnétique terrestre, est à 2 h. le 21 juillet 60° gauche entre N.-E. et E.

Après la connaissance de l'orientation, vient la recherche des points, des niveaux du corps humain où la force, pénétrant en trop grande quantité, s'est accumulée dans une direction d'une façon excessive, par rapport à notre capacité et aux voies d'écoulement; ce nœud exalte le système nerveux, affole le cerveau du sensitif.

D'autre part, des pertes de forces peuvent se produire en très grande quantité par les voies normales. Je ne parle pas des tuberculeux qui par leurs cavernes non cicatrisées perdent, en dehors des sérosités du sang et des expectorations, une grande quantité de fluide vital que le sang ne retient plus, mais bien des névrosées qui, par rupture de courant, laissent échapper quantité de fluides par la pointe du cœur, la région pré-ovarienne, le genou gauche et l'orteil du pied gauche, les mains, le souffle expirateur, etc., etc. Alors que chez d'autres agitées l'exhalaison normale fluidique, qui doit se produire en ces points, non seulement n'existe pas, mais est remplacée par un nœud fluidique qu'il faut rompre pour rétablir l'écoulement nécessaire des vibrations humano-éthériques trop condensées.

On trouve ces perturbations généralement chez les hystériques.

Charcot a insisté sur les nœuds et sur la compression des nœuds, à laquelle je préfère de beaucoup l'ignipuncture cruciale et la mouche sur le nœud avec le dégagement de l'atmosphère par les voies d'élimination grâce au pôle d'un aimant puissant.

J'ai vu des malades perdre par la rate et les mains des flots de forces qui impressionnaient des plaques photographiques, et étaient la cause de l'hypotension vitale qui les déprimait. Il suffit de fermer, de clore ces fissures, d'arrêter ces fuites de l'Enc[illegible], pour rétablir la tension du corps fluidique et la santé du corps.

Le traitement des névroses corporelles se pratique non seulement sur le derme de la peau et dans son épaisseur, mais aussi à une certaine distance du corps et sans contact avec l'épiderme pour les deux zones de 40° à 90° *par le dégagement magnétique de l'atmosphère dans l'orientation rationnelle*. Je répète encore une fois que cette médication ne peut s'appliquer qu'aux sensitifs; elle ne peut qu'exciter un scepticisme railleur, et ne possède aucun effet en dehors de ces cas très spéciaux, où l'hydrothérapie et l'électrothérapie sont sans effet et plutôt funestes aux malades qui les rejettent, tandis que cette médication constitue alors la méthode de choix parfaitement acceptée et longuement pratiquée par les sensitifs névrosés.

Cette thérapeutique fluidique n'est donc applicable qu'à la classe *bien spéciale des grands sensitifs*. La proposition revient à celle-ci pour qu'on ne me fasse pas dire autre chose.

La formule biométrique ayant révélé un sens mal orienté des forces zoéthériques ou hertziennes s'adaptant à faux au tempérament du névrosé ; il faut rétablir une direction du flux éthérique normal dans l'atmosphère des vibrations extracutanées du névrosé, dans l'ambiance du composé humain sensitif, pour que ses forces rectrices intérieures soient changées par le nouveau dispositif imprimé aux vibrations extérieures qui impressionnent son existence.

Il faut le changer d'*éther*, comme on change d'*air* d'autres malades.

Il faut de plus que le nouvel état a quis et indiqué par la nouvelle formule soit persistant; entre le malade, le médecin ou la garde préposée, il s'établit une sorte de rapport télépathique qui permet à la vibration volontaire de celui-ci d'agir de près ou à une certaine distance sur la vibration débilitée du sensitif pour en changer la nature ; *c'est l'influence médicale à prendre sur le sensitif* qui veut se sentir soutenu, avoir une volonté à côté de la sienne et une volonté sympathique *pour entreprendre sa cure de volonté personnelle*. Armé de ces connaissances nouvelles, le médecin pourra à son gré, suivant les cas, recourir à des agents physiques ou psychiques appliqués au contact de la peau de son malade, ou agir sur sa tête, à la distance de sa peau que le chiffre même de la vibration indique, et opérer dans la direction donnée par le sens orienté de la formule par une passe magnétique, électrique sans donner de soi, car il n'y pourrait résister à la longue, mais vouloir avec une froide décision.

Il peut, ainsi, exercer une action efficace, imprimer une direction normale, donner une bonne orientation aux circuits vitaux anormalement dirigés, rétablir en eux l'harmonie et remettre l'équilibre dans les flux de vie, adapter enfin sagement les forces vives du Cosmos aux poussées de notre Enormon, qu'Hippocrate enseignait à l'école de Cos.

En résumé l'expérience démontre que, pour agir sur les trois plans du composé humain, trois conditions sont nécessaires.

I° *L'expectante attention du malade.*

II° De la part du médecin une volonté droite, douce dans la forme, progressive dans la manifestation, irréductible dans le fond, *la décision froide et calme qui réalise.*

III° La connaissance des vibrations humaines et des courants de vie, interprétés par la science biométrique.

Le médecin fluidiste agissant en connaissance de cause doit savoir tracer et imprimer dans l'atmosphère du sensitif, avec lequel il est en rapport, le flux des forces orientées dans le sens voulu pour rétablir les trois circulations horizontale, physique, animique, diagonale, verticale psychique, dans le carré des forces d'un système organique, ou dans le carré qui contient l'homme *fluidique* tout entier; il doit agir principalement sur les mains, le cerveau, le foie et la rate, les pieds, faire laver et tenir parfumés la tête fraîche les pieds chauds; il pourra faire extérioriser certaines vibrations vitales pathogènes par les voies d'élimination, ouvrir ces voies si elles sont fermées, les fermer si elles sont relâchées, enfin concentrer sur les points dépourvus de forces celles qui sont nécessaires à la réalisation et à la redynamisation des sensitifs, qui perdent leurs fluides, comme d'autres malades perdent leurs forces, par une transpiration trop abondante enfin les encercler.

Il doit s'aider, suivant les indications, du pôle positif ou négatif d'un puissant aimant, du souffle statique des bains de lumière colorée ou de sa puissance magnétique, suivant le cas et de son énergie volontaire préalablement spiritualisée, lorsqu'il a affaire à des natures psychiques ressentant la prédominance qu'exercent les forces verticales mentales et spirituelles sur les forces horizontales imaginatives et réalisatrices; il doit se servir des heures de passage, des forces diagonales élémentaires circulant en 8 et faire toujours partir son action du N.-E. au S.-O. pour l'amener jusqu'au centre cardiaque du carré cosmogonique, d'où il dirigera la passe thermique, électrique, lumineuse, magnétique ou purement psychique, vers les orientations N., S.-O., E.-N.-O.-S.-E. suivant le cas; en terminant de gauche à droite s'il veut lier, fermer, agir, réaliser : en terminant sur le côté gauche du malade de droite à gauche s'il veut ouvrir les nœuds, libérer ou dissoudre la tension élastique morbide, en suivant l'orientation appropriée des forces dans le carré cosmogonique, après s'être lui-même inspiré de la formule biométrique, de son sens, et en tenant compte de l'horaire de la circulation des forces autour du corps humain, qu'il veut fluidifier ou défluidifier.

Voici le tableau des heures, des forces verticales ou psychiques, diagonales ou animiques, horizontales ou élémentaires complémentaires pendant les 24 heures d'une révolution terrestre que l'on peut reporter sur le cadran de sa montre (figure 5).

1° *Horaire des forces verticales psychiques*

Jour. . .	11 heures	midi .	1 heure
	7 —	6 heures	5 —
Nuit . .	7 —	6 —	5 —
	11 —	minuit	1 —

2° *Horaire des forces horizontales équatoriales*

Jour. .	10 heures	2 heures	Nuit. .	8 heures	4 heures
	9 —	3 —		9 —	3 —
	8 —	4 —		10 —	2 —

3° *Horaire des forces diagonales élémentaires complémentaires*

Avant midi.	10 h. 1/2	1 h. 1/2	Après midi.
	7 h. 1/2	4 h. 1/2	
	6 h.		
Avant minuit.	7 h. 1/2	1 h. 1/2	Après minuit.
	10 h. 1/2	4 h. 1/2	

Les six moyens employés comme traitement de l'atmosphère des vibrations chez les grands sensitifs sont :

1° L'orientation individualisant ou désindividualisant la

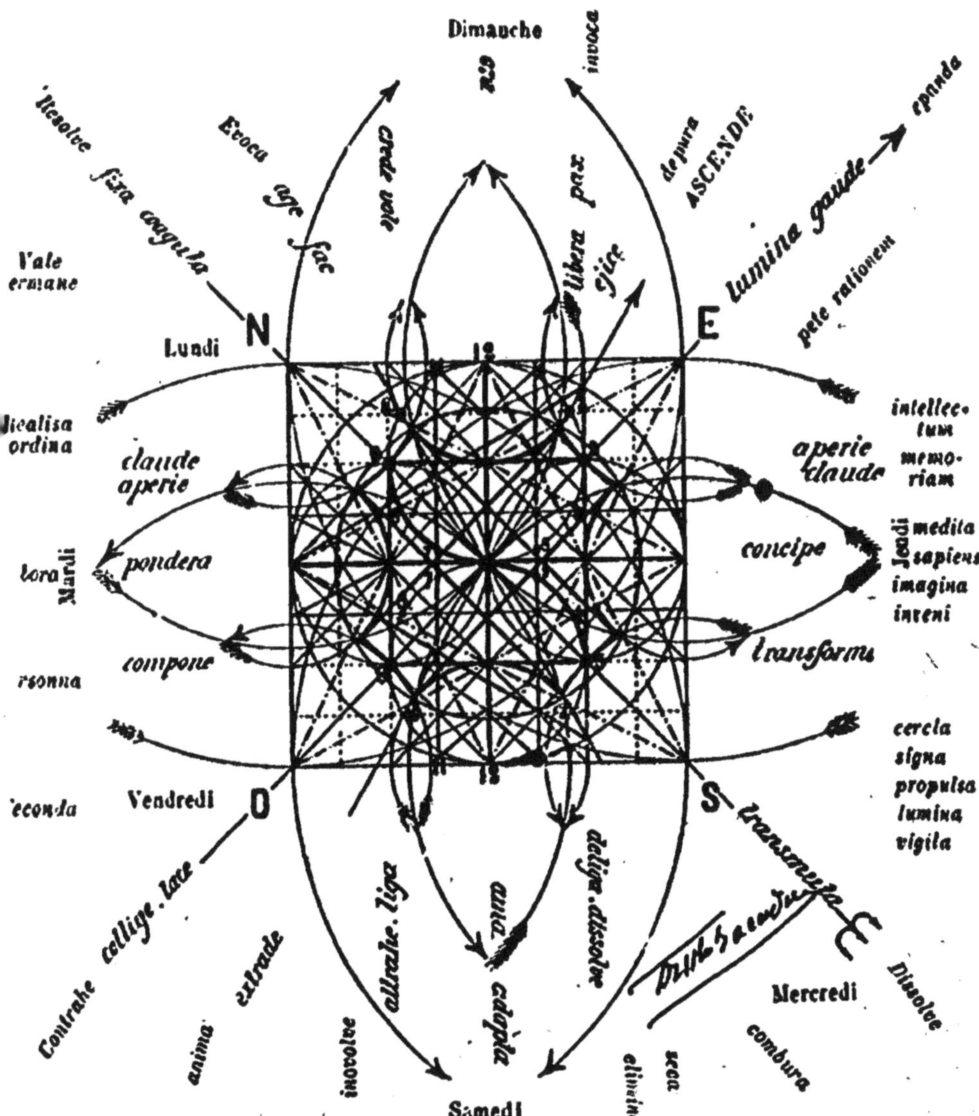

Fig. 25. — *Gril indicateur* des opérations fluidiques à faire dans l'atmosphère d'un sensitif avec leur précision de dates, de jours, d'heures et d'orientation.

vibration, suivant l'organe influencé et l'heure où passe le courant cosmique des forces diagonales N. S.-O.-E.

2° La passe aimantée, électrique, magnétique, suggestive ou psychique, polarisant le courant vital suivant les huit lignes de forces contenues dans le carré orienté.

3° La ligature ou formation d'un nœud de vibrations élémentaires, animiques ou mentales avec l'élément, le désir du sentiment, la décision de la volonté.

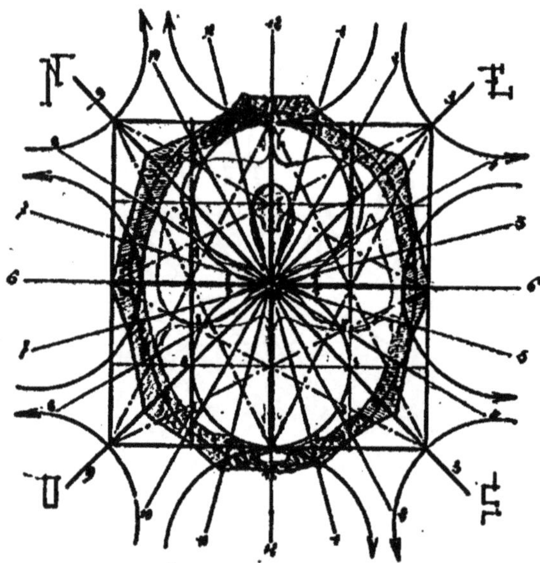

Fig. 26. — Coupe du crâne vu de face mis dans le gril divisé en 16 petits carrés orientés comme espace et temps avec les heures de passage des forces et des influences zoéthériques, la pointe de l'aimant parcourt les cases que la parole influence ; suivant les lignes des forces verticales, horizontales, diagonales, indiquées par la formule biométrique.

4° La section ou rupture du nœud par l'igni-poncture cruciale, la décondensation électrique, la passe dégageante orientée vers le S, la volonté qui tranche.

5° La fermeture ou cercle protégeant l'état acquis, par la création d'une série d'anneaux fluidiques autour du malade faits avec une volonté froide et ferme et LA FOI QUI SAIT RÉALISER CE QU'ELLE VEUT.

Il faut flamber l'aimant après chaque passe, et se laver les mains avec de l'eau chaude et du gros sel fondant.

Tels sont les moyens d'action que l'homme sain de corps, énergique de volonté, animé d'altruisme, ayant foi en lui et en ce qu'il fait, peut, *à ces conditions*, employer avec succès, mais exclusivement sur les grands sensitifs, désorientés, névrosés et obsédés, pour modifier les vibrations de leur atmosphère, qui influencent et impressionnent de leurs vibrations pathogènes la double vitalité droite physique, antérieure et intérieure, et gauche psychique supérieure et postérieure de leur corps fluidique.

Telles sont les pratiques de ce traitement exclusivement applicable à l'atmosphère vibrante des impressifs, sans contact de 25 à 50 centimètres de la peau, légèrement couverte, *mieux* à nu, ou avec contact, suivant la hauteur de l'arc ou du nombre de degrés divisés par deux.

La biométrie permet de régler d'une façon scientifique les rapports entre les vibrations anormales et pathogènes du composé-combiné humain, et les vibrations de la vie universelle qui gravite autour de nous; par elle nous pouvons modifier progressivement la direction des courants vitaux suivant les lignes et les points des forces, régler les échanges respectifs entre le moi et le non moi, sans réactions trop fortes par une sage adaptation de nos potentialités vitales avec les forces vives du Cosmos.

6° *Orienter le sensitif.*

§ VI. — ORIENTATION D'EXISTENCE D'UN SENSITIF

L'*orientation d'existence* pour un sensitif consiste 1° à déterminer la nature de son tempérament, et 2° à le soumettre au régime des forces concordant, entre *celles* des huit puissances éthériques orientées aux huit points cardinaux, dont l'accord formera l'orientation de son tempérament. Les vibrations de ces forces ainsi groupées et travaillant ensemble, exercent une synthèse d'influences favorables et sympathiques sur sa *sensitivité et partant sur sa vitalité entière.*

C'est donc établir pour les huit orientations :

1° Le *régime du travail des six forces concordantes* entre elles et sympathiques à sa *sensitivité*, et des *deux forces antipathiques* discordantes, hors de sa voie.

2° La *polarisation et la marche du flux* de ces forces dans le carré cosmogonique.

3° La *voie figurative* des orientations que le sensitif doit suivre en allant de la *gauche à la droite* dans le carré cosmogonique.

Bien déterminer son tempérament est donc connaître non seulement la voie d'orientation à parcourir, mais c'est savoir aussi la nature et les heures des forces zoéthériques correspondant aux orientations qui doivent être recherchées, comme celles qui doivent être évitées par le sensitif.

Nous sommes renseignés, à cet égard, par la formule moyenne de notre tempérament, son sens général établi par la longueur des arcs de cercle orientés, exprimés par les nombres et les heures correspondantes pour les 16 formules, leur emplacement sur le cadran des 360 degrés, durant les 360 jours de l'année.

Les forces de l'éther lui sont favorables, quand elles sont dirigées dans le sens de sa polarisation, dont elles aident le cours ; elles sont alors *concordantes*.

Quand elles sont opposées entre elles et que leur adaptation est contraire à notre polarisation elles sont *discordantes*, défavorables, antipathiques.

On peut encore reconnaître la nature du tempérament d'une personne sur la rose des vents, par l'orientation qu'elle choisit de préférence, car non seulement, le climat, l'air natal, l'ambiance du milieu choisi, mais surtout les vibrations de l'éther de ce centre vivant exercent une influence favorable ou défavorable, à rechercher ou à éviter principalement pour les sensitifs.

Les huit tempéraments de vie humaine peuvent être définis par les huit systèmes de vie cosmogonique, c'est-à-dire par les huit régimes qui règlent entre elles le travail des concordances et des discordances des forces zoéthériques appartenant aux puissances des huit orientations dans le carré cosmogonique. Le trait qui les relie va des vibrations gauches conceptrices aux vibrations droites réalisatrices.

L'homme, au centre du carré, reçoit les flux de ces influences et en interprète le trajet, par les arcs de cercle droit et gauche orientés, *produits à leurs heures*, qui nous donnent la figuration géométrique du corps fluidique mesurée dans ses rapports d'espace et de temps avec les puissances éthériques des huit orientations.

Les tableaux suivants des huit tempéraments éthéro-cosmiques nous renseigneront sur les forces discordantes que le sensitif doit éviter dans les huit orientations, et sur les forces concordantes qu'il doit adapter dans le trajet de son existence.

Le sensitif pourra arriver ainsi à choisir *ses forces zoéthériques* et les éléments cosmogoniques et climatériques qui sont favorables à son tempérament, délimiter le point de jonction des forces psychiques et physiques, relever les heures de jour et de nuit, les dates de l'année, où les forces favorables pourront le vitaliser plus puissamment dans le sens de son existence ; au lieu de livrer sa vie au hasard ou aux caprices de son tempérament dévoyé, il suivra ainsi la voie de son orientation, sera dans le mouvement cosmique qui lui est favorable ; puisque nous savons que le cosmos éthérique est différencié comme forces, polarisé comme orientation, réglé comme mouvement giratoire.

Nous nous trouvons en présence de ce fait, surprenant mais logique et mécanique, que toute force éthérique Z a son orientation, son heure et son sens de flux vibratoire ; c'est à nous de savoir saisir ces heures vivantes de flux de forces, pour nous les adapter ou les repousser, suivant le tempérament du sensitif, en nous souvenant, *que la volonté d'attirer et la volonté de repousser les ondes éthériques sont, avec la connaissance des courants cosmiques, les trois grands facteurs de la vie fluidique du sensitif spiritualisé.*

Lorsque le schema de l'orientation d'un sensitif est établi par une moyenne de formules désignant son tempérament, il suffit de reporter son crâne et sa face sur le gril, afin de reconnaître les heures du jour et les dates où passe la voie de ce tempérament et de les repérer comme sur une carte géographique, dans les carrés de longitude et de latitude de son orient, pour savoir où mène ce tempérament d'une part et, d'autre part, quelles sont les heures, les directions, les moyens d'action que nous pouvons opposer à un tempérament dévoyé, ou ceux que nous devons employer pour faire rentrer dans la voie un tempérament désorienté.

Il faut toujours agir suivant les indications des formules avec la connaissance de la nature des forces mises en branle, travailler avec les forces concordantes, jamais contre elles, en évitant celles qui sont défavorables, discordantes, antipathiques.

On voit l'importance donnée par *la formule moyenne*, nous révélant la polarisation des forces intérieures qui travaillent en nous. Le sensitif reconnaîtra ainsi l'orientation normale de son tempérament.

Je donne sommairement ici les huit tempéraments ou régimes du travail des forces éthériques entre elles.

Le sensitif devra parcourir *au figuré* celui des tempéraments cosmiques qui a trait à son tempérament humain ; il suivra de gauche à droite en partant de l'orientation à laquelle il tourne le dos et où il reviendra de face, après avoir utilisé à son profit *les forces naturelles qui lui sont favorables.*

I. — Les IV grands systèmes des forces zoéthériques orientées en croix verticale par rapport au corps humain et leurs concordances dans le carré cosmogonique. (Croix chrétienne).

Le système des forces zoéthériques évoluant en croix verticale (croix chrétienne) sont orientées au :

1° Nord-Est correspondant à la tête ;
2° Sud-Ouest correspondant aux pieds ;
3° Sud-Est correspondant à la main gauche ;
4° Nord-Ouest correspondant à la main droite.

Leur ensemble forme le signe de croix chrétien, accordant,

adaptant les forces de la pensée. *Front*, du cœur, *sentiment*, du souffle gauche et du souffle droit.

Les orientations de la croix des quatre points cardinaux sont orientées au :

Nord, correspondant à l'épaule droite ;
Sud, correspondant à la hanche gauche ;
Ouest, correspondant à la hanche droite ;
Est correspondant à l'épaule gauche.

Passons-les rapidement en revue.

I. — PUISSANCES DE L'ORIENTATION N.-E. AVEC SES FORCES CONCORDANTES

N.-E. Orientation des églises chrétiennes.
Figuration légendaire :
La volonté de Dieu le père, dans la création.
Divinité, Jupiter, Parabhram.
La grâce céleste, communion divine, dévotion.
Dates, 21 juin solstice d'été. Midi.
Formule — Rep. = Rep.
Attitude des mains. — En coupe au-dessus de la tête.

N.-E 90° Midi. — Puissance, volonté divine, grâce supérieure.

Heure. — De midi à midi 40, du 21 juin au 6 juillet.
Nombre. — De 90° à 80° gauche supérieur et postérieur.
Couleur. — Blanc or.
Organe. — Tête, front gauche antérieur, synciput gauche et postérieur.
Vertu. — Pureté, libération.
Dimanche.

S. 45° gauche inférieur. — Puissance de transmutation par la transformation.

Heure. — De 3 h. à 4 h. du matin, du 4 octobre au 15 novembre.
Nombre. — 30° à 45° gauche inférieur et latéral.

Couleur. — Gris d'argent.
Organe. — Flanc gauche, joue, pariétal gauche.
Elément. — Eau chaude.
Vertu. — Métamorphose, changement.
Métal. — Mercure, argent, sel fondant.
Mercredi.

N.-O. 0° droit. — Force de travail, vie harmonique heureuse.

Heure. — 6 h. à 8 h. du matin, 21 mars. Equinoxe du
Printemps. — Du 6 mars au 5 avril.
Nombre. — 0°.
Couleur. — Vert.
Organe. — Foie, écaille droite.
Vertu. — Espérance, justice.
Attitude. — Main droite sur la hanche.
Mardi.

S.-E. 0° gauche. — Force de conception, d'invention, de réflexion.

Heure. — 6 h. du matin de 5 à 7 h., du 4 août au 7 octobre. — 21 septembre équinoxe d'automne.
Couleur . — Violet.
Organe. — Rate, poumon gauche, écaille gauche.
Vertu. — Sagesse, méditation.
Attitude. — Main gauche sur la rate.
Jeudi.

O. 45° droit inférieur. — Force de concentration intérieure, d'isolement intime, de philosophie personnelle.

Heure. — 9 h. du soir de 8 à 10 h. du 20 janvier au 19 février.
Nombre. — 45°.
Couleur. — Marron.
Organe. — Occipito-mastoïdien droit, hanche droite.
Vertu. — Philosophie, occultisme.

Attitude. — Main sur la cuisse droite.
Vendredi.

N.-E. 80° droit. — Force de réalisation de la loi divine, foi qui crée, courage moral, prière invocatrice.

Heure. — De 11 h. 20 du matin à midi du 4 au 21 juin.
Nombre. — 80° à 90.
Couleur. — Blanc bleu.
Vertu. — Foi en acte, confiance en Dieu, soutien supérieur, chasteté.
Point limite de jonction. — Estomac, nombril concordant, Sexualité discordante.

Forces discordantes à éviter :

S.-O. — Amour, union sexuelle.
Forces de dissolution :
Amaigrissement.
Télépathie génitale.
Forces d'activité destructrices :
N. Volonté autoritaire et despotique.
E. Expansion et gaieté exubérante. Illuminisme mystique.
Forces de raisonnement, de discussion opposées à la croyance.

II. — Puissance d'orientation S.-O.

Fusion et union fluidique des complémentaires droit et gauche, antérieur et postérieur antagoniques.

Amour physique, sentimental, passionnel, idéaliste, altruiste.

S.-O. 90°. — Adaptation des forces fluidiques antagoniques dans une union fusionnante des entités opposées, en un tout (Sabbat). Union sexuelle.

Minuit. — 21 décembre solstice d'hiver.
Nombre. — 80 à 90° gauche inférieur.

Heure. — De Minuit à 1 h. du 4 au 21 décembre.
Couleur. — Vert crépusculaire, laiteux, opalescent.

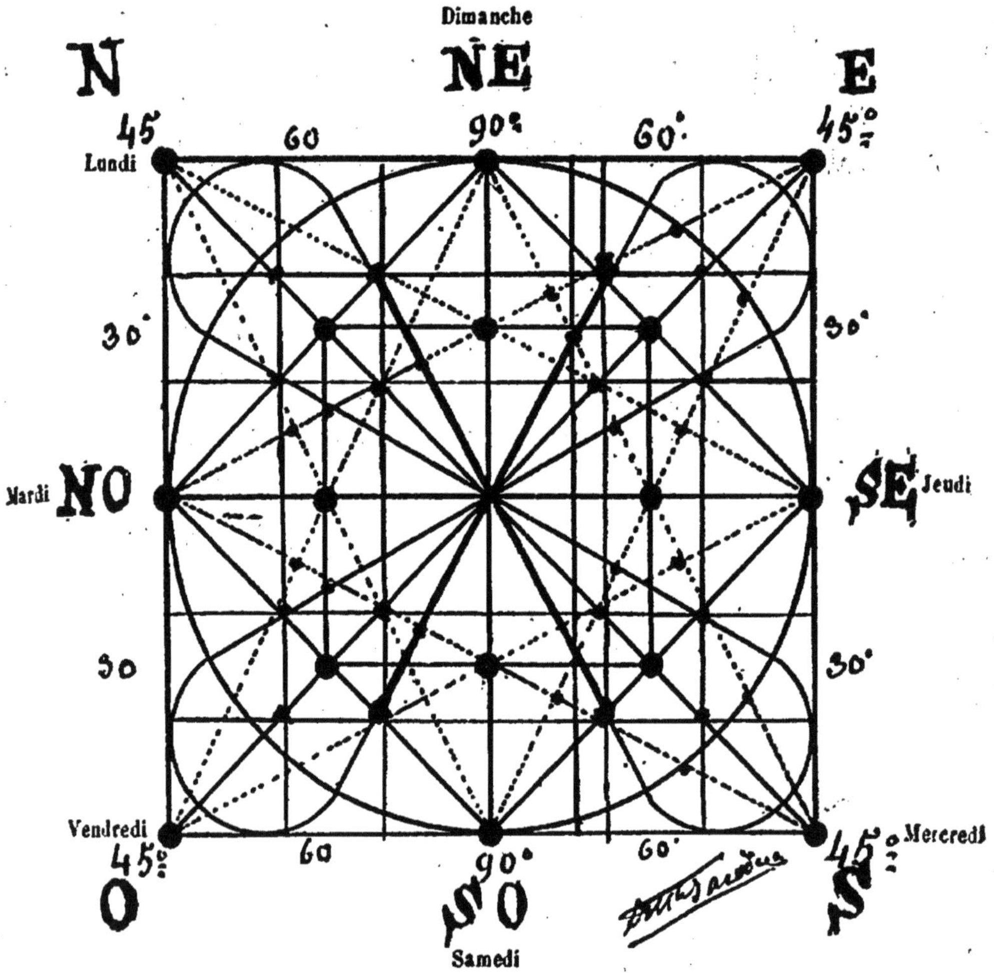

Fig. 27

Carré cosmogonique des forces du Zoéther animales, horizontales de 0 à 30; animiques, diagonales de 30 à 60; mentales, verticales de 60 à 90, aux 4 orientations, avec leur situation de jour et de nuit. Dans les 4 parallélogrammes de force : la boule mentale du sensitif en voie d'orientation roule suivant les bissectrices, de telle à telle orientation en passant par certains points, et en évitant ou ne passant pas par certains autres à telle heure, telle date, constitue l'ensemble de son temperament.

Organe. — Nuque, cœur, organes génitaux.

Vertu. — Don de soi physique et moral, charité, sacrifice. — L'amour, sacrifice.

Figures légendaires : Isis, Vénus, la Vierge mère.

Type vénusiaque.

Formule. — Droite, att. = gauche, att.

Attitude. — Attraction des deux mains par les deux mains opposées.

Samedi.

E. 45° gauche supérieur. — Force d'expansion, de lumière, de gaieté, de rapidité.

Heure. — 3 h. du soir, 5 août. De 2 à 4 h. du 21 juillet au 20 août.

Couleur. — Jaune or.

Organe. — Epaule gauche (épaulette de rubans).

Elément. — Lumière, électricité.

Métal. — Or.

Vertu. — Gaieté, illuminisme.

N.-O. 0° droit. — Force de travail, création, pondération.

Heure. — 6 h. du matin, 21 mars, équinoxe de printemps; de 5 à 7 h. du matin du 6 mars au 7 avril.

Couleur. — Vert.

Organe. — Foie, épaule, hanche.

Vertu. — Espérance, travail.

Mardi.

S.-E. 0° gauche. — Force de conception, de réflexion, méditation.

Heure. — 6 h. du soir, 21 septembre, équinoxe d'automne de 5 à 7 h. du matin et soir du 4 septembre au 4 octobre.

Couleur. — Violet.

Organe. — Rate et tempe gauche.

Vertu. — Sagesse, invention.

Jeudi.

N. 45° supérieur droit. — Force de réalisation. Action froidement exécutée.

Heure. — De 9 à 10 heures du matin du 20 avril au 21 mai.
Couleur. — Bleu indigo.
Organe. — Epaule droite, tempe droite.
Vertu. — Décision, vitalité, résistance, vieillesse, conservation.
Métal. — Fer, plomb, silex.
Lundi.

S.-O. 90° droit inférieur. — Forces de personnalité, de santé, d'amour, de télépathie sexuelles.

Heure. — De 11 h. à 12 h. du soir. Minuit du 21 décembre au 5 janvier.
Couleur. — Rouge vif.
Organe. — Jambe droite et organes génitaux droits.
Vertu. — Amour sexuel.
Samedi.
Point limite de jonction.
Cœur, amour passionnel.

Forces discordantes à éviter

Les forces psychiques et spirituelles du N.-E ; toutes les forces philosophiques de la vie intérieure de l'Ouest ; toutes les forces de dissolution, de métamorphose du S.

III. — PUISSANCES DE L'ORIENTATION DU S.-E. AVEC FORCES CONCORDANTES.

S. E. 0°. — Conception, imagination, méditation, sagesse.

Figuration légendaire :
Le Saint-Esprit. Vischnou.

Heure. — 5 heures à 7 heures du matin et du soir, 3 heures à 4 heures de l'après-midi, du 4 septembre au 4 octobre.

Couleur. — Violet, mauve bleuté.

Organe. — Tempe gauche et rate.

Formule. — D. Rep=G. Att.

Attitude. — Penchée à gauche, méditative.

Jeudi.

O. 45° droite inférieure. — Force de concentration, d'isolement philosophique.

Heure. — 9 heures du soir à 10 heures ; 20 janvier au 4 février.

Couleur. — Marron.

Organe. — Hanche droite, écaille droite.

Vendredi.

N.-E. 80° à 90° droite. — Force de courage, de foi, de volonté.

Heure. — De 11 heures 20 du matin à midi du 4 au 21 juin, solstice d'été.

Couleur. — Bleu blanc.

Organe. — Front droit.

Dimanche.

S.-O. 90° — Amour idéal, altruiste et moral.

Heure. — Minuit 21 décembre solstice d'hiver.

Couleur. — Rose.

Organes génitaux. — Cœur, nuque.

Samedi.

N. 45°. — Force froide de réalisation.

Heure. — de 9 à 10 heures du matin 20 avril au 21 mai.

Couleur. — Bleue.

Organe. — Epaule droite.

S.-E. 0° droit. — Réalisation raisonnée, réfléchie de l'acte conçu. Sagesse d'exécution

Heure de 2 à 4 heures du 4 août au 4 octobre.

Point limite de jonction N.-O.

Vie heureuse, harmonique dans la Providence.

Forces discordantes à éviter et à délier.

E. Exubérance d'activité, illuminisne, insolation, soleil, et les forces. S. de transformation et de dissolution.

IV. — Puissances d'orientation N.-O.

Vie de création, de bonheur, de travail, de production.

Figures légendaires : Esprit de vie, Providence, loi naturelle de travail dans la nature, force créatrice.

Divinités : Latone, Cybèle. Mars, activité guerrière destructrice.

Vertu. — Jus[illegible]ce, harmonie, création. Mardi.

Attitude. — Penchée à droite.

Formule, D. Att. = G. rep.

N.-O. 0° gauche. — Force d'activité, de création, d'espérance.

Heure. — vail 5 à 7 heures du matin, de 6 heures du matin au 5 avril.

Couleur. — Vert bleu.

Organe. — Poumon droit, écailles droites, membres droits, épaule et hanche droite.

Mardi matin.

E. — Force d'expansion, de gaieté, de lumière, de rapidité.

Heure. — 3 heures du soir du 21 juillet au 21 août.

Couleur. — Jaune or.

Organe. — Epaule gauche, écaille gauche.

S.-O. — Amour, fusion, adaptation.

Heure. — Minuit, du 4 décembre au 15 janvier, 21 décembre solstice d'hiver.

Couleur. — Rouge.

N.-E. — Volonté divine, grâces célestes. Bénédiction.

Heure. — Midi du 10 au 30 juin. Le 21 juin solstice d'été.

Couleur. — Blanc.

Organe. — Sommet de la tête, communion divine.

S. — Transmutation.

Heure. — 3 heures du matin du 19 octobre au 8 novembre.

Couleur. — Gris d'argent.

N.-O. Droit : Réalisation de la vie heureuse par la personnalité juste pondérée, travailleuse en bonne santé faisant une œuvre.

Point de limite de jonction S.-E. conception du bonheur en soi et par soi.

Forces discordantes à éviter. — Forces froides de résolution du N., et de contraction et d'isolement philosophique de l'O.

§ II. — Les IV systèmes de forces Zoéthériques orientées en croix diagonale rectangulaire des archanges (1) par rapport au corps humain et leurs coordonnées dans le carré cosmogonique : la croix de Saint-André a les angles aigus, elle est

(1) Les remarquables fresques orientées de Saint-Roch sont des documents scientifiques aussi précis que la statue de Schiva dans l'Inde. Gabriel nunciator est au Nord, Uriel vita rex au Sud, Raphaël Judex à l'Ouest, Mikaël Via à l'Est. Elles sont orientées et par leurs attitudes, gestes et émissaires dévoilent les attributs et directions des 4 grandes manifestations cosmogoniques qu'elles représentent ; la lance séparatrice de l'Archange qui montre la Voie est située au même orient que la lance du prince de l'Est Indo-Chinois.

la croix des 4 forces initiatiques, en Chine comme chez les latins, le signe libérateur, le grand X formé par les quatre 60° degrés réunis en opposition.

Les puissances zoéthériques orientées en croix diagonale aux quatre points cardinaux par rapport au corps humain sont les suivantes :

Sud-Ouest-Nord-Est.

I. — Puissance de l'orientation du S.

S. 45° gauche inférieur. — Puissance de transmutation occupant dans le carré cosmogonique le petit carré S. gauche inférieur, latéral et postérieur.

Heure. — 3 heures du matin 5 novembre, du 19 octobre au 18 novembre force de transformation, de transmutation et de dissolution.

Nombre. — 35° 45° et 65°.

Couleur. — Gris argent.

Elément. — Eau chaude salée qui dissout. Feu qui brûle.

Métal. — Mercure, sels d'argent, sels fondants.

Formule. — D. Rep.—G. O.

Figures légendaires. — Archange Uriel « Vita-Rex ». L'existence et la mort perpétuelles. *La vie métamorphique.*

Divinité. — Schiva déesse de la transformation, poussant du pied droit l'enfant naissant.

Type. — Mercurien.

S. Gauche. — Forces concordantes de la transformation de soi-même, par le dégagement de la rate du foie et la prière à l'heure de la métamorphose.

Heure. — De 3 heures à 4 heures du matin. (Rite Monacal). Mercredi, du 21 septembre au 5 novembre.

N.-E. — Purification, prière, grâces.

Heure. — 12 heures à 1 heure 1/2. Volonté en la volonté

divine, purification, foi curatrice absolue. Dimanche, du 16 juin au 6 juillet.

O. — Isolement et recueillement philosophique.

Heure. — De 8 heures à 10 heures du soir. Vendredi, du 20 janvier au 19 février.

E. — Cœur expansif, gaieté de caractère, conscience personnelle éclairée.

Heure. — 2 à 4 heures d'après-midi. Du 21 juillet au 20 août.

N.-O. 0°. — Existence harmonique, pondérée.

Heure. — 6 heures à 8 heures du matin, travail. Mardi, du 6 mars au 5 avril.

S. droit. — Amaigrissement, transmutation réalisée.

Heure. — 1 heure 1/2 du matin du 5 novembre au 30 novembre. Mercredi. Feu qui brûle, dissout, purifie, encens.

Organe. — Aine gauche, joue gauche. Crête frontale gauche.

Point limite de jonction au N. sur l'épaule droite — Résolution. Eviter les refroidissements du poumon droit; user des forces froides éthériques de volonté, d'étude et d'application cérébrale. Eviter les forces d'amour sexuel trop vif. S.-O. — Vie subtile du type mercurien, pur.

Eviter les forces du S.-E. la méditation, les études, l'ascétisme excessifs.

Besoin de détente, d'expansion, de gaieté, de mouvement et d'exercices musculaires : marcher, causer, rire, s'épancher, après les efforts de concentration philosophique et occulte.

II. — Puissance d'orientation de l'ouest

O. — Puissance de concentration, d'isolement personnel, d'attraction et de groupement sympathique. Vie philosophique.

Heure. — 8 heures à 10 heures du soir du 20 janvier au 19 février. Vendredi.

Organe. — Hanche droite, apophyse mastoïde droite.

Elément. — Magnétisme attractif, faculté de concentration, d'isolement, de silence, de se voiler, de se faire une coque protectrice contre les vibrations d'autrui, de s'encercler, de se mouvoir lentement, sûrement, avec calme.

Formule. — D. 45 | G. O.

Elément. — Air, éther, élémentaux éthériques, serpentins, enroulements.

Métal. — Cuivre, aimant.

Figures légendaires : Archange Raphaël — Judex.

Divinité : Saturne, type saturnien, philosophie et occultisme.

Type. — Saturnien.

Marche des forces concordantes avec cette orientation.

S.-E. — Réflexion, méditation, sagesse.

Heure. — De 2 à 4 heures du soir du 4 septembre au 4 octobre. Jeudi.

N.-O. — Vie, existence heureuse, harmonique, de travail.

Heure. — 6 heures du matin à 8 heures, mardi, du 6 mars au 5 avril.

S. — Force de dissolution et d'amaigrissement de la personnalité physique. Végétarisme.

Dissolution à 1 heure 1/2 du matin du sens génital.

Force de transformation de 2 heures à 3 heures, du 19 octobre au 18 novembre. Métamorphose de la forme astrale et translation au matin, en tubes télépathiques, des projections de la substance mentale : rentrée du tube à 4 h. 1/2 du matin. Disparition 8 heures 1/2.

N.-E. — Prière, pureté.

Projection à 1 heure 1/2 après midi de l'œuf psychique par le souffle gauche, sur l'épaule gauche avec la foi qui réalise la volonté supérieure : cette réalisation de l'image a lieu de 10 heures à minuit. La pensée de notre personnalité devient physique, plastique, se fait image fluidique, et crée des psychicones télépathiques photographiables, nos rêves ou fantômes, des apparitions à des degrés différents d'animation.

O. droit. — Constitution d'une personnalité en puissance de la projection psychique, et en posession des élémentaux éthérés permettant la télépathie visuelle et auditive à distance.

Point de limite de jonction à l'E. à l'épaule gauche.

Eviter les influences solaires, trop de lumière : vie solitaire à l'ombre ; la lumière chaude, l'expansion cérébrale pouvant engendrer la congestion, la folie. L'Ouest ne peut aborder l'Est du 26 juillet au 20 août ; il est trop concentré, pas assez expansif.

Forces discordantes. S.-O. — L'amour sous toutes ses formes sexuelles, sentimentales, altruistes. Causes de déperditions fluidiques.

La force froide d'arrêt du N. engendrant la paralysie, la névrose froide de volonté autoritaire, despotique, et l'arrêt de la translation fluidique, l'impossibilité de la métamorphose ; N fixe les fluides, fige les humeurs, conserve les tissus.

III. — Orientation du Nord

N. 45°. — Puissance de résolution et de réalisation.

Couleur. — Bleu indigo.

Heure. — De 9 à 10 heures du matin du 20 avril au 21 mai.

Organes. — Epaule droite (épaulette), tempe droite frontale.

Formule. — D. Att. = G. Rep.

Nombres. — de 30° à 60°.

Facultés. — Qui arrêtent et fixent, qui conservent et immobilisent, qui réalisent et paralysent. Astringence réalisatrice.

Elément. — Terre, sel, silex, chair.

Métal. — Fer, plomb.

Figures légendaires : Archange Gabriel — Nunciator J. C. F. D.

Divinités : Diane, lune, Esprits lunaires. Spiritisme.

Type lunarien, Spirite.

Puissance d'arrêter, de réaliser, de réussir, de vieillir. Vie du Thaumaturge. Verte vieillesse (Manteau de Thanith, voile d'argent).

Marche des forces concordantes.

N. Gauche 45°. — Force de résolution froide, arrêtée, immuable.

Organe. — Tempe droite.

Heure. — De 9 à 10 heures au N. sur la main droite et l'épaule droite, du 9 mai au 21 mai. Lundi et mardi.

Couleur. — Bleu vibrant.

S.-E. — Force de conception, de réflexion, d'invention raisonnée.

Heure.—2 à 4 heures du soir arrêt du souffle gauche. Jeudi du 4 septembre au 4 octobre.

Organe. — Main gauche sur la tempe et le sommet de la tête.

O. — Force de concentration, d'isolement philosophique.

Organe. — Main droite sur la tempe droite, coude sur le genou droit de la jambe repliée sur la gauche.

Heure. — 8 heures à 10 heures du soir, du 20 janvier au 19 février.

E. — Marche à la lumière de l'esprit.

Illumination de l'intelligence, gaieté expansive.

Organe. — Main droite sur la hanche droite. Main gauche relevée et ouverte au-dessus de l'épaule gauche.

Heure. — 2 heures à 4 heures de l'après-midi du 5 au 20 août.

S.-O. — Force d'amour attractif.

Organe. — Genou, cuisse, hanche droits.

Heure. — De 9 heures à 11 heures, tube télépathique de vitalité génito-intestinale, du 20 janvier au 5 avril.

N. Droit. — Force de réalisation de l'acte décidé, de maîtrise de soi-même, de conservation de son corps : Verte vieillesse.

Du 20 avril au 21 mai.

Organe. — Hanche et jambe droites solides, énergiques, actives. Bras droit puissant, vigoureux. Du 21 mars au 5 mai, exercices musculaires, sport, marche, escrime, etc. Point de limite de jonction, S. Ne pas abuser de la transformation de l'amaigrissement, des forces de dissolution, du végétarisme. Se garder, manger, résister, agir pour avoir une verte vieillesse.

Forces à éviter.

N.-E. La puissance d'extériorisation de la prière, remplacée par la volonté froide, dominante et conservatrice : aide et influence des forces spirites, au lieu de la grâce spirituelle du mysticisme, exceptionnel chez le vieillard résistant mais peu évolué.

N.-O. — La vie de travail, de création, qui usent volonté et santé.

C'est la décision, l'acte énergique, la résistance qui sont recherchées dans cette orientation pour faire une œuvre ; conserver sa santé est l'œuvre du vieillard.

IV. — Puissances de l'orientation Est

Puissance d'illumination, d'expansion, de gaieté, de rapidité, de lumière, de diffusion.

Heure. — 2 à 4 heures du 21 juillet au 20 août. Vie d'expansion, de rapidité de diffusion.

Nombre. — 40° 45° 50° (55 et 35 forces de folie).

Couleur. — Jaune d'or.

Elément. — Lumière.

Elémentaux. — Facules solaires, globules lumineux, blanc jaune.

Métal. — Or, platine, radium.

Formule — D O/G. 45°.

Figures légendaires. — Archange Michäel Viator. Toison d'or. Agneau divin. Formes pointées.

Divinité. — Apollon, type solarien. Apollonien.

Attitude. — Main gauche élevée en haut et à gauche par dessus l'épaule.

Vertu. — Majesté, élévation morale et grandeur de conscience.

E. gauche 35°. – Orgueil, logique, raison, chute de l'intelligence dans l'imagination.

Organe. — Souffle du poumon gauche.

Heure. — 4 heures 20 du soir 20 août.

S.-O. — Force d'amour sentimental, de fusion fluidique.

Heure. — De minuit à 1 heure du matin adaptation sexuelle.

N. 30° et 35°. — Force d'activité, réalisatrice.

Organe. — Souffle du poumon droit et bras droit.

Heure — De 8 heures à 10 heures du matin, 8 heures 1/2 destruction.

10 heures réalisation maîtrise de soi-même du 5 avril au 5 mai.

S. — Force de transmutation, dissolution, amaigrissement du corps physique.

Heure. — 3 heures du matin.

Organe. — Genou gauche foyer des forces dénouant les liens de télépathie et d'affection. Serpent de Schiva : la jarretière d'or.

Heure. — 1 heure 1/2 du matin du 18 novembre au 4 décembre.

N.-O. — Existence simple, harmonique, paisible.

Heure. — 6 à 8 heures du matin travailler en paix.

Forces discordantes. N.-E. pas de vie mystique ni dévotionnelle. S.-E. pas de sagesse ascétique, ni de méditation scholastique, ni d'imagination inventive.

E. — Cœur expansif, réalisation de l'illuminisme, de la soi-conscience par la connaissance du cerveau éclairé.

Point de limite de jonction.

Eviter l'isolement philosophique, la concentration personnelle ; besoin de diffusion, de gaîté et de rapidité.

V. — Orientation de la voie christique, dans le carré cosmogonique d'issue pour entrer dans un autre monde, signe libérateur.

Entrée de la voie entre S.-O.-O. 60° inférieur droit au-dessous du 0° cardio-axillaire, 10 heures du soir 20 janvier.

Issue de la voie dans un autre monde entre N.-E-E 60° supérieur gauche au-dessus du 0° cardio-axillaire, gauche, 21 juillet.

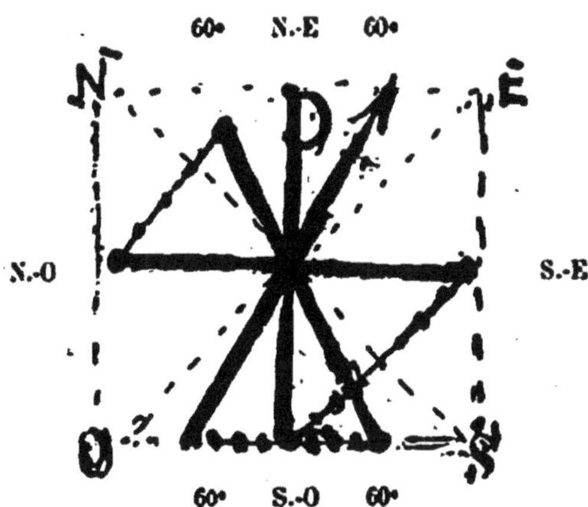

Fig. 28. — Signe crucial libérateur (1) des quatre 60 degrés.

(1) J'ai pu considérer avec raison la date de la mort de Léon XIII comme devant avoir lieu du 20 au 21 juillet, date de la libération spirituelle bien logiquement applicable à un pape ascète spiritualisé (Voir les figures 12, 14, 18, 27).

L'ordre des points cardinaux orientés intégral est le suivant : N.-E. S.-O. S.-E. N.-O : N.-S. O.-E, à 60° de N.-O. et de S.-E.

§ VII. — CHROMOTHÉRAPIE

Traitement des sensitifs par l'action de la couleur nécessitée par la nature des vibrations qui sont sympathiques ou antipathiques, concordantes ou discordantes aux sensitifs.

Les rapports qui existent entre les formules biométriques, les vibrations colorées, orientées dans le carré cosmogonique, avec nos organes situés aux quatre rectangles de ce carré, où ils sont entourés de leurs atmosphères respectives et colorées, prouvent 1° leur *analogie de nature*, 2° les correspondances qui existent entre *l'arc de cercle, la couleur des vibrations, nos organes et leur orientation dans le temps et l'espace.*

Il serait partant logique que chacun de nos quatre grands segments organo-physiologiques : *tête*, cérébration ; *poitrine*, respiration ; — *estomac*, digestion ; — *bas ventre*, sexualité, — fût recouvert chez les grands sensitifs d'un vêtement spécial dont la couleur serait adaptée à la vitalité normale ou anormale de ces segments, pour en régler la dynamique ; tandis que la coupe et les plis seraient dirigés de telle sorte qu'ils permettraient au vortex de s'orienter plus facilement dans le sens où les fluides circulent, s'arrêtent, se nouent, s'éliminent autour de nous, mouvements que nous révèle la formule biométrique ; l'art nouveau et le style moderne semblent marcher dans cette voie (conceptions Taoïstes).

De ces pratiques propres à l'initiation ancienne, imbue de la vibration de la forme et de sa couleur, il ne nous est resté que la règle pour les prêtres de se revêtir, suivant le caractère de la cérémonie, d'habits sacerdotaux de couleurs différentes en rapport avec la nature de la cérémonie, mais dont la forme et la disposition restent toujours les mêmes c'est-à-dire en rapport avec la direction des forces et des vibrations mises en action.

Sur son terrain de clinicien, le médecin peut jouer de la couleur ; j'ai fait à cet égard installer un cabinet de chromothérapie orientée, dont les couleurs respectives sont en rapport avec les principaux organes du corps humain.

L'influence du vêtement coloré sur les femmes ultra-sensibles les fait se décider spontanément, pour la couleur sympathique sous l'influence inconsciente de leur sensitivité.

Le médecin au courant de ces questions pourra imprimer à l'aide du vêtement coloré, sur la sensibilité cutanée de sa malade, en dehors de toute auto-suggestion, une action chromothérapique, et marier harmonieusement les influences colorées de ses vêtements avec les ondes Hertziennes, les mouvements éthériques qui circulent sur sa peau et l'enveloppent d'un réseau fluidique d'éther, qui est le premier voile sensible et lumineux de sa beauté.

Voici quelques exemples :

Mme la comtesse de X. porte les vêtements de la couleur de ses sentiments ; lorsqu'elle est contente, elle est en clair et mauve ; le noir, lorsqu'elle est en deuil, la jette dans le marasme; elle a abandonné le rouge pour le jaune ocre puis le gris clair et le blanc en rapport avec la transformation de sa philosophie.

Mme la comtesse de M. que j'avais fait habiller tout en rouge n'a pu supporter les vibrations de cette couleur; elle se trouve très bien d'une toilette violet monseigneur, qui pondère et onctionne son système nerveux et sa volonté excessive qui la brise elle-même.

Mme la marquise de X. a horreur du marron ; elle ne porte que du blanc et préfère avant tout le rose qui convient à l'expansion de son activité dévotionnelle, l'agrée, la soutient; son dégagement électrique est tel que sa chemise reste adhérente au corps, et produit une crépitation d'étincelles par son retrait.

Mlle H. dans l'atmosphère de laquelle j'ai trouvé le premier tube de télépathie mentale auditive ne peut voir les housses rouges de mon salon, et pendant tout le temps de son traitement refuse d'y entrer.

Mme la Baronne Z. très psychique et très vite, est très épuisée par les influences énormes du château enchanté dont elle est dite la fée prisonnière; des masses de fluides éthérés ont été photographiées dans sa bibliothèque dont elle a dû fuir les influences; elle recherche dans son château la pièce tendue en rose et ne peut séjourner dans celles qui sont tendues en bleu; cette couleur paralyse la rapidité débordante de son activité mentale. Le rouge vitalise son cerveau, la lumière bleue calme son foie; elle se défluidifie par la rapidité avec laquelle elle fait tout : toujours en mouvement, en voyage, en voiture, à cheval, jamais en place ni en repos pour se dégager de ces fluides qui l'épuisent.

Tout le monde se rappelle la robe noire et l'ombrelle blanche, de celle que Barrès a appelée « l'Impératrice du silence ».

Ces quelques exemples prouvent aux grandes vibrantes qu'adapter les couleurs sympathiques propres à leur tempérament ou à leurs affections nerveuses est une règle, appliquée déjà par le Dr Pitres au moyen de lunettes rouges chez les personnes très neurasthéniques, sensibles à l'action des couleurs.

La chromothérapie comme je l'ai organisée chez moi au 191 de la rue Saint-Honoré, implique une installation spéciale dans laquelle chaque segment de notre corps est impressionné, simultanément sur toute sa surface, ou séparément sur un seul segment, par une ou toutes les couleurs vives venant des huit orientations du carré cosmogonique dont il occupe le centre aux différentes longitudes du corps humain.

Nous recevons ainsi des vibrations encore essentiellement inconnues, mais *spéciales* aux huit couleurs orientées, sur les quatre segments du corps, droit et gauche, à nu ou à travers une gaze. La sensitive ainsi voilée reçoit une douche de couleur en guise d'eau. Mme M. y recouvre progressivement sensibilité, sentiment, conscience, perdus dans une crise de mutisme mélancolique avec propulsion au suicide.

La lumière colorée nous donne ainsi sa *vitalité vibratoire* en rapport avec les besoins d'un tempérament sensible, suivant l'indication fournie par la formule biométrique, prise au calme, en temps et heures voulus.

On observe progressivement des résultats analogues à ceux qu'obtint M. Camille Flammarion sur les plantes dites sensitives :

Il a noté sur ces plantes l'influence des différentes lumières en dehors de l'action thermométrique et radiométrique.

Le rouge imprime aux plantes sensitives une force de développement excessif, les engraisse, leur donne une hypéresthésie au toucher, les fait grandir, les épanouit et les fait fleurir et produire. Il *est développateur et producteur*.

Le blanc donne de la force, une grande vigueur ; il fait apparaître les boutons, mais ils ne fleurissent pas.

Le bleu arrête toute croissance et développement. Les plantes restent petites et insensibles

Le jaune leur donne de la force de floraison.

Le vert, de la force de maturité ; l'action du vert sur la maturation du raisin est un fait d'expérimentation pratique dans les serres. Toutes ces actions ont lieu du fait de la couleur, indépendamment de la thermométrie et de la radiométrie. Sur les sensitifs et sensitives je rangerai l'influence des couleurs dans l'ordre suivant d'après leur action sur ces malades.

Le rouge leur donne de la force, de la sensibilité, du développement, de la croissance. Il est bon pour les hypovibrants déprimés, alanguis qui ne se remontent pas, les anémiques, les neurasthéniques arthritiques, les femmes débilitées, les mères épuisées, pas fécondes, les enfants languissants ; il stimule la *vitalité* et *pousse au développement*, *à la renutrition*.

Le bleu est sédatif et fixatif ; il est bon pour les hypéresthésies, névralgies, les hypervibrants, abouliques, irrésolus, évaporés sans consistance ; il *arrête*, fixe les idées et donne de la *décision*, aux sensitifs abouliques ayant perdu la volonté (1).

Le blanc est la couleur des esprits maîtres de soi ; il aide au développement moral et spiritualiste, à la pureté, à *l'envolée spirituelle*.

Le jaune or aide au développement intellectuel et cérébral, *il intelligentie et tonifie le cerveau*.

Le vert mûrit, soutient, conserve, sait vieillir la verte vieillesse.

Le marron convient aux taciturnes, aux solitaires, aux concentrés, aux philosophes.

Le gris d'argent aux personnes habiles, mobiles, ingénieuses, toujours en mouvement.

(1) Il préserve des moustiques, de la fièvre intermittente.

Le violet donne l'onction, calme les peines morales et les tensions nerveuses. Il convient aux doux, aux méditatifs, aux sages.

Le rose est la couleur du sentimentalisme passionnel, et le mauve exprime la douceur forte et digne dévotionnelle.

Je donne ici une note extraite du livre de Babbitt que je dois à l'amicale traduction du docteur Rosius. Comme on le verra ses données sur la vision des aura se rapprochent des observations de Flammarion sur les plantes de Juvisy, et des miennes sur les sensitifs. Je retrouve aussi dans le livre sur les Aura de Léadbeather des analogies qui se rapportent les uns aux autres, et se confirment mutuellement. Voici la traduction de Babbitt :

« A la base du cerveau (centre des affections animales), les couleurs sont d'un rouge foncé ; et chez les personnes d'une nature peu élevée, ces couleurs sont presque noirés, tandis que dans les parties supérieures du cerveau, les couleurs prennent un ton jaunâtre et sont plus éclatantes : Chez une personne d'une nature élevée, les couleurs qui se trouvent sur les facultés morales et spirituelles sont presque éblouissantes et le ton jaunâtre s'étend jusqu'au blanc et ces couleurs sont plus exquises que la lumière du soleil.

Du sommet du cerveau par devant (dans la région de l'intelligence qui raisonne) le bleu est la couleur qui domine, et ce bleu devient de plus en plus pâle en atteignant le sommet du cerveau et de plus en plus foncé en descendant vers la perception (au-dessus des sourcils) et les bords extérieurs de ce bleu ont un petit ton de violet.

La « bonté », la « bienveillance », et la « bienfaisance » émettent une lumière douce d'un vert clair, d'une beauté indescriptible. La « fermeté » est d'un rouge écarlate, « l'estime et la trop bonne idée de soi-même » est pourpre.

En descendant du côté des pouvoirs moraux (facultés morales) vers l'amour inférieur, le ton devient orange, puis rouge et à la fin plus foncé même que le rouge.

Il y a des natures peu élevées qui émettent un nuage tellement foncé de la base du cerveau qu'on peut à peine les regarder.

Quand une personne rit ou émet des pensées joyeuses cela occasionne un jeu mouvementé de couleurs brillantes, mais lorsque l'on est en colère, la couleur devient d'un rouge qui se modifie subitement et qui lance des feux. »

Un clairvoyant éminent dit que cette description est pour la plupart en rapport avec les couleurs telles qu'il les a vues et ceci coïncide presque avec ce que j'en ai vu moi-même extrait de :

The principalès of light ond colour, by Edwin Babbit.

On peut conclure de ces différentes données que la vibration est colorée, qu'elle est une lumière pour le corps fluidique, qu'elle est vivante en elle-même et vivifiante par elle-même, et que la vie est de la lumière plus au moins vive, que notre vitalité intérieure est lumineuse, donc enregistrable, par la plaque photographique très sensible et lente, que j'ai appelé la *plaque thérapeutique*.

Je termine en affirmant que la lumière par sa vibration colorée est le *médicament de choix* pour certaines névroses chez les sensitifs dont elle *pénètre l'atmosphère extérieure, influence le corps fluidique et modifie la lumière de la vitalité intérieure :* à l'action chromique de la couleur, il faut ajouter l'*évolution*, c'est-à-dire la transmutation de notre substance influencée par des vibrations pathogènes ; dès que la transformation spirituelle s'est effectuée, que nous avons changé d'*Ether*, agents obsessifs, fluides pathogènes, télépathie d'envoûtement cessent ; il n'y a plus de point de contact possible entre des états aussi dissemblables. *Le purifié* ne craint ni ne ressent rien de tout ce qui influence le sensitif non évolué.

CHAPITRE IX

BONNES ET MAUVAISES INFLUENCES

Bons et mauvais fluides; bonnes et mauvaises influences. Les vibrations de l'éther en rapport avec les forces psychiques humaines, l'imagination suggestive, la foi curatrice, la prière invocatrice, la volonté réalisatrice.

§ I. — BONS ET MAUVAIS FLUIDES BONNES ET MAUVAISES INFLUENCES

En dehors des sensations physiques, que peut ressentir le composé combiné humain, polarisé *à droite et en bas*, c'est-à-dire : à droite, du côté de la personnalité active, énergique; en bas, du côté de la santé corporelle et des bonnes fonctions matérielles de la personnalité égotiste, on trouve, quand la vitalité est polarisée vers les forces psychiques, en haut et à gauche, non plus de simples sensations physiologiques mais des impressions d'une nature plus subtile, que l'on peut appeler *influences fluidiques, faisant vibrer la sensitivité du sensitif*.

Ce sont elles qui intéressent l'âme de notre mentalité psychique et le côté spirituel de notre être; suivant la qualité de l'impression, l'écart et le mouvement de l'aiguille nous révèlent la *sensibilité fluidique des sensitifs*.

Les influences cosmiques, dites psychiques, agissent d'abord sur les vibrations des potentialités de notre substance mentale et animique; ce n'est que secondairement et par l'intermédiaire des précédentes, qu'elles réagissent sur la sensation physique de l'organe cérébral pour déterminer la fonction physiologique cérébrale ; le cœur restant le centre récepteur et émetteur de toute la sensibilité vitale extérieure ou intérieure.

On voit le mouvement de transformation vitale s'exercer, dans ce cas, à l'inverse de ce que l'ancienne philosophie considérait comme la règle faisant passer par les sens matériels tout ce que le sub-conscient et le conscient psychique pourraient percevoir.

Le corps matériel dans cette hypothèse prend connaissance d'une chose, après que la partie psychique de notre être en a été premièrement affectée ; le sens psychique agit sur le sens animique, qui suscite le sens physique en dernier ressort.

Nos centres psychiques peuvent donc être influencés par des vibrations éthériques fluidiques, dites spirituelles, telles que celles qui émanent de *la volonté, de la foi, de l'intelligence, de la prière*, et être perçues par le sensitif psychique, en haut à gauche et en arrière du crâne humain ; ces vibrations pénètrent ultérieurement, les orientations et les plans différents de la substance physique, polarisée à droite, en bas et en avant, en rapport elle-même avec l'activité, la passion, le désir et le besoin physique de la sensibilité matérielle humaine.

Ces considérations générales énoncées, déduisons-en quelques applications pratiques.

En règle générale, pour refaire nos différentes potentialités, nous devons nous orienter d'une manière spéciale vers chacune des 8 puissances cosmiques, en des heures et attitudes propres à les influencer, en une position d'induction hétéronome, exprimée par la formule faisant *face à cette orientation*, et aspirer lentement la force éthérique vivante de cet orient, *en dehors de toute autre influence*.

Nous déterminons alors des phénomènes d'induction, de rapport magnétique ou télépathique attractive entre les puissances cosmiques orientées et nos facultés épuisées que nous voulons refaire et que nous aimantons, suivant l'antique expression.

Nous recevons ainsi des effluves verticales, diagonales, horizontales par rapport à nous et des vibrations du cosmos qui nous redynamisent suivant leurs dates et orientations.

Par contre dans la position inverse homonome de cette même orientation, nous pouvons désindividualiser les vibra-

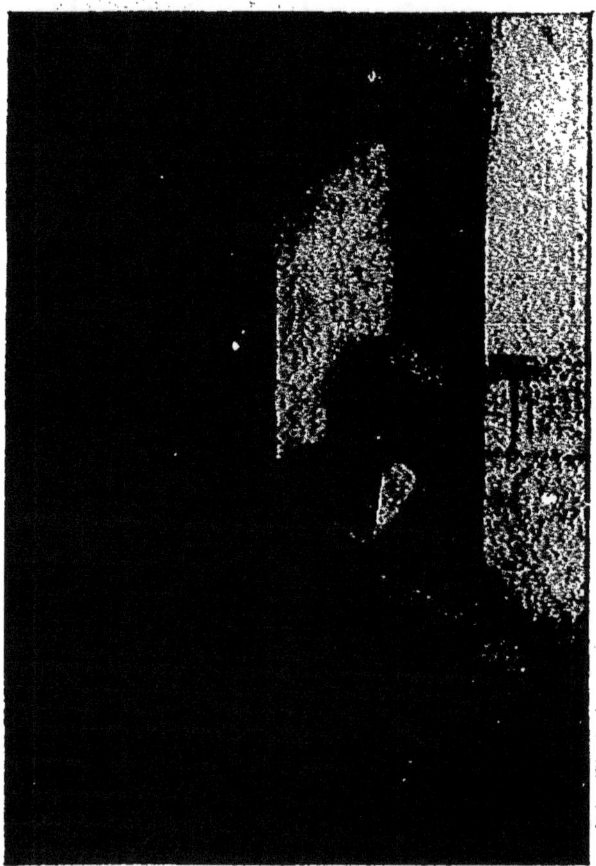

Fig. 29. — *Enveloppement fluidique* par un réseau inférieur à mailles très serrées, et par un vortex droit et supérieur, d'autant plus léger qu'il est plus élevé et de mailles larges.

tions cosmiques que nous avions préalablement induites dans la position opposée précédente, et projeter nos propres vibrations psychiques dans un acte d'émission télépathique, pratiquée aux heures et dates connues, et radier les émanations de notre âme dans un acte d'extériorisation de nous-même, de bénédiction ou de malédiction manuelle qui n'est pas sans effet ultérieur sur la nature de l'atmosphère éthérée des sensitifs fluidifiés.

Ces modifications de notre vitalité finissent par intéresser à la longue la constitution psychique, animique et physique du centre récepteur, comme par épuiser celui qui émet et agit ainsi à distance, fluidiquement et par influence télépathique.

On dit alors que les fluides sont bien réglés, sympathiques, curatifs entre psychiques sensitifs ; inversement lorsqu'il y a télépathie morbide entre des centres s'influençant en mauvais sens pour notre vitalité, les forces rectrices se dévient de leur cours normal ; l'anesthésie électrique cutanée apparaît dans ces régions dont la vitalité intérieure a été névrosée et nouée, dont le mouvement vital intime est arrêté.

Charcot insistait sur l'existence de toubles nerveux profonds en rapport concomitant avec une anesthésie tactile cutanée superficielle ; le trouble intérieur est encore mieux établi par l'anesthésie cutanée électro-faradique.

On sait d'autre part que toute une série de névrosés, d'obsédés et d'hystériques dégagent une odeur olfactive spéciale ; ils radient également une émission fluidique particulière due aux exaltations troublées et troublantes des fluides de chacun des centres génital hépatique et cérébral.

Dans les cas intenses, la sensibilité physique de l'entourage peut être impressionnée à son tour par l'irradiation du fluide émanant de ce centre.

Il produit une sensation perçue par l'organe correspondant d'un témoin impressionnable, ou sensitif lui-même, qui ressent localement, d'une façon désagréable, par une télépathie d'organe pathogène positif et émetteur à organe négatif recepteur ce que la malade hypervibrante éprouve elle-même et radie volontairement ou émane inconsciemment vers lui.

D'autre part, certaines chaleureuses émissions sexuelles impressionnent agréablement notre épiderme, et charment

tout le bloc humain ; ces influences sont contestables par la formule biométrique de la personne *influençante* et de la personne *influencée*.

Si les irradiations fluidiques avaient été l'objet d'études plus nombreuses, on serait à même de pouvoir leur attribuer le rôle réel et prépondérant de contact à distance qu'elles jouent à notre époque chez la femme ; il semble qu'en présence de certaines personnes, notre atmosphère fluidique se hérisse en autant de petites tentacules sensibles, qui nous mettent en garde ; ce sont les agents de la sympathie, ou de l'antipathie, qui relient ou éloignent les personnes entre elles. Les groupes des différents congrès m'ont permis de constater que les corps dits professionnels ont une sensibilité commune et la même élasticité vitale, ont enfin des formules analogues tout au moins pendant la session du Congrès. Ces centres constituent les groupements spéciaux dans la société, l'armée, la magistrature, la médecine, etc.

Il est assez facile pour un médecin avec un peu d'habitude du contact fluidique, de reconnaître chez les malades, surtout chez les femmes expansives, la nature fluidique de leurs impressions, et de les classifier par un diagnostic nouveau dans une des quatre grandes émanations fluidiques provenant des vitalités émissives génitale, hépatique, cardiaque ou cérébrale. La fureur du désir ou de la haine, la colère, contenue ou violente, émanent de mauvais fluides, assez intenses pour impressionner une plaque photographique sensible à travers la lentille de l'appareil.

La figure n° 25 a été prise avec une jeune fille très bilieuse venant d'être frappée par sa mère et ne voulant pas pleurer en présence du photographe ; sa colère retenue sort par tous les pores en un tourbillon synestrogire. Cette planche est la première de 4 clichés pellicules Kodak instantanées où le vortex y est le plus manifeste.

Sur les autres il s'atténue progressivement ; la quatrième présente les traits apaisés, sans aucun vortex.

Les impressions photographiables peuvent être assez aiguës pour donner lieu à des sensations perçues par toute personne impressive ; il était donc intéressant de tenter une classification de ces vibrations pathogènes.

Elles sont des agents de contagion de premier ordre, pour les tempéraments impressifs mal équilibrés ou peu résistants; d'après mes observations voici la classification que je proposerais : La nuque, l'épaule, l'ouïe, l'œil, le nez, la main, le genou droit sont les voies de contagion fluidique ; c'est par ces organes qu'on est FLUIDIFIÉ, ainsi que par le foie, la rate, les génitaux.

1° Influences et fluides d'énergie volontaire (fig. 17).
2° — de haine, de fureur, cérébrale (fig. 30).
3° — d'obsession, d'inhibition paralysante de névrose froide envoutant (fig. 20 et 32).
4° — de pesanteur alourdissante comme du plomb (fig. 34).
5° — de légèreté, fluides frais légers de bonté (fig. 29 et 35).
6° — nauséeux de mort.
7° — de lumière, d'intelligence, de chaleur vivifiante, de gaieté du caractère, d'affection sympathique (fig. 33).
9° — d'ardeur passionnelle, névrose génitale (fig. 31).
10° — de mentalité psychique (fig. 20 et 36).
11° — d'extatique spiritualité, de pureté mystique (fig. 38).

Certaines personnes, douées d'une énergie et d'une volonté irréductibles, dégagent des *fluides froids*, durs, donnant une impression de force, qui d'avance brise toute résistance ; leur influence s'exerce sans contrôle et amène souvent la réalisation et le succès; mais par leur excès même ils peuvent engendrer une psycho-névrose de réversion, qui finit par rendre ces personnes victimes de leur propre énergie. Elles ne peuvent plus se détendre; elles sont à leur tour asservies par la force qui les avait servies, et dont elles avaient fait un abus intempestif. La haine projette de bien mauvais fluides, la colère au cerveau, l'envie au cœur et la luxure aux sens.

Formule de haine, D. Rep. 95 | G. Att. 55.

La fureur génitale est une névrose sexuelle froide dont les

impressions photographiques ressemblent à celles de la colère cérébrale, et s'accompagnent de refroidissement physique

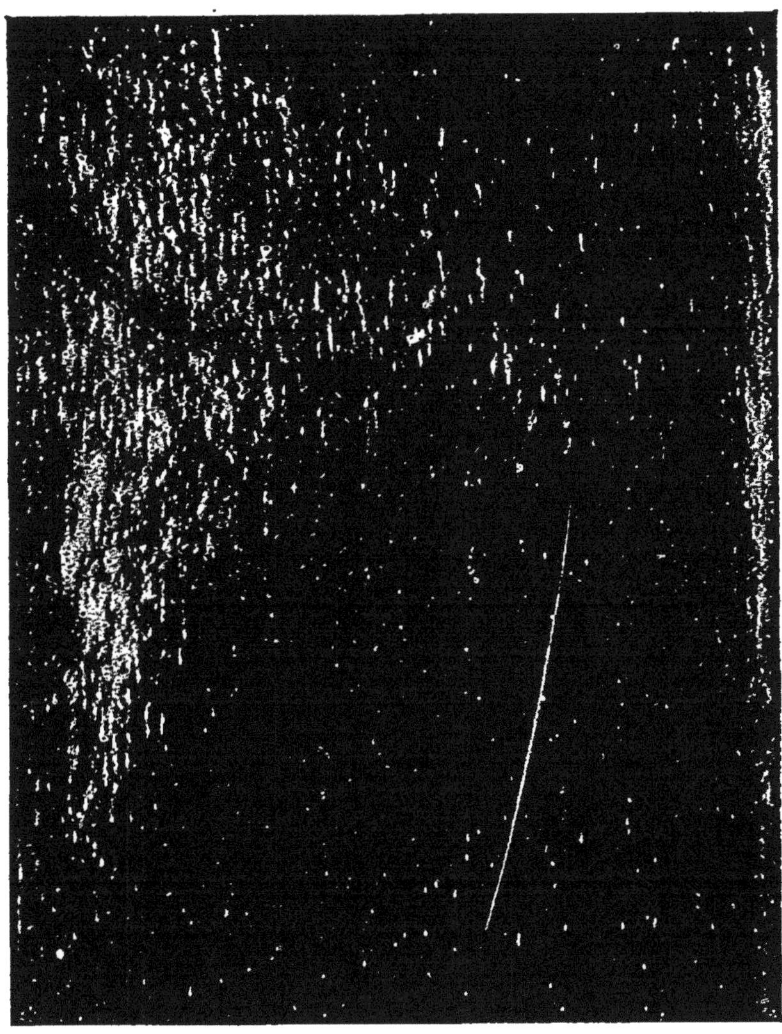

Fig. 31.

Impression sur une plaque photographique occluse dans un cadre de papier à radiographie des fluides pathogènes excessivement intenses et névrosant de fureur sexuelle chez une grande hystérique, avec dessiccation, sécheresse, refroidissement, spasme vaginal, impulsions au suicide, guérison par la décondensation cérébrale et la dilatation vaginale progressive. Apparences centrales fluidiques. Ces fluides sont piquants comme des orties froides énervantes.

spasme organique, phénomènes d'excitation, de désir psychique, de sécheresse et de froideur sur les muqueuses, qui restent rugueuses, dures et insensibles ; les malades se sentent *en bois*, insensibles mais d'une âpreté sexuelle et physique difficilement assouvissable qui les porte au suicide.

Auprès de ces malades très obsédées, on peut éprouver un goût métallique intense, dès que, pour se dégager de la masse énorme de leurs fluides pathogènes, elles s'approchent et cherchent à se mettre en rapport avec vous, en vous prenant et retenant les mains, dans les siennes.

J'ai vu trois de mes confrères éprouver auprès de la même personne les mêmes symptômes du côté du foie, de l'appareil digestif et sensoriel. Voici quelques notes sur l'obsession froide :

Mme X. atteinte de paralysie agitante, femme d'une énergie volontaire rare, revenait de l'Inde où elle avait été soignée par des pratiques occultes au temple de Dourga, n'ayant amené du reste aucun résultat.

Son moment de bonheur était de prendre les mains des personnes qui venaient la voir ; elle produisait ainsi le transfert, elle se dégageait en elles et se soulageait en effet, tandis que tous ceux qui l'avaient touchée éprouvaient une sensation de froid métallique entre *cuir et chair*, le long du dos, et comme des piqûres métalliques électriques sur la langue ; l'estomac devenait nauséeux, l'intestin froid et constipé, le foie congelé, le cerveau obtus, l'ensemble de la personne devenait insensible, raide, tendu, enclin à la violence et à la méchanceté ; quand elle était ainsi dégagée et qu'elle redevenait bonne, son entourage devenait méchant, violent, la maison était impossible.

Les 12 personnes qui l'ont visitée ont été souffrantes. Mme S., qui avait voulu la dégager, est tombée malade, malgré sa vigoureuse santé, et est restée alitée pendant plus d'un mois de troubles gastriques ; elle a perdu deux personnes après avoir failli mourir elle-même.

La fille de M. X... est prise de crises d'hystérie avec refroidissement général, lorsqu'elle a passé la nuit à tenir, courageusement, la main de sa mère pour prendre son mal.

Elle est glacée raide, méchante, pousse des cris effrayants et vient se faire décondenser, se faire désélectriser à l'appareil, réchauffer aux couleurs.

Je suis obligé de soigner mère, fille, interprète, garde malade pour les dégager des vibrations d'obsession qui prennent la malade surtout le soir à 10 heures et à 3 heures du matin et par les temps froids. Cette névrose froide lui fait dire qu'elle devient « *un homme de fer* » ; elle reste ainsi en personnalité seconde sur un matelas, jusqu'à ce qu'elle se soit déchargée grâce aux fils de cuivre mis aux extrémités des 4 membres et aboutissant dans des vases d'eau qui absorbe le fluide. Cette eau réduit les sels d'argent comme tout ce qu'elle touche devient noir, cuillers, couverts, bracelets.

Les vibrations excessives qu'elle transfère à tous finissent par m'atteindre moi-même et me fatiguent, après avoir contaminé tous ceux qui l'ont approchée.

J'ai pu étudier ce cas très curieux de névrose froide dans laquelle on sentait, à une distance de 50 centimètres, les vibrations froides se dégager de cette pauvre obsédée qui tombait alors dans un état de raideur spasmodique ; elle a fini petit à petit par aller un peu mieux sous l'influence du dégagement progressif de l'atmosphère de ses vibrations et je l'ai perdue de vue.

Chez la mère et la fille, la prière était une souffrance impossible. Plusieurs prêtres de leurs amis ont été obligés de se retirer ; leur présence ne servant à rien et ne faisant qu'irriter les malades. Une fois dégagée Mme X... était tout autre, intelligente possédant une excessive aisance et un grand sens pratique que lui rendaient certaines passes à distance.

Dans ces cas d'obsession, il existe une intoxication réelle de vibrations nettement froides, montant le long des jambes qui se glacent jusqu'aux genoux semblables à des bottes de glace ou de plomb.

En dehors des troubles digestifs et dyspeptiques nauséeux elles se traduisent par des plaques de glace entre cuir et chair, avec l'anesthésie électrique, dont j'ai déjà parlé, les

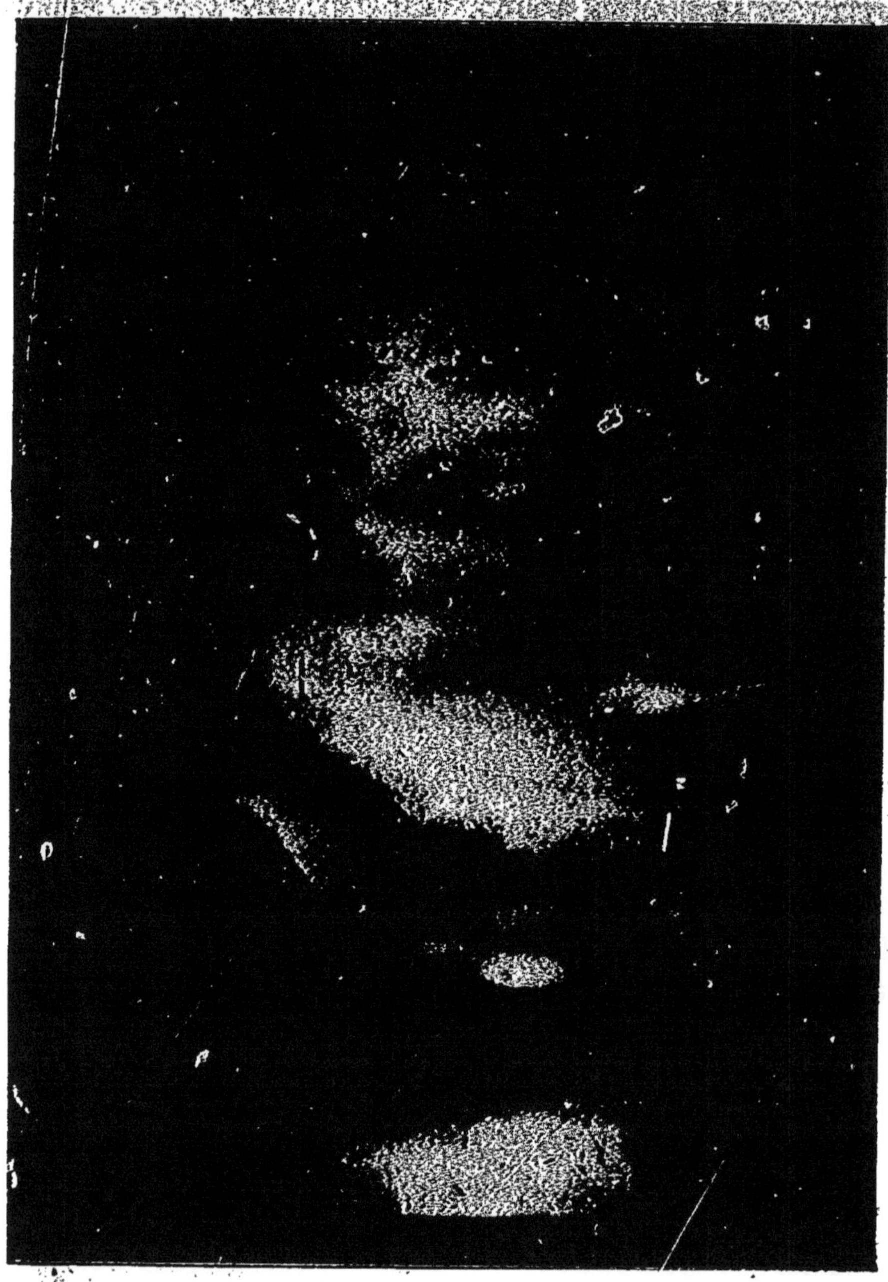

Fig. 32.

Elémenthal d'obsession d'une grande hystérique dont on a la physionomie en renversant le cliché.

C'est l'impression sur plaque photographique de l'agent de possession d'une dame de 45 ans obsédée à la suite d'expériences de table et piété sacrilège. Cette photographie unique dans son genre a été faite sur le désir et d'après les conseils de la larve occupant le corps de Mme Bl. morte depuis après avoir écrit des cahiers sous la dictée de Mércèdes, dieu de Mercure égyptien voulant des honneurs contre secrets dévoilés, etc., etc. Ses fluides, dont l'ensemble rappelle une aurore boréale vue de côté, sont dirigés horizontalement et séparés par une ligne diagonale. Le buste à mine pointue et cornue est à gauche et en haut, à droite et en bas se trouve un vortex enroulé terminé par une tête, sur la ligne on trouve un nœud et le serpent décrit une courbe pour se terminer par une aigrette lumineuse sur l'épaule gauche : au-dessus de la tête il y a un signe du mercure ancien. C'était une force réelle qui avait une puissance, de plus un cas susceptible d'exorcisme, d'après Mgr Batt. (Voir le livre : Ce qu'il y a dans le Hadès et les fresques égyptiennes de Schliemann).

sensations froides envahissent la colonne et le haut des épaules, les nerfs sont raides comme gelés.

Il semble que notre nature tout entière soit atteinte d'un dégoût profond, d'inappétence physique et psychique, d'engourdissement. — On n'a ni appétit, ni appétence, ni désir, ni volonté, le cerveau est vide, paralysé, arrêté, anéanti, somnolent. Les idées ne viennent plus; la pensée s'endort, l'esprit tend à prendre tout du mauvais côté, la susceptibilité, le doute, le désespoir expriment l'état de la mentalité; le cerveau ne peut plus se maîtriser, ni réfléchir ni raisonner, il est engourdi ou furieux, casqué de fluides qui le paralysent, il s'endort spontanément. La contagion fluidique est très facile et rapide à la fois.

Les impulsions au suicide accompagnent souvent cet état d'envoûtement bien réel dont le cliché précédent donne le plus curieux et instructif exemple que j'aie pu observer sur une névrosée obsédée.

L'existence pour certaines personnes est extraordinairement pénible; une terrible angoisse, pour d'autres malades, consiste à se sentir scindés en deux secondes personnalités suivant les parallélogrammes des forces éthériques qui ne peuvent plus s'accorder; dans ce cas Mme X. dont toute l'émotivité cérébrale et animique n'est qu'une angoisse, une scission, me disait : « Je ne peux plus supporter la vie, j'appelle la mort. »

Entre la pointe du cœur et la rate elle avait un nœud cardio-splénique de force diabolique, que rien ne pouvait briser, sauf les pointes de feu cruciales qui la soulagèrent beaucoup; toute la surface du cerveau postérieur gauche était anasthénique-faradique, angoissée, n'était plus soumise au contrôle de la cérébralité antérieure.

« Calmez et domptez tous mes nerfs, me disait une autre grande nerveuse, ils sont autant de serpents en moi, parlez-moi tout bas, pour ne pas éveiller leurs vibrations; que le son de votre voix enchante leur fureur. »

Une parole brusque déterminait une crise de névrose froide où Mme de M. devenait complètement froide et engourdie, avec abaissement de température au moment où sa force froide l'envahissait, sans contrôle ni résistance possible de sa part.

Pour avoir abusé de sa volonté et de son activité, la force qui l'avait servie bien portante, l'asservissait maladive. Elle ne sortait de cette crise que par une immobilité absolue de plusieurs heures dans une chambre noire sans feu, tant que la force diabalique n'avait pas terminé son temps de passage. Le moindre bruit était intolérable pour son oreille droite qui faisait entendre un claquement rythmique appréciable à distance, mouvement clonique des muscles du marteau. J'ai été assez heureux pour améliorer beaucoup sa névrose et lui rendre la vie possible. — Dans tous ces cas j'ai pu constater que les forces verticales, forces spirituelles avaient eu une action réelle, et que *momentanément* elles dégagaient complètement ces malades, alors que les autres thérapeutiques électrique, magnétique, l'influence des couleurs ne produisaient qu'une surexcitation.

La volonté pure, surélevée, la foi vive déterminaient une heureuse influence, en même temps que l'écoulement des forces dénouées par le dégagement de l'atmosphère rendait au malade le calme et une bonne formule.

Le retour des vibrations pathogènes aux heures de crises m'a poussé alors à établir une double médication, *avant l'heure* pour prévenir la crise, et *après l'heure*, pour diriger le courant de vie dévié de son cours anormal.

J'ai pu ainsi éliminer et guérir tandis qu'auparavant je ne pouvais que soulager.

Certains fluides sont d'une lourdeur de plomb, on se sent appesanti, congestionné, fébricitant, les membres inférieurs notamment sont d'une lourdeur excessive, qui semble causée par une exagération des phénomènes d'attraction terrestre, les points douloureux se trouvent aux points de passage des bissectrices du parallélogramme inférieur sur les crêtes tibiales.

Les hépatiques constamment absorbés dans les troubles de leur digestion ont une atmosphère assoupissante et radient des influences bilieuses, bien différentes des fluides légers et subtils, frais et vifs des psychiques bien portants radiant l'expansion, la gaieté et le bonheur.

J'ai vu des personnes douées d'une sensibilité extra-physiologique dont la main gauche devenue d'une impressivité fluidique, leur permettait de reconnaître les vibrations hépatiques génitales, etc., des personnes prises par la main. Sous ce rapport l'abbé de L. est télépathiste extraordinaire.

Existe-t-il des fluides de mort ? La logique montre que la mort est un aspect de la vie, une transformation de la forme, transmutation de la substance, une décomposition de la matière ; la mort est destinée à faire cesser l'état matériel actuel, pour qu'un nouvel état, une nouvelle forme, une nouvelle substance fluidique permettent d'évoluer à nouveau au permanent et progressif du mort dont la substance est immortelle.

On affirme que certains animaux sont péniblement impressionnés par ces vibrations dissolvantes, au point de hurler à la mort, comme le font les chiens ; ce qu'on peut affirmer, c'est que si on voit ces animaux s'écarter d'un objet ayant eu contact avec un malade, ou refuser un mets qu'un moribond a touché ou laissé, les vibrations mortelles y sont ; et la situation très grave est accusée par le flair et la fuite de l'animal impressionnés par les fluides de mort ; un sensitif les perçoit noirs.

Ces vibrations sont olfactives, elles ont une odeur de corruption, nauséeuse qui se répand dans tout l'appartement, c'est l'extériorisation des fluides léthifères du moribond.

Avant la mort, *ça sent déjà la mort.* J'ai perçu nettement cette extériorisation odeur dans la chambre de deux à trois malades, dont deux sont trépassés et un revenu de loin.

Toute personne en général et chacun de nous en particulier est un foyer de forces en activité, forces *psychiques passionnelles, physiques,* formant des combinaisons plus ou moins durables, suivant le caractère, l'orientation du tempérament.

Nous devenons ainsi des centres d'influences *maléfiques* ou *bénéfiques* pour autrui, suivant la nature de notre tempérament.

Certaines personnes appelées *Vampires fluidiques* ont l'étrange pouvoir d'absorber toute vie, de dessécher toute vitalité généreuse autour d'elles. Elles vivent de la vie des personnes plus jeunes dont elles s'entourent et qu'elles absorbent à tous égards. C'est aussi un des dangers des unions d'âge disparate.

Voici un exemple authentique tiré du journal de Bouvier :

Le cas de Boenke. — A Dresde, dans le cimetière de la Trinité, on nous a fait remarquer le caveau de famille d'un nommé Samuel Bœnke. Il a été réuni à cinq femmes, qu'il avait épousées dans la courte période de douze ans.

La plus jeune de ces femmes est morte à dix-neuf ans; la plus âgée n'avait pas atteint sa vingt-cinquième année; Bœnke leur a survécu longtemps sans trouver à se remarier.

Ces trépas successifs, à de courts intervalles, avaient éveillé les soupçons de la justice saxonne. Mais ni les enquêtes judiciaires, ni l'autopsie et l'examen médical des deux derniers cadavres n'apportèrent aucun éclaircissement. Quant à Bœnke, c'était un homme laborieux, de mœurs paisibles, d'une moralité irréprochable.

Le public demeura, à son égard, partagé entre deux sentiments : pour les uns, il était victime d'une inexplicable fatalité; pour les autres, il portait en lui, dans sa nature, cette fatalité même, et il était la cause inconsciente de la mort de ses cinq épouses : il ne leur avait versé aucun poison, mais il était le poison lui-même.

Le mal qui avait emporté ces jeunes femmes avait présenté chez toutes des symptômes analogues : il avait commencé par la perte de l'appétit et du sommeil, suivie bientôt d'un dépérissement général.

Les infortunées avaient apporté à leur mari les trésors d'une florissante santé; l'une après l'autre, elles avaient semblé défier la mort et, à peine unies à l'homme funeste, elles avaient senti comme un doigt de glace ralentir les battements de leur cœur.

Elles s'étaient étiolées, pareilles à des plantes privées d'air et de soleil, sans une plainte, sans un murmure contre leur mari, qu'elles aimaient et dont elles étaient aimées.

L'isolement se fit autour de lui; on le mit en quarantaine. Il semblait que la mort le suivait et lui emboîtait le pas. Jamais une femme ne lui laissait caresser son enfant. Jamais il n'était invité à un mariage ou à n'importe quelle fête de famille. Des alliances nombreuses qu'il avait contractées, il ne lui restait qu'un ami.

Éconduit de tous côtés, cette dernière affection lui était d'autant plus précieuse : c'était l'unique consolation qui lui restât. Chaque soir, à heure fixe, et impérieusement attendue, il se rendait chez son ami et y passait les meilleurs instants de sa journée.

Cependant, du côté de son ami, les mêmes sentiments n'existaient point. Il y avait plus de compassion que d'affection véritable. Celui-ci avait une femme, des enfants.

Il y avait deux ans que Bœnke était veuf pour la cinquième fois, lorsque la femme de son ami tomba malade.

Elle aussi, depuis quelques mois, était consumée par une fièvre lente, ou plutôt un feu inconnu, contre lequel la quinine était impuissante.

Les médecins, contre leur ordinaire, hésitaient à donner un nom au mal dont elle souffrait.

Un jour, pressé de questions, l'un d'eux répondit :

— Les symptômes de cette maladie, qui n'est pas encore déclarée et n'a pas de caractère spécial, sont analogues à ceux dont, au début, souffrait la femme Samuel Bœnke.

Un trait de lumière frappa le mari.

Il prévint la visite de son ami : il se rendit chez lui, raconta ce que le médecin avait dit et pria Samuel de ne plus revenir.

— Mais, se récria celui-ci avec une stupéfaction douloureuse, que crois-tu donc?

— Rappelle-toi seulement ce que m'a dit le médecin... Comment ? Pourquoi cela se fait ? Je n'en sais rien et tu l'ignores également; mais, comme tu as causé la mort de tes cinq femmes et de tes deux enfants, tu peux causer la mort de ma femme par une influence mystérieuse qui émane de ton être, sans que tu en aies conscience. On meurt où tu respires. Oui, puisque j'ai rompu le silence, j'irai jusqu'au bout : j'ajouterai que les plantes dangereuses vivent des sucs qui sont pour nous un poison. Le mancenilier endort et asphyxie l'animal qui séjourne sous son feuillage; il y a des hommes manceniliers ; s'associer à leur existence, c'est chercher la mort. Il s'échappe d'eux, sans doute, quelque fluide subtil et mortel, quelque poison... C'est une fatalité de leur nature, contre laquelle ils ne peuvent rien. Tout ce qui vit près d'eux se flétrit et meurt. Voilà toute ma pensée.

Le lecteur me pardonnera cette longue citation, mais le cas en valait la peine ; il montre combien, en dehors de toute volonté, certains rayonnements sont néfastes.

Quelle que soit la maladie, la forme de la névrose, il est nécessaire pour le malade de vivre constamment dans une atmosphère antagonique à sa névrose, et s'opposant aux vibrations pathogènes : c'est un axiome pour moi.

Dans le traitement des psycho-névroses, pour tous les spécialistes, le principe d'isolement soustrayant le malade aux influences pathogènes, en l'éloignant d'abord du centre habituel familial et du milieu imprégné de ses vibrations maladives, est indiqué en première ligne.

Il faut ensuite autant que possible le mettre dans une constante *atmosphère* sous l'influence continue d'une même personne intelligente, ferme et douce à la fois, possédant une force de caractère et une grande élévation morale, pour que ce centre de paix et d'harmonie puisse radier, agir et dissiper toute tentative de reproduction de vibration pathogène, mettre ainsi une volonté saine à côté de la volonté morbide pour en modifier constamment la nature.

C'est en mettant constamment les malades dans un milieu ambiant semblable, et en les soumettant au traitement spécial de la décondensation et du dégagement des mauvais fluides que j'ai pu assurer la cure de certains épileptiques obsédés.

Je les ai soignés séparément, pour conserver l'isolement, l'éloignement et la même influence vibratoire, sans mélange de fluides pathogènes ou de transferts. Ils ont guéri et sont devenus des hommes intelligents, actifs et prudents en 18 mois à 2 ans : un d'eux sorti trop tôt de ces conditions malgré mon avis est retombé, le vortex pathogène et crisiaque n'étant pas détruit, pour se remettre ensuite.

Dans ce même ordre d'idées certaines personnes sont tellement douces, bonnes, pures et détachées d'elles-mêmes qu'elles semblent porter la paix avec elles par leur Spiritualité.

Leur présence est une influence vivifiante et curatrice à la la fois qui dégage une atmosphère de vibrations harmoniques.

Je connais à Paris trois docteurs pour qui l'amour d'autrui est poussé si loin que leur contact rétablit l'ordre dans la vitalité des névrosés qu'ils approchent, et qui, en sortant de leur ambiance, se sentent plus pondérés et meilleurs.

Je cite un exemple de l'action vivificatrice que le thérapeute moderne russe, le père Jean, l'ami d'Alexandre III, a exercée entre autres cas, sur une personne atteinte de mort apparente; *c'est la paix intérieure de l'âme, mise au service de la foi curatrice, et dont l'influence bénéfique prend sa force dans l'amour chrétien.* Ainsi qu'on le verra, trois opérations se sont passées :

1° Un appel au plan de la vie spirituelle, *invocation de foi.*

2° Une *signature cruciale* d'abord verticale allant ensuite de gauche à droite, c'est-à-dire horizontale, réunissant ainsi les quatre forces orientées dans le signe de vie; la volonté, l'amour, l'intelligence et l'acte, pour réintégrer par *une copénétration du Zoether*, la vitalité disparaissant du fait de la mort apparente.

3° Un ordre ou suggestion verbale, *verbothérapie*, terminé par la projection de sa propre bénédiction, ou *fluidisation bénéfique, vivifiante.*

Le 10 septembre dernier, le Père Jean inaugurait à Kontchangskoié, près de Novgorod, une église dédiée au fameux héros russe Souvarov. Une femme que, malgré sa faiblesse insigne, on avait voulu porter jusqu'à l'église pour qu'elle pût recevoir la bénédiction du saint Pope, tomba sous le porche même de l'église, et là, sembla comme morte.

L'office terminé, le Père Jean s'en fut à l'école où un repas lui fut servi en compagnie des généraux Muichlaiwsky et Orloff. Quand quatre hommes apportèrent Advotia à l'école, il y avait juste trois heures qu'elle avait perdu toute connaissance, son pouls ne battait plus, et la vie elle-même semblait s'en être allée.

Le Père Jean s'approcha, à haute voix il fit une prière, se plaçant devant elle il lui commanda de lui obéir.

« Ouvre les yeux, Advotia! Ouvre les yeux, Advotia ! » Par

trois fois, le commandement fut répété ; et à la troisième fois, lentement, comme avec effort, Advotia obéit et ouvrit les yeux.

« Signe-toi, Advotia, dit le Père Jean. Signe-toi, Advotia. » Il répéta encore trois fois son commandement et à la troisième fois Advotia se signa.

« Lève-toi, Advotia, » dit le père Jean. Et Advotia avec la même lenteur et comme la même peine, se leva. On eût dit d'un cadavre tout droit, n'étaient les yeux qui pleuraient.

« Marche, dit le Père Jean, marche, va et prie, je te bénis. » Et, étendant les mains vers Advotia, il la bénit.

Advotia sortit alors, sans le secours de qui que ce soit, suivie de son mari et de sa famille en larmes, tandis qu'à genoux, la foule émue recevait la bénédiction du Pope.

PAUL HÉRAUD.

Je donne ici un cliché reproduisant les empreintes de projections psychiques curatrices sous formes globales, projetées des plans extérieurs sur une personne très malade de l'estomac qui sans succès avait consulté 25 médecins. Elle est arrivée à guérir de cette maladie invétérée qui était la suite d'un accident de voiture, grave, en s'étendant après le repas, et en priant avec énergie et dans une intention bien déterminée d'après les indications fournies par son guide. Cette personne n'est pas hystérique, elle n'a pas la foi aveugle, mais d'une intelligence supérieure et d'une sincérité absolue dans ce qu'elle fait ; elle possède depuis ces phénomènes une impressionnabilité fluidique remarquable. Très étonné de l'amélioration produite par ces pratiques étranges, son mari me pria d'assister à la séance de fluides spirituels, — d'après son expression, — qu'elle prend après son repas de midi (heure des grâces, pluie des forces supérieures).

J'obtins l'autorisation de couvrir la tête de Mme C. G, son front, son estomac et ses mains de plaques photographiques, mises dans du papier noir à radiographie, imperméable à toute lumière.

J'ai obtenu *venant de l'invisible* vers la personne, ainsi que l'atteste le cliché, une quantité de ces impressions globales qu'elle sentait la toucher, la pénétrer et la vivifier.

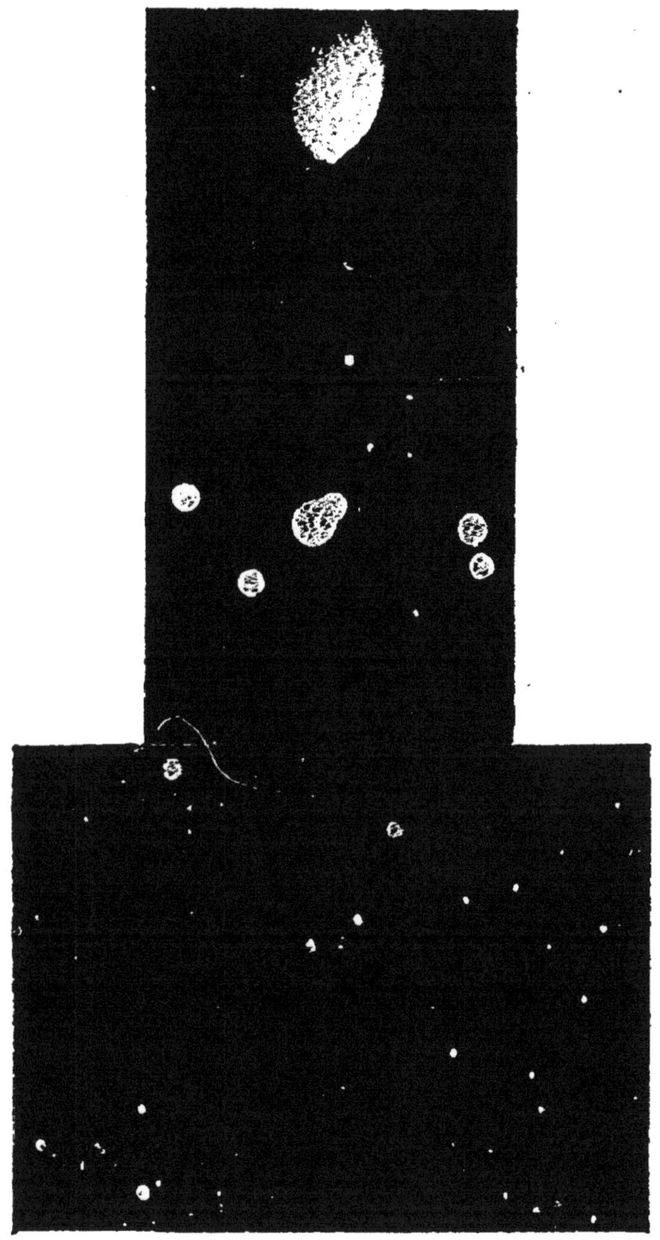

Fig. 33. — Projection de substance spirituelle vivifiante curatrice.

J'ai fait construire, à cet égard, une petite chambre noire en bois avec un verre rouge orange, dans laquelle je pouvais mettre trois plaques, pour savoir quelle serait celle soit du côté verre, soit du côté bois, qui serait impressionnée.

Le phénomène ne se produisit sur aucune de ces deux plaques, il eut lieu sur la plaque du milieu, qui *seule* fut vivement impressionnée, non plus perpendiculairement comme cette pluie de forces dont je donne les empreintes, mais obliquement en allant de droite à gauche.

Chaque petit globe, de puissance spirituelle, semble avoir roulé sur la plaque en y laissant sa trace.

Il y a là une analogie de forme avec l'électricité en boule, alors que la malade, ayant horreur de toute électricité, ne possédait aucun appareil électrique ; elle s'est guérie par ces projections de substance spirituelle, qu'elle demandait avec une entière conviction et recevait par l'influence de la foi qui guérit.

Tel est le fait avec sa démonstration, la plaque impressionnée et le résultat d'une cure qui dure depuis plusieurs années, mais sans retour de pluie de grâces ; elle va bien ; *c'est fini.*

§ II. — LES VIBRATIONS DE L'ÉTHER EN RAPPORT AVEC LA FOI, L'IMAGINATION, LA PRIÈRE, LA VOLONTÉ

Le VOLI VOLERE et le VOLI NOLERE

Dans la suggestion poussée à ses dernières limites, la parole peut acquérir une action *incantatrice* par sa mélodie ; suivant la modulation rythmée et le nombre de sons émis, *le verbe ou la parole spiritualisée,* plus subtile que sonique faite de foi irréductible comme de volonté irrémissible, *n'a dans le monde aucun contrôle, ni aucune puissance, qui puisse s'opposer à sa production, que son propre doute ou sa propre faiblesse dans le mécanisme de sa réalisation,* car quelle autre volonté peut empêcher une forte volonté de *vouloir;* notre verbe ainsi constitué peut créer une influence psychique et exercer un empire considérable sur le plan et dans l'orientation des vibrations dites mentales (60° à 90°) et spirituelles (100° à 150°) du cosmos avec lequel il s'identifie, mais que le doute détruit, comme l'Aboulie empêche la production du phénomène psychique.

Toute l'orientation des forces cosmiques verticales de la spiritualité s'ouvre à une invocation de foi suffisamment intense, pour faire communiquer et communier les facultés psychiques, mentales et spirituelles du cerveau humain, en appel télépathique, en effort de réunion spirituelle, de Yoga, avec le plan de l'Esprit cosmogonique pour ne faire momentanément qu'un (70° à 150°).

Il faut s'expliquer catégoriquement sur la psychologie de cet acte mental qu'on nomme *la prière,* la méditation.

C'est un dynamisme spécial permettant à tout être évolué, de se mettre en rapport avec certaines forces cosmiques orientés de N.-O. — N. — N.-E. — E. — S.-E. — comme orientations, et pratiquée de 6 heures du matin à 3 heures de l'après-midi pendant le jour, et de 2 heures à 6 heures du matin pendant la nuit, surtout au lever du soleil et au coucher aux deux six heures, à 10 heures, 12 heures, 2 heures de jour et de nuit.

L'expérience prouve que la prière marmotée a peu de valeur en elle-même; mais si elle est spirituelle, *c'est la grande puissance pour l'homme, car il atteint les plans zoéthériques supérieurs de la substance immuable par la prière courte, intensive. pure.* — Je puis ajouter aux observations photographiques mentionnées dans cet ouvrage, plusieurs expériences biométriques; j'ai en effet constaté maintes fois que certains expérimentateurs, après avoir adressé d'ardentes invocations aux forces supérieures, obtenaient des chiffres tout à fait exceptionnels comme 90 et 100° en se plaçant devant le biomètre pour prendre leur formule, après s'être fluidifiés spirituellement; si la chair est faible, l'esprit est si prompt, que le moindre doute ou la moindre distraction suffisait pour empêcher la communion télépathique spirituelle et l'obtention de la formule démonstrative et en donner une tout autre 75° par exemple. Dans la communion Ethérée dite spirituelle, l'homme adapte les forces d'un orient spécial, celui dit de la spiritualité par les puissances de son cerveau, que Collins a démontré être un appareil cohéreur des vibrations, même immédiatement après la mort.

Nous nous assimilons ainsi, non pas la substance gazéifiée qu'on respire en oxygène, non pas la substance des forces éléctromagnétiques qu'on accumule, ou des vibrations éthériques qu'on individualise, mais notre mentalité surélevée peut s'influéncer de vibrations plus subtiles et de ces forces, désignées sous le terme générique de spirituelles, que j'ai pu observer jusqu'à 160°, auxquelles Crookes reconnaît pouvoir et intelligence.

Ces expériences mentales spirituelles ne sont pas des phénomènes d'auto-suggestion, car elles sortent du domaine de la forme pensée, et l'imagination n'intervient en rien, dans la solution des grandes difficultés qu'exige la transformation spirituelle pour y atteindre.

Il s'agit au contraire d'actes continus de volonté irrémissible pour acquérir d'abord les pouvoirs de la pensée et la maîtrise de soi-même ; se transformer ensuite dans ses goûts, ses habitudes, son caractère, ses mœurs pour évoluer sa propre substance au plan de la spiritualité, n'est ni l'affaire d'un jour, ni celle d'un caprice ; il faut persévérer, tenir et soutenir pour se libérer suivant l'aphorisme de Marc-Aurèle, mais expériences en mains, j'ai pu suivre les formules biométriques de certaines personnes réalisant cette expérience sur elles-mêmes; elles arrivent à transmuer leur nature au plan spirituel, en tenant sagement compte de leur santé souvent un peu ébranlée.

La profonde psychologie du Mystérieux Orient commence à se révéler à l'occident; la si complexe mentalité indo-chinoise est à signaler à cet égard comme preuve de la science de la pensée humaine soumise à un entraînement progressif; par un exercice psychique, l'Indou fait en effet du mental, comme en barbare Occident, nous faisons du sang et du muscle pour nos exercices physiques de sport. Mme Bessant a écrit sur le pouvoir de la pensée de très belles pages, où elle met en relief la force du vouloir afin de savoir pour pouvoir. Ces données de psychologie appliquée semblent, à première vue, exclure l'orientation affective, base de la vie latine ; l'amour serait remplacé par l'indifférence, et la connaissance assurant le bonheur suivant le dicton américain : « celui qui sait, et qui sait qu'il sait, est heureux. » Toutes ces considérations cadrent encore peu avec la psychologie essentiellement sentimentale et religieuse de nos races méditerranéennes. Il serait à souhaiter qu'une juste proportion s'établisse entre le sentiment et le mental, entre le cœur et l'esprit de l'Occidental trop menu analyste ; cependant chez nous, l'amour tel que le Christ l'a enseigné par le sacrifice restera toujours considéré comme une vertu supérieure à la connaissance et à la synthèse scientifique.

Dans le même ordre d'idées, j'ai pu suivre dans les pèlerinages de Lourdes, les grands élans de *sensibilité dévotionnelle* de cette foi curatrice que Charcot a désignés « *The faith healhing.* » J'ai constaté avec mon appareil les natures en évolution, sur lesquelles l'*invocation de foi* avait une action (90°) et celles, quelquefois en soutane, qui paraissaient peu sensibles à cette action (10° et 20°).

Il y a toute une étude très intéressante à faire à Lourdes, relativement aux influences spirituelles, produites sous le vocable de la Vierge-Mère ; celles-ci paraissent cependant susceptibles de se développer, au moins, avec autant d'intensité dans le recueillement solitaire par la méditation et l'invocation de foi progressives d'une vie purement chrétienne ; car l'homme est le vrai temple à édifier, il faut en lui détruire le faux et reconstruire le Vrai, celui de la spiritualité pour qu'il puisse faire son ascension, dès sa chair et surtout après.

Si j'insiste longuement sur ces données, c'est que certaines psycho-névroses animiques et mentales (55° et 95°) peuvent n'être pas guéries par la décondensation électrique et la suggestion verbale ; elles ont besoin de se transmuer c'est-à-dire de l'intervention sagement et progressivement produite d'une autre force atomique Z, expansive et radiante, assez douce et

Fig. 34. — Enormes réseaux éthériques lourds de plomb, photographiés dans la bibliothèque d'un château à l'ouest, autour d'une tête d'ange en bois sculpté. Nuit en avril 1903 : par comparaison avec le voile d'argent.

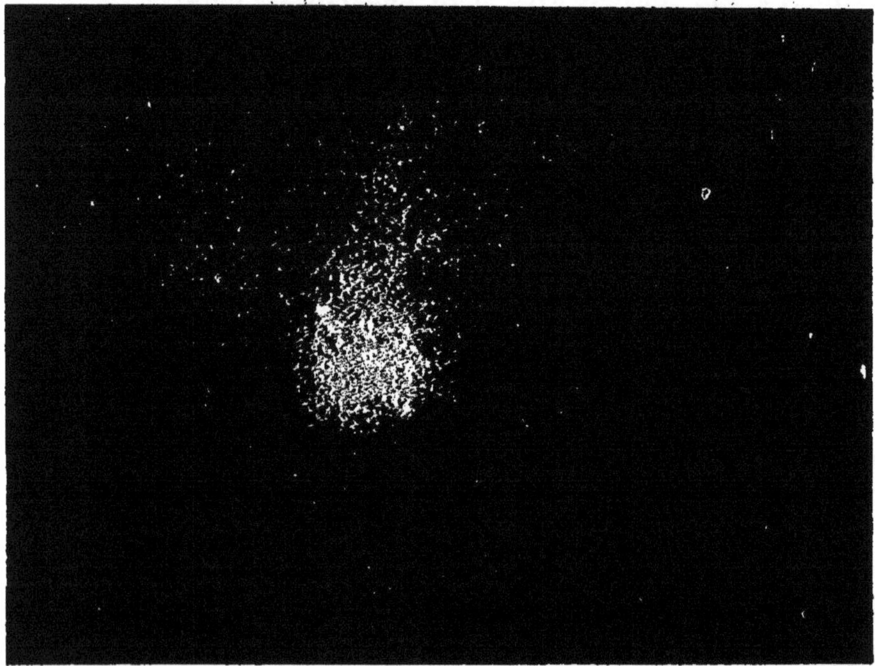

Fi . 35. — Voile d'argent, plan d'Ether subtil sur lequel apparaissent des formes

pénétrante, assez intense et subtile, pour modifier les dispositions vicieuses de la substance de notre vitalité animique ou mentale, sans à coup, par l'action substitutive des forces d'harmonie universelle Z remplaçant le désordre par l'ordre, le trouble de la névrose par la paix et la pondération, dans le composé combiné humain. Une pratique très efficace propre aux spiritualistes évoluées est celle du *voile d'argent télépathiquement* émis la nuit sur les personnes endormies qu'elles recouvrent d'un souffle frais et doux, par des âmes fortes, saines et bonnes, venant rafraîchir dans un enveloppement éthérique les corps fluidiques obsédés et les âmes déprimées; ce voile crée au corps physique une atmosphère vivante et saine assez puissante pour que le lendemain au réveil le malade se sente mieux. Réellement dans le monde il y existe plusieurs centres de cure psychique télépathique, dont l'action est un fait expérimentable de la science des pouvoirs humains en marche vers le bien et luttant contre le mal : le fait psychique existe, je l'ai étudié à Paris et avec Londres, et fait constater par des tiers. Je possède de plus des épreuves du tube télépathique qui me faisait recevoir les influences à distance et me donnaient une réelle force.

L'effet est *réel,* c'est l'envoûtement du bien, l'emprise de la prière, des bonnes pensées ayant l'effet contraire aux mauvais fluides de la haine et du vice; taire ses vérités d'un ordre scientifique encore inconnu, mais à mon avis aussi précis qu'une douche électrique ou un bain d'aimant, toutes proportions de valeurs dynamiques gardées, entre un bain d'électricité statique et un enveloppement fluidique, serait vouloir limiter les tentatives de guérison pour cette catégorie de vibrants faussés et d'obsédés désorientés de leur voie normale, incapables de l'effort personnel qui les évoluerait et les orienterait à nouveau, alors qu'ils peuvent être remis de leur trouble psychique, animique et vital par l'intervention des forces dites spirituelles condensées particulièrement dans nos grands sanctuaires d'invocation de foi ; ces influences se manifestent d'une façon plus particulière dans les heures de jour propres aux forces Z verticales, à 2 heures de l'après-midi, et la nuit où l'on veille, l'on prie l'*Ami vrai, le Divin Maître* au sommet de la colline des Martyrs : le corps fluidique, notre âme s'y transforme assurément sous la triple influence de la foi, du lieu saint et de l'heure matinale du *vigilate et orate* de 2 à 4 h. où s'opèrent la métamorphose et la transmutation dans la révolution cosmogonique, pour le monde entier. Maintenant tout ceci est oublié, méconnu ; on rit agnostiquement; alors que tout monument, tout milieu vivant a ses vibrations. Chaque centre possède ses influences, ses fluides, ses « conditions » particulières perceptibles. Napoléon, entrant dans l'atmosphère légère et pieuse de la cathédrale de Chartres, ne put s'empêcher de dire : « Un impie doit, ici, se trouver bien mal à l'aise. »

La crypte de la vierge adorée des antiques Gaulois possède une influence qui n'a aucun point de contact avec celle du Moulin Rouge ou du Palais-Bourbon, sans comparaison également possible entre elles : *chaque lieu a sa vie propre, ses vibrations, son Ether.*

En résumé, la logique des faits montre que l'homme est susceptible d'attendre et de réaliser son désir : s'il préfère vivre de la vie matérielle et s'attarder aux sensations physiques, jouir des vibrations passionnelles qui impressionnent agréablement sa sensualité, il ne peut prétendre obtenir ce qu'il n'a pas recherché, ni su développer en lui et partant acquérir *la sensitivité et la puissance spirituelle par sa foi et la maîtrise de sa volonté,* mais n'a pas le droit moral de la nier chez autrui.

Par contre, l'homme en s'évoluant arrive à posséder la série progressivement ascendante par leur nombre de degrés des facultés qui le mettent en rapport avec de plus nombreuses et de plus hautes.

Manifestations de la vie cosmogonique zoéthérique

Sensibilité physique.	30°
Sensibilité animique	60°
Sensitivité mentale	90°
Sensitivité spiritualiste	150°
Sensitivité mystique	200»
Sensitivité ? ? ?	360»

Il est alors avec l'Evolution, sur la *voie vraie de la vie christique*, plus près de Dieu que des hommes, dans la force de l'*Esprit* avec lequel il entre et reste en rapport par la prière et la méditation profondes. Cette sensitivité, fluidique dite mystique, a été reconnue de toutes les religions et philosophies spiritualistes : expérimentalement, la biométrie montre et chiffre le nombre de degrés de ses vibrations comme la plaque donne les preuves de cette Union possible avec les plans supérieurs de la spiritualité.

L'ESPRIT *annoncé* se dévoile à notre Esprit ; l'humain et le divin peuvent se joindre et mieux se comprendre à mesure que nous nous transmuons, suivant l'expression du vieux *sage* saint Paul, et que la science *spirituelle* moderne nous apprend à *évoluer* en composant notre chair de fluides plus légers et subtils, plus lumineux et plus ascensionnels.

A mesure que nous nous spiritualisons de corps et d'âme, la Force de l'ESPRIT PUR régit, évolue et resurge *la chair de la bête humaine* : il devient ainsi la nouvelle loi physiologique de la psychologie même du Christ, le pourquoi et le comment du Sauveur. C'est la VOIE vraie de la Résurrection pour l'Humanité qui doit acquérir la foi donnée par la science, et la science de FOI par laquelle l'homme AIME, SAIT, VEUT, PEUT se dégager de son Ether et de sa chair et accomplir sa résurrection hors de ce monde, *libérer* sa boule d'Azur spirituelle : voici un exemple expérimental.

Cette photographie a été faite la nuit dans l'obscurité au magnésium, avec Mlle Suz. de L. en état d'auto-hypnose mediuminique. On voit son corps en attitude recueillie de suspension, regardant à gauche : au-dessus de sa tête à gauche un lien fluidique terminé par une capsule sur laquelle repose la boule irisée de spiritualité, en partie dégagée de son éther périphérique, diaphane et cristalline, très nette. En outre du lien, entre la boule et la tête, on soupçonne une forme.

La boule spirituelle, corps causal des hindous, est dans l'angle orienté de la libération, connu dans l'antiquité sous le nom de porte des hommes.

L'expérience a été faite en mai ou juin 1903 ; elle a duré

quelques minutes ; puis des forces éthériques agissant durant 5 minutes réenvahissent Mlle S. froide, glacée ; sans qu'on la touche, elle est insufflée de nouvelles forces télépathiques et invisibles ; elle se réveille inconsciente, ignorante, rapidement

Fig. 36. — Libération expérimentale et momentanée de la boule d'Azur du corps spirituel hors l'Ether et la chair montrant le lien persistant avec le corps, le fil de l'existence.

remontée par son énergie cérébrale. C'est une des plus curieuses études expérimentales faites du *Super-Etre*. Au-dessus du corps, en dehors de l'Ether, chez une personne à la fois excellent médium spiritualiste et grande artiste de tempérament.

La photographie enregistre le phénomène; elle prouve que l'expérimentateur n'est pas victime d'une erreur visuelle. C'est un témoignage, mais ce n'est pas une démonstration complète; elle ne rend que la forme de la sphère nette et transparente que nous avons vue dans d'autres expériences rouge et opalescente; j'ai pu, chez Mme T., âgée, étudier de plus près l'harmonie du travail intérieur de la boule d'azur beaucoup plus remarquable que chez la jeune Mlle S. de L.

Fig. 37. — Globe de mentalité humaine SPIRITUALISÉE, libérée de son Éther et de sa chair, avec son dispositif, le mouvement intérieur de ses molécules colorées.

On ne peut rendre le brillant des couleurs, la symétrique harmonie de leurs mouvements, tournant toutes à la fois dans les sens indiqués, ne se rencontrant jamais, mais se transformant en tourbillons irisés et réglés : magiques scotomes de lumières et d'harmonies : telle est l'impression inoubliable que j'ai eue en présence de ce phénomène à la suite d'une expérience avec Mme Sy.; j'ai reproduit les courants et les parcelles chromiques de la boule irisée du corps spirituel de Mme T. que nous avions empêché de mourir, Mme S. et moi. Mme S., qui s'était noblement dévouée, fut très malade à la suite des visions terrorisantes et des formes qui obsédaient Mme T. : moi je vis la même nuit le corps causal, la boule d'azur de la pauvre malade à 5 h. du matin avec tous les mouvements intérieurs; ces phénomènes superphysiques des puissances du superhomme ont été peu étudiés, excepté des de Rochas actuels. Ils étaient plus connus chez les mystiques du moyen âge : témoin saint François, s'exté-

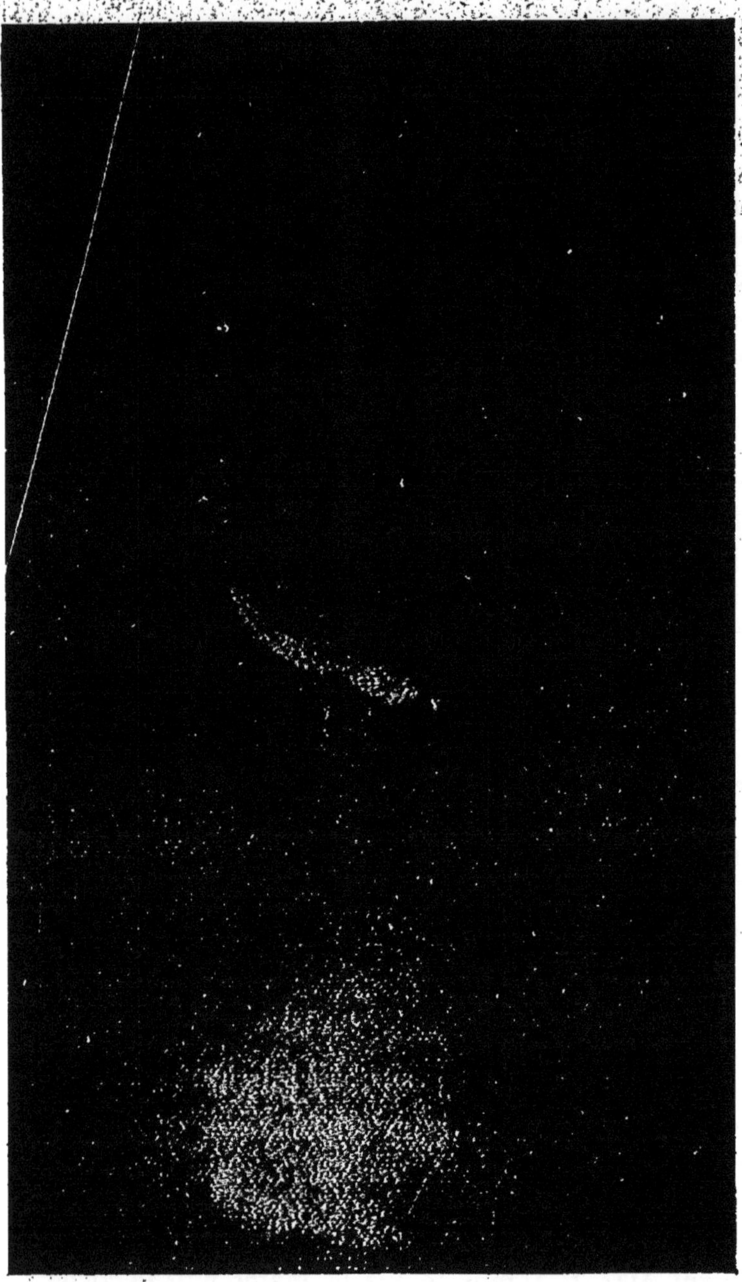

Fig. 38. — Langue de lumière composée d'aigrettes, d'une boucle et d'un coude; en ce point les lumières aigrettes se sont groupées en une forme de tête pleine de grâces; la voie est fermée à cette entité par le nœud de la boucle. — C'est le signe d'Union descendu sur les mains de Mme B. en prière faite vers l'orient mikaélique

riorisant en trois boules lumineuses durant sa messe. J'ai vu, photographié, expérimenté, les boules de six personnes dont je rapporte un autre exemple. Mme T. que j'avais progressivement poussée, tout en restant en rapport avec elle, dans les états profonds de l'hypnose, jusqu'à la constatation par elle-même de sa boule spirituelle, a perdu à ce stade hypnotique la connaissance de son MOI personnel (oubli du nom, profession, personnalité); elle ignore son corps qu'elle ne sent plus, tous ses sens étant fermés. Elle a en revanche, dans cet état, acquis la conscience très nette « qu'elle est »; elle affirme hautement son SOI, qu'elle définit ainsi sur ma demande; qu'êtes-vous? « *une boule de lumière dans une boîte noire* ». Je rétablis le lien entre la boule mentale et le corps préalablement rendu inerte, en lui rendant sa sensibilité nerveuse en rouvrant les sens, les portes de la noire prison; la personnalité du MOI reparaît à mesure que le système nerveux reprend possession du corps, la personne de Mme T. est reconstituée dans les conditions de nom, adresse, mémoire du *moi*; elle a repris sa personnalité, mais a perdu la connaissance, la conscience et le souvenir de la boule Lumineuse, de son SOI spirituel, qu'elle ignore désormais.

Les trois cas de Mlle S. de L., Mme T. et Mme T, sont trois expériences photographiée, vue et étudiée comme une triple démonstration de la boule d'azur spirituelle.

Si le fou a perdu la boule, il est parfois permis au *purifié* d'apercevoir la sienne, dégagée de tout noir éther, blanche, pure et LIBÉRÉE dans l'azur de l'espace et du temps.....

C'est la boule de cristal que les souverains doivent, au jour initiatique du couronnement, porter dans la main gauche.

C'est la boule ailée de l'antique sagesse inscrite au frontispice des temples de Karnak et de la Croix ; c'est la boule de l'Uréus qui domine la tête de la Déesse Isis allaitant Horus, ou surmonte la tiare Papale ; c'est aussi la boule d'or du casque, comme le simple pompon du képi de nos valeureux soldats, ou le disque d'argent chinois porté sur de nuageux éthers (musée Guimet).

Actuellement, les phénomènes spirituels sortent du mystère et viennent à leur heure, à la démonstration expérimentale, depuis que les travaux photographiques de Croockes Rœgten, Bequerel, Lebon ont fait doubler au monde scientifique, sans qu'il s'en doute, la boucle de l'Invisible, et que d'autres expérimentateurs sont allés plus avant.

La dernière figure est l'expression d'une force Z, d'Union spirituelle. L'aigrette de la Yoga des Hindous, l'*Unum sint* dans la Vie spirituelle bien à tort niée par ceux qui ne savent pas s'adapter ces forces, et n'ont pas-acquis la SENSITIVITÉ DE LA SPIRITUALITÉ, ramenée à la scientifique notion d'une force cosmogonique spéciale, d'une vibration Z enregistrable, comme d'autres savent s'adapter les fluides froids de la Décision, ou les charmes séducteurs de l'attirante Volupté, le souffle vivifiant de la Charité et la télépathie de l'Amour.

Voici ce que j'ai rapporté en 96 dans l'*Ame Humaine :*

Ce signe est la 3me des 5 lettres cabalistiques de l'Union avec le VERBE, de lumière et d'intelligence incréée, l'image du nœud qui réunit, ou du point qui sépare le néant de l'être; c'est le lien (*Tu quoniam descendisti, ego ascendam*) : c'est parce que tu es descendu, que pourra être faite notre ascension, le Retour, et notre *Ré-union en une collectivité de boules mentales spirituelles d'immortelle substance*, dont l'épi du champ et la grappe de la vigne du Seigneur ont de tout temps représenté la mythique et symbolique figuration de cette VIE SPIRITUELLE UNITIVE ; tandis que la vie de la chair de notre corps constitue la vie personnelle égotiste de la SÉPARATIVITÉ, *la vie humaine.*

CONCLUSIONS

Dans ce siècle complexe de névroses, de phobies, de psychoses connues, d'illuminés, de voyants, de mystiques et de psychiques méconnus, où la sensibilité se surpasse elle-même, il est capital pour la déraison et la raisón humaine de pouvoir enregistrer soi-même et contrôler ses propres vibrations : savoir comment *l'on vit* en sachant comment *l'on vibre, non plus hypothétiquement, mais expérimentalement*.

Le médecin, de son côté, pourra prévoir la possibilité de guérison pour le neurasthénique, ou rétablir le cours normal du cercle de vie brisé par la névrose, avec une méthode exacte par la thérapeutique *fluidique.*

Cette science d'enregistrement des vibrations physiques et psychiques normales suivant la loi, ou anormales suivant l'erreur, est d'une précision bien scientifique puisqu'elle peut se répéter indéfiniment.

Elle étudie les flux de forces vives Z, qui animent la vitalité humaine ; elle traduit les rapports harmonieux ou déséquilibrés, sympathiques bien adaptés, ou antipathiques mal adaptés, qui existent entre nos forces personnelles et intimes, et les forces extérieures de la nature qui nous enveloppent dans un carré orienté.

Cette découverte intéresse donc les nerveux, les impressifs, les émotifs, les névrosés, les obsédés, et plus que toute autre personne équilibrée saine et morale, LES SENSITIFS.

Il est nécessaire surtout que les névrosés, ces subtils douloureux d'une époque neurasthéniée et désorientée, dont toute la vie n'est qu'une vibration faussée, sachent qu'il existe réellement une méthode permettant d'analyser, d'apprécier la valeur de leur propre vibration déviée par l'instinct ou le désir de la chair animale, par les écarts de l'imagination passionnelle, ou les excès et les erreurs de la vie mentale. Ces notions sur les forces zoéthériques permettent d'étudier les névrosés avec une précision scientifique inconnue jusqu'ici, et de remédier aux mauvaises influences comme aux vibrations *pathogènes* par des agents nouveaux spécialement appropriés, sous un contrôle expérimental, avec la connaissance et l'enregistrement biométrique de leurs vibrations ; nous pourrons aussi constater avec véracité les modifications heureuses, survenues au cours du traitement de ces affections aussi complexes que variées, connues sous la dénomination par trop générale de MALADIES NERVEUSES, qu'il faut classifier maintenant en *névroses hystériques, obsessions fluidiques, envoutements* et *influences télépathiques.*

J'ai mis 3 ans à réunir, grouper les éléments de ce livre, puisés aux quatre coins de la science et de l'expérimentation personnelles. J'espère bientôt terminer un *Essai sur la science de vie, et la substance panzoïque,* grâce à un nouvel effort loyal et indépendant vers le phénomène qui semble y correspondre.

Je remercie ici *Tous ceux* qui m'ont aidé, et m'aideront dans l'étude de Vérités primitivement révélées puis restées longtemps voilées en des mystères, mais que la science actuelle tend à dévoiler, à mettre au jour clair et précis des Temps Modernes... LE PROBLÈME DE LA VIE.

15 août 1903.

Dr HIPP. BARADUC.

TABLE DES CHAPITRES

CHAPITRE I. — Aperçu général.

CHAPITRE II. — Technique instrumentale de la méthode Biométrique.

CHAPITRE III. — Polarisation du mouvement vital.

CHAPITRE IV. — Signification de la vibration.

CHAPITRE V. — Science biométrique appliquée au corps et au cerveau humains.

CHAPITRE VI. — Le corps fluidique.

CHAPITRE VII. — Déductions pratiques, applications aux maladies nerveuses.

CHAPITRE VIII. — Atmosphère fluidique pathogène.

CHAPITRE IX. — Bonnes et mauvaises influences.

DIJON, IMPRIMERIE DARANTIERE.

www.ingramcontent.com/pod-product-compliance
Ingram Content Group UK Ltd.
Pitfield, Milton Keynes, MK11 3LW, UK
UKHW020311230726
13925UKWH00002B/350

9 782013 540797